기독교와 아동복지

모든 인간은 하나님의 형상을 닮은 존엄한 존재입니다. 전 세계의 모든 사람들은 인종, 민족, 피부색, 문화, 언어에 관계 없이 존귀합니다. 예영커뮤니케이션은 이러한 정신에 근거해 모든 인간이 존귀한 삶을 사는 데 필요한 지식과 문화를 예수 그리스도의 사랑으로 보급함으로써 우리가 속한 사회에 기여하고자 합니다.

기독교와 아동복지

지은이 · 신민선, 박용순
초판 1쇄 찍은날 · 2003년 9월 5일
초판 1쇄 펴낸날 · 2003년 9월 9일
펴낸이 · 김승태
출판본부장 · 김춘태
편집 · 박지은, 동국전산(주)
등록번호 · 제2-1349호(1992. 3. 31)
펴낸곳 · 예영커뮤니케이션
      110-616 서울시 광화문 우체국 사서함 1661
      출판유통사업부 T. (02)766-7912 F. (02)766-8934 E-mail: jeyoungsales@chollian.net
      출판사업부 T. (02)766-8931 F. (02)766-8934 E-mail: jeyoungedit@chollian.net
      E-mail: jeyoung@chollian.net

ⓒ 2003, 신민선 · 박용순

ISBN 89-8350-286-X   03230

값 10,000원

■ 잘못 만들어진 책은 언제든지 교환해 드립니다.

기독교와 아동복지

신민선 · 박용순 지음

예영커뮤니케이션

저자의 글

　기독교와 아동복지는 기독교의 관점에서 아동 자신과 가정, 사회에 통합적으로 접근할 필요가 있다. 일반적으로 아동복지의 목표는 아동 양육을 통해 성숙된 부모상과 자아상을 발견하고 행복을 느끼게 하며 참된 부모 역할, 진정한 가정의 행복을 자녀를 통해서 성취하는 데 있다. 그렇다면 아동복지란 사회복지의 한 분야로서, 특수한 장애를 가진 아동은 물론, 모든 아동들이 가족과 사회의 일원으로 건전하게 성장하고 발달할 수 있도록 지역사회나 사회복지 분야의 기관들이 협력하여 실천에 옮기는 조직적인 활동이라고 할 수 있다. 특히 아동복지는 아동에 관한 문제나 심리 상태를 현상학적으로만 연구하는 순수과학이 아니고 아동의 심리적인 면과 그가 속해 있는 사회 조건과의 관계 속에서 아동 문제에 대한 가능한 해결 방법을 찾아 이들에게 도움을 주고자 하는 응용과학이다.

　예수께서는 "누구든지 제자의 이름으로 이 소자 중 하나에게 냉수 한 그릇이라도 주는 자는 내가 진실로 너희에게 이르노니 그 사람이 결단코 상을 잃지 아니하리라"(마 10:42)고 하셨다. 또한 "누구든지 나를 믿는 이 소자 중 하나를 실족케 하면 차라리 연자 맷돌을 그 목에 달리우고 깊은 바다에 빠뜨리우는 것이 나으니라"(마 18:6; 막 9:42)고 엄중하게 말씀하셨다. 예수님은 어린이를 무척 사랑하셨고, 부모 없는 아이들에 대하여 각별히 아픈 마음을 갖고 계셨다. 세상에 태어나 자신의 의지와는 상관없이 고통에 빠진 아이들을 돌보는 것은 이 사회의 어른들이 함께 짊어져야 할 의무이다.

하나님은 아동의 문제를 곧 가정의 문제이고 사회의 문제라고 언급하셨다. 즉 가정의 문제는 또한 아동의 문제로서 아동을 돌보는 일은 해도 되고 안 해도 되는 일이 아니라 우리 사회와 우리들 자신이 그리고 꼭 해야만 하는 하나님의 명령이다. 아동은 하나의 인격체로서 건강하게 성장 발달할 권리를 가지고 있다. 다시 말해서 아동은 신체적 · 정서적 · 도덕적 · 사회적 성장에 필요한 정규 교육과 비정규 교육을 포함한 모든 종류의 교육을 받고 특히 권리, 국적과 이름을 가진 놀이, 여가, 정보, 문화 활동, 사상, 양심, 종교의 자유 등을 누릴 권리를 가지고 있다.

그러나 우리 주변의 많은 부모들은 하나님께서 선물로 주신 자녀들을 제대로 양육하지 않고 유기하여 자녀들이 가출 · 부랑아로서 가정 밖으로 떠돌게 하며, 심지어 사회 폭력에 물들거나 음란 유해 업소 등에 취업하여 삶을 망가뜨리도록 방치하고 있다. 또한 부모로부터의 학대로 인해 가출 아동, 장애 아동, 소년 소녀 가장, 빈곤 아동, 시설 아동 등 다양한 문제를 가진 대상과 계층이 속출하고 있다.

이 책은 기독교적 차원에서 모든 아동들을 대상으로 하여 그들의 문제를 제기하고 예방하고자 지금까지 사회복지에서 소홀히 다루어 왔던 영적 측면을 핵심으로 다루었다. 이 책의 내용 구성은 아동복지의 개념과 기독교 아동복지의 특성, 사회복지의 본질과 성경적 의미, 성경적 관점의 아동복지, 성경에 나타난 태아복지와 아동복지, 성경에 나타난 부모의 책임과 가정생활 등을 다루는 데 주안점을 두었고, 아울러 기독교와 아동복지의 전망과 과제를 제시하였다. 이 책은 아동복지를 공부하고 있는 사회복지학과, 유아교육학과, 아동복지학과 내지는 관련 학과의 학생들은 물론 아동복지에 관심이 있는 사람들을 위해 쓰여졌다. 향후 아동을 사랑하는 마음으로 아동복지의 실현을 위해 영적인 측면까지 포괄하는 노력과 함께, 이 책에서 심도 있게 다루지 못한 실제적인 영적 태교의 내용에 대해서도 연구할 것을 약속한다. 독자 제현들의 애정 어린 충고로 다음에는 심혈을 기울여 더욱 알찬 내용이 될 수 있도록 보완할 것이다.

이 책은 총6장으로 구성되어 있으며, 제1장, 제2장, 제4장, 제5장은 신민선 교수, 제3장, 제6장은 박용순 교수가 분담하여 집필하였다.

끝으로 이 책의 출간이 있기까지 선하게 인도해 주신 하나님께 영광을 돌린다. 그리고 성결대학교 김성영 총장님께 깊이 감사드리며, 사회복지학부 교수님들께도 감사를 드린다. 또한 교정과 자료 정리에 협조와 수고를 해 준 성결대학교 사회과학부(사회복지학 전공) 김화정 학생에게 감사하며, 출판을 적극적으로 맡아 주신 예영커뮤니케이션 김승태 사장님과 편집부 직원 여러분의 노고에 깊은 감사를 드린다.

2003. 9.
신민선, 박용순

차 례

Ⅰ 개 요
 1. 아동복지의 성립 배경　18
 2. 아동복지의 기본 이념　21
 3. 기독교와 아동복지의 개관　26

Ⅱ 아동복지의 개념
 1. 아동복지의 개념　31
 2. 아동복지의 기본 요소　34
 3. 기독교 아동복지의 특성　39
　　(1) 기독교 아동복지의 정의　39
　　(2) 기독교 아동복지사업　41

Ⅲ 사회복지의 본질과 성경적 의미
 1. 사회복지의 본질　57
　　(1) 사회복지의 정의　58
　　　1) 어의적 정의 / 58
　　　2) 이념적 정의 / 60
　　　3) 기능적 정의 / 61
　　(2) 사회복지의 가치　64
　　　1) 사회복지의 가치성 / 64

2) 토착적인 사회복지가치 / 66
　　(3) 사회복지의 동기　　69
　　　1) 종교적 동기 / 69
　　　2) 인도주의적 동기 / 70
　　　3) 반사회적 동기 / 70
　　　4) 공리주의적 동기 / 71
　　　5) 전문직업적 동기 / 72

2. 기독교 사회복지의 의의　　73
　　(1) 기독교 사회복지의 개념　　73
　　(2) 기독교와 사회복지의 관계　　75
　　(3) 기독교 사회복지의 원칙　　78

3. 사회복지의 성경적 의미　　81
　　(1) 구약성경에 나타난 복지의 본질　　83
　　(2) 신약성경에 나타난 복지의 본질　　84
　　(3) 성경적 의미 샬롬(Shalom)의 사회복지적 해석　　85

Ⅳ 성경적 관점의 아동복지

1. 성경적인 복지이념　　95
　　(1) 구약성경에 나타난 복지이념　　96
　　(2) 신약성경에 나타난 복지이념　　107

2. 성경적인 아동복지　　111
　　(1) 구약성경의 아동복지　　111

(2) 신약성경의 아동복지   113
  (3) 아동복지에 대한 성경적 교훈   117

3. 예수님의 가르침과 아동복지   119
  (1) 하나님 사랑과 아동   119
  (2) 예수의 아동복지   120

V 성경에 나타난 아동복지

1. 성경에 나타난 태아복지   125
  (1) 태교의 개념   127
  (2) 태교의 중요성   130
    1) 수정과 태교 / 130
    2) 하나님과 태아의 생명 / 132
  (3) 태교의 기본   134
  (4) 태교의 종류   135
    1) 신체적 태교 / 136
    2) 정서적 태교 / 137
    3) 심리적 태교 / 138
    4) 영적 태교 / 140
  (5) 태아복지에 대한 성경적 교훈   141
    1) 하나님의 형상과 태아 / 141
    2) 태아의 권리와 영적 자아 / 150
    3) 태교에 대한 성경의 가르침 / 153
  (6) 태아발달과 부모의 역할   161
    1) 아동발달과 태아복지 / 161

2) 태아와 부모의 역할 / 164

2. 성경에 나타난 아동복지　183
　　(1) 육아 방식과 아동의 성격 발달　183
　　(2) 성경 속의 아동복지　184
　　　　1) 아동에 대한 종교적 이해 / 184
　　　　2) 전통적 아동관과 현대적 아동관 / 192
　　　　3) 성경에 나타난 아동관 / 193
　　(3) 아동복지발달을 위한 성경적 교훈　201
　　　　1) 하나님의 형상으로 본 아동 / 201
　　　　2) 아동의 권리와 영적 자아 / 208
　　　　3) 성장체로서의 아동과 신학 / 210
　　(4) 아동복지의 새로운 패러다임　216
　　　　1) 아동발달과 성경적 양육 / 216
　　　　2) 아동과 성경 중심 예방교육 / 222
　　(5) 건강한 아동발달을 위한 부모역할　230

3. 성경에 나타난 부모의 책임과 가정생활　234

Ⅵ 기독교와 아동복지의 전망과 과제

　1. 기독교와 아동복지의 전망　265
　2. 기독교와 아동복지의 과제　269

참고 문헌　278
부록 _ 태교 사례와 태교 프로그램

I. 개 요

현대 사회사업(社會事業)은 역사적으로 기독교 신앙의 본질, 즉 하나님의 사랑과 이웃 사랑의 자비로운 행동과 자선 활동에 그 근원(根源)을 두고 있다. 타락한 인간을 하나님께서 영원히 버리시지 않는다는 개념에서부터 사회사업이 시작되었다.

성경은 하나님께서 그의 백성 중 가난한 사람들 즉 경제적으로 궁핍한 사람, 신체적으로 병들거나 불구자가 된 사람 또는 심한 상처를 입은 사람, 박해(迫害)를 받거나 감옥에 갇힌 사람들에 대해서 깊은 관심을 보이신다는 것을 나타낸다.

기독교 사회사업은 전문적인 사회사업가나 구호자가 요구호자 자신을 스스로 돕도록 힘을 북돋워 주는 것이다. 이와 같이 기독교 사회사업가가 요구호자를 있는 그대로 받아들이고 치료하는 과정은 건강했던 사람보다도 병자를 찾으셨던 예수님의 정신과 유사하다고 할 수 있겠다.

기독교 사회사업이란, 사람들 스스로가 서로 좀 더 효과적인 관계를 맺도록 도와주는 것이다. 즉, 있는 그대로 사람을 치료하여 스스로를 자율적 존재로 인정(認定)하고 변화(變化)할 수 있는 기회와 책임을 갖도록 돕는 것이다. 사회사업은 개인의 새로운 개념과 행동 규범의 발전을 꾀하는 것인데, 이러한 사회사업의 실천에 있어 기독교적 정신이 전제가 되어 이루어진다면 인간의 다양한 문제와 욕구를 해결하고 충족시키는 데 효과적이기 때문에 아동복지 또한 상위와 맥을 같이한다.

현대의 지식·정보화 사회에서 뚜렷이 나타나는 가족 구조는 핵가족화 현상이다. 한국 교회를 포함하여 사회사업과 관련된 아동복지사업을 수행하기 위해서는 정부의 적극적 인구 정책이 전개되어야 할 것이다. 우리나라는 계속 아동 인구가 줄어들어 가고 있으며, 한편으로는 사회가 서구화되어 가고 개인주의가 심화되어 감에 따라 부모의 이혼, 별거, 가출 등으로 인한 결손가정[1] 및 가족 해체 사례 또한 증가하고 있다. 또한 직장생활이나 사회생활에서 부모들이 스트레스를 받는 경우가 증가하고, 각종 재해가 증가하여 가정에서 정상적으로 살아가던 아동들이 악화된 가정환경으로 인해 심리적 갈등을 일으키고 정서적으로 우울해지거나 불안 상태에 빠지게 된다. 아동들은 이러한 상태를 일시적으로 벗어나기 위해서 가정을 이탈하거나 비행을 범하는 등 탈선적 행위를 하게 된다. 또한 일부 아동들은 부모로부터 방임되거나 유기되고 때로는 신체적 학대를 받게 되므로 사회적으로 보호와 교정이 필요한 상태에 놓이게 된다.

정부는 아동의 복지를 보장하기 위한 법적, 제도적 장치를 마련하고 모든 아동들이 건전하게 출생하여 행복하고 건강하게 육성되도록 노력하고 있다. 또한 모든 국민은 아동을 보호하고, 건전하게 양육하며, 미래에 사회를 이끌어 갈 성원으로서 사회생활에 잘 적응하도록 육성할 책임을 갖고 있다. 국가와 지방자치단체 역시 아동의 보호자와 더불어 아동을 건전하게 육성할 책임을 공동으로 지고 있다. 그러나 정부와 가족만으로는 아동에 대한 보호를 충족시키는 데는 한계가

---

1) 자녀 유기, 별거, 이혼의 증가, 배우자 부정, 향락 산업의 발달 등으로 결손가정이 많이 생겨나고 그 속에서 정신적 장애 아동, 가출 및 비행 청소년 등 문제를 지닌 자녀가 많이 배출되고 있을 뿐만 아니라, 결손가정의 증가에 따른 가족 구성원의 각종 심리적, 경제적 소외 문제 등이 많이 나타나고 있다. 특히 한국의 아동 문제는 가족 문제들과도 밀접한 관계를 맺고 있기 때문에 결손가정의 증가 및 가족의 통제 능력의 약화, 핵가족화의 결과, 경제적 부양의 문제 등에 대한 가족의 구조 및 기능상의 문제에 직면해 있다. 따라서 가족 문제에 대해 가족 자신뿐만 아니라 사회의 공동 노력으로 해결될 수 있도록 해야 한다. 사회의 공동 노력의 대표적인

있다. 정부는 예산과 인력의 한계가 있고, 부모들의 이혼이나 별거, 가출 등으로 교육과 양육에 여러 가지 지장이 초래되었으며, 가족 경제도 전반적으로 어려운 실정이다. 아동복지는 정부와 가족과 사회·종교 단체 모두가 힘을 합쳐 실행해야 할 중대한 과제이다.

성경은 요보호 아동들에게 사랑을 베풀 것을 명령하고 있다. 하나님께서는 고아와 어려운 처지에 있는 요보호 아동들에게 필요한 물질과 사랑으로 보호를 베풀 것을 명하신다. 또한 아동들은 성경에서 교육의 대상, 훈계의 대상, 긍휼의 대상, 겸손의 상징으로 나타나 있다. 교회나 기독교 단체 그리고 성도들은 성경의 가르침에 따라서 아동들을 보호하고 양육시켜야 할 책임이 있다.

우리나라의 아동복지사업은 주로 고아나 기아를 보호하는 차원에서 시작되었다. 6·25 전쟁 이후 전쟁고아 수용 시설이 범람하게 되고 외원에 의해 유지되었으며 이들 대부분은 기독교 관련 기관들에 의해 운영되었다. 그 후 경제 개발로 인한 산업화, 도시화로 가출아, 부랑아, 미아, 기아, 일반 가정의 아동 문제가 생겨났고, 이에 따라 요보호 아동을 건전하게 육성하기 위한 대책을 수립하기 시작하였다. 최근에는 아동복지의 대상을 요보호 아동에서 전체 아동으로 확대하여 아동의 건전 육성을 위해 노력하고 있다.

성경적 의미의 아동복지 유형은 일반 아동복지의 연령별 유형과 다를 바가 없다. 단지 이러한 유형에 기독교의 복음이 함께할 때 이

주체로는 국가 및 민간 조직을 들 수 있고, 민간 조직은 각종 사회복지 기관과 종교 기관을 들 수 있다. 이 중에서도 특히 '교회'는 생성되었을 때부터 하나님께 영광을 돌리고 가족간의 관계를 통하여 예수 그리스도가 주신 자유와 구원의 증거를 보일 수 있는 긍정적인 환경을 만들어 나갈 것을 강조해 왔다는 점에서, 아동이 속한 가족복지와 아울러 태아 및 아동의 복지 증진에 교회의 역할은 반드시 필요하며 그 영향력은 매우 크다고 하겠다.

것을 성경 속의 아동복지 유형이라고 볼 수 있다.

인간의 욕구는 그 정도가 무한하고 복잡·다양한 형태로 발전되고 있다. 따라서 개인의 잠재력을 최대한 발휘하는 자아실현의 욕구를 충족시키려는 노력과 함께 앞으로는 영적인 안녕(well-being)까지를 추구하게 될 것이다. 그러므로 사회복지의 대상이 인간의 문제와 욕구(needs)인 만큼 영적 욕구 충족에 민감해야 하며, 아동복지 또한 아동의 기본 욕구는 물론 나아가 영적인 온전함을 갖추어 인간으로서 누려야 하는 복지를 충족해 줄 수 있어야 할 것이다. 이것은 인간의 기본 욕구 이전에 먼저 충족되어야 할 기본 전제이며, 사회복지가 추구하는 인간성 회복과 인간다운 생활을 영위하는 데 있어 반드시 필요한 영역이다. 따라서 이 책에서는 아동복지의 성립 배경과 기본 이념, 아동복지의 개념과 기독교 아동복지의 개념, 사회복지의 본질과 성경적 의미, 성경적 관점의 아동복지, 성경에 나타난 태아복지 및 아동복지와 성경에 나타난 부모의 책임과 가정생활을 소개하도록 하겠다.

1. 아동복지의 성립 배경

아동복지는 아동을 보호했던 단계의 역사적 과정을 거쳐 20세기에 들어와서 비로소 그 이념을 정립하게 되었다. 아동복지의 이념은 아동을 어떻게 보고 어떻게 이해하느냐 하는, 그 시대, 그 사회의 아동관과 밀접한 관계에 있다.

「아동의 권리에 관한 제네바 선언」이후, 세계 각국은 제각기 어린이헌장을 만들어 '아동애호사상'을 고취시키기에 힘썼다. 미국은 1909년 제1회 백악관아동회의(White House Conference on Children)에서 긴급하고 불가피한 경우를 제외하고는 아동을 가정으로부터 떠나게 해서는 안 된다고 했고, 1930년 제3회 회의에서는 아동의 보건 및 보호에 관한 사회적 책임이 강조되어 '어린이헌장'을 채택하였다. 일본은 1946년 아동복지의 기본 이념이 담긴 일본국헌법에 규정된 아동복지법을 위시하여 1951년에는 '어린이헌장'을 선포했다. 이와 같은 국제적인 노력에도 불구하고 많은 개발 도상 국가에서는 아동복지에 큰 진전을 이루지 못했다. 이에 따라 국제연합은 아동의 권리 선언을 공포하게 되었는데, 아동의 권리와 아동복지의 이념이 주로 여기에 포함되어 있다. 1959년 11월 20일에 발효된 「국제연합 아동권리선언」은 전문 10개조로 이루어져 있다. 차별 금지, 법률에 의한 보호, 사회 보장, 교육 및 의료 혜택, 장애아의 권리, 인간성의 발육을 위한 고아의 보호, 방임·학대·착취로부터의 보호 등을 핵심적인 내용으로 규정하고 있다.

  그 후 유엔(UN) 총회의 결의에 따라 1971년 12월 20일에 「정신박약아를 위한 권리선언」이 선포되었으며, 1976년 제31차 국제연합 총회에서는 '세계 아동의 해'에 관한 결의가 채택되었고, 1979년에는 그 결의가 법적 구속력을 갖게 되었다. 1979년에는 인권위원회가 협약 초안을 작성했고, 1989년 11월 20일 제44차 국제연합 총회에서 채택된 이 협약은 1990년 9월 2일 비준국이 20개국에 도달하여 발효되었다. 이러한 정신을 이어받아 각국의 정상들은 국제연합에 모여 어린이에게 미래를 돌려주기로 결의하고, 1990년부터 향후 10년 동안 어린이를 기아와 질병과 무지로부터 구출하기로 했다.

우리 나라에서의 현대적인 아동복지의 발달은 서구 선진국에 비해 다소 늦게 시작되었다. 그러나 일제하에서도 방정환 선생을 중심으로 한 '조선소년운동협회'가 국제연맹의 제네바 선언보다 1년 앞선 1923년에 조직되고, 같은 해 5월 1일에 첫 어린이날 행사가 치러졌던 것은 획기적인 일이었다. 이러한 소년운동협회의 어린이 해방 운동이 갖는 역사적 의의에도 불구하고 일제하에서의 아동복지는 근본적으로 개선되지 못했다.

광복 후에도 아동복지는 6·25의 전화 속에서 양산된 고아들에 대한 시설 보호 사업 수준에서 크게 벗어나지 못했다. 1950년 2월에는 '후생 시설 설치 기준'이 제정되어 아동복지에 다소 기여한 바가 있었고, 그 후 1957년 2월에는 내무부, 법무부, 문교부, 보건사회부의 장관이 공동 명의로 전 9조의 '어린이헌장'을 공포했다. 이 헌장 제1조는 "어린이는 인간으로서 존중되어야 하며 사회의 한 사람으로서 올바르게 키워야 한다."라고 규정하고 있으며, 제3조는 "어린이에게는 마음껏 놀고 공부할 수 있는 시설과 환경을 마련해 주어야 한다."라고 규정하고 있어 인격 주체로서의 아동, 사회적 존재로서의 아동, 그리고 환경 주체로서의 아동이라고 하는 아동관의 3원칙이 잘 명시되어 있다. 그 후 1961년에는 아동복리법이 제정되어 우리나라도 아동복지에 큰 관심과 노력을 기울이게 되었으며, 1973년 2월 8일에 모자보건법이 제정되어 모성(母性)의 생명과 건강을 보호하고 건전한 자녀의 출산과 양육을 도모함으로써 국민의 보건 향상에 기여하게 되었다. 특히 1981년 4월 13일에 아동복리법을 아동복지법으로 개정하면서 대상 아동을 요보호 아동뿐만 아니라 일반 아동에까지 확대하게 되었다.[2]

2. 아동복지의 기본 이념

'Humanism'에 기초를 두고 있는 자본주의 사회에서의 아동복지는 '아동의 권리보장'을 그 주요 이념으로 하고 있다.

아동복지 이념은 아동에 대한 그 시대, 그 사회의 아동관과 밀접한 관계가 있다. 과거에 아동을 '성인의 축소물(miniature adults)'로만 보았던 태도로부터, 고유한 심리적 욕구와 인격의 존엄성을 지닌 독립된 개체로 인식하게 되기까지는 심리학자들의 많은 연구와 노력이 있었다.

J. J. Rousseau는 어린이의 천성과 타고난 성질을 중시하는 이념을 담은 탁월한 교육 소설 *Emil*(1762)을 발간하였다. 루소의 아동 중심 사상으로부터 커다란 영향을 받아 Basedow, Pestalozzi, 유치원의 창시자 Fröbel 등도, 어린이는 성인의 축소물이 아니라 어른과 다른 존재로서 그들 나름의 독자적인 심리적 과정에 의해 생활하고 있으며 따라서 그에 맞는 적절한 교육과 서비스를 제공하여야 한다고 주장했다(곽효문 편, 2000:p. 102).

그 후 세계 각국에서도 아동에 관한 과학적 연구가 계속되었으며, 정상아뿐 아니라 이상아, 문제아에 대해서까지 관심을 갖게 되었다. 이와 같이 아동에 대한 과학적 연구는 물론 이러한 연구 결과를 토대

---

2) 우리나라의 아동복지사업은 보육사업으로부터 시작되었다고 볼 수 있다. 우리나라의 보육사업은 1921년 서울태화사회관이 탁아 프로그램을 개설한 것에서 비롯되었다. 대체로 우리나라의 보육사업은 4단계로 나누어 볼 수 있는데, 제1단계는 해방 이후부터 1960년까지의 탁아사업 시기, 제2단계는 1961년에서 1982년까지의 어린이집 시기, 제3단계는 1982년부터 1987년까지의 새마을유아원 시기, 제4단계는 1988년 이후 보육사업의 발전 시기로 구분할 수 있다.

로 아동의 복지를 추구하는 사회적 노력이 세계적·이념적으로 전개되었다. 이러한 노력의 일환으로 1909년 미국의 제1차 백악관회의에서는 미국의 '어린이헌장'이 의결, 발표되었고, 1922년 독일에서는 "독일 아동은 신체적·정신적·사회적 교육을 받을 권리를 가진다."라고 규정한 아동법을 제정하였다. 1924년 UN의 아동의 권리에 관한 제네바 선언, 1959년 UN의 아동권리선언, 1979년 세계 아동의 해 등은 아동복지 이념에 대한 중요한 틀이 되었다.

스웨덴의 아동학자인 Ellen Key는 '20세기는 아동의 세기'라고 하여 아동은 건강하게 출생할 권리, 교육을 받을 권리, 정신적·도덕적 훈련을 받을 권리, 레크리에이션을 즐길 권리가 있다고 주장함으로써 아동의 인권과 복지권 사상을 강조하였다.

세계적인 차원에서 아동의 권리 선언은 4차례 선포되었다. 현대의 전 세계 아동복지 이념의 모체라고 할 수 있는 것은 1924년 국제연맹에서 공포한 「아동의 권리에 관한 제네바 선언」이며, 이 선언은 다시 1948년에 6~7 조항이 첨가되어 재선포되었다. 1959년 국제연합은 전문과 10개 조항으로 된 「아동권리선언」을 선포하여 세계 각국의 아동복지 이념 보급에 지대한 영향을 미쳤다(이숙종 외, 1997:p. 66).

국제연합의 산하 기구로서 아동복지사업을 활발하게 전개하는 곳으로는 국제연합교육·과학·문화기구(UNESCO), 세계보건기구(WHO), 국제노동기구(ILO), 국제아동기금(UNICEF), 국제아동복지연합(IWCW) 등이 있다.

한편, 이러한 선언에도 불구하고 여러 나라의 아동들이 여전히 기본적 권리를 보장받지 못하자, 국제연합에서는 아동권리선언(1959)의 선포 20주년이 되던 1979년을 '세계 아동의 해'로 정하고, 「아동

권리선언」에서 제시한 바를 이행하도록 촉구하였다. 우리 나라에서는 이 해를 '한국 아동의 해'로 정하고 관계법의 정비를 위한 준비에 착수하였으며, 여러 아동복지 단체에서는 설립 목적에 부응한 사업을 활발히 전개함으로써 아동복지의 증진에 기여하였다. 1981년의 「아동복지법」은 이러한 과정에서 개정된 것이었다.

'세계 아동의 해'가 정해진 후 10년이 지난 1989년, 유엔 총회에서는 보다 더 구속력을 가지고 아동의 권리를 보장해 주도록 하기 위하여 「아동의 권리에 관한 국제협약」을 통과시켰고, 이 협약은 1990년 9월부터 국제법으로서 효력을 발생하게 되었다. 이 협약은 모든 아동·청소년에게 필요한 보호와 도움을 제공함으로써 아동의 인격 발달과 복지 증진을 위하여 국가, 사회, 가정 모두가 특별한 배려를 해야 한다는 내용을 54개 조항으로 세분하여 규정하고 있으며, 이 협약의 적용 대상으로는 18세 미만의 자국의 아동뿐만 아니라 자국의 관할 내에 있는 모든 외국의 아동을 포함하고 있다. 또 이 협약에 서명한 국가에서는 권리의 실현을 위하여 입법, 행정, 경제 및 사회적 조치를 취해야 하며, 매 5년마다 그 보고서를 제출할 의무를 지니도록 규정하고 있다. 이 협약이 갖는 가장 큰 의의는 아동의 권리 보장을 위한 국제적 노력의 촉구가 의무의 차원으로서 자국의 아동뿐만 아니라 세계 모든 아동의 복지를 위해서 실제적인 대책의 강구를 표명했다는 점이다(이숙종 외, 1997:p. 69).

우리 나라는 1990년 9월 이 협약에 서명하였으며, 이 협약에서 구현하고자 하는 복지권을 실현하기 위해서 단계적 조치를 강구하고 있으나 아직 여러 면에서 미흡한 점이 많은 편이다. 이것은 국가 재정의 부족과 사회 인식의 결여에서 비롯된 것이라고 볼 수 있다.

이와 같이 선포된 각각의 아동 권리 선언은 당시 국제 사회 정세를 고려하여 아동의 복지권을 보장할 것을 선언하고 있으며, 이를 통해 해를 거듭할수록 아동의 복지권이 강화되고 있음을 알 수 있다.

한편 세계 각국은 아동의 권리를 보장하기 위해 1924년의「아동 권리에 관한 제네바 선언」을 기초로 하여 미국은 1930년, 일본은 1951년, 우리나라는 1957년에 '어린이헌장'을 제정하였다. 우리나라는 1988년에 '대한민국 어린이헌장'을 전면 개정하였으며, 1989년에는 '청소년헌장'을 선포하였다.

모든 인간은 생존할 수 있는 권리와 자신의 능력을 최대로 발휘하면서 살아가야 한다. 어떠한 환경과 상태에 있는 사람도 각자가 지니고 있는 힘이 최대한도로 발휘되는 상태에서 존립할 수 있도록 하는 일, 그것이 인간의 복지이며 사회복지의 목표인 것이다. 아동복지도 아동이 지니고 있는 잠재 능력을 최대한도로 발휘시키며 충실하게 현재를 살아가게 하는 데서 실현되며, 이로써 아동의 건전한 성장과 발달을 도모할 수 있을 것이다. 이것이 아동의 권리이며 이 권리는 아동의 성장과 발달에 대한 권리이다.

권리란 욕구에 대한 사회적 표명이기도 하다. 즉 욕구가 사회에 의하여 인식되고 주장될 때 이것을 권리라는 말로 대치할 수 있으며, 따라서 권리의 내용은 욕구로 간주될 수 있는 것이다.[3]

우리 나라에서는 헌법을 기초로 아동복지법과 어린이헌장 등에서 아동복지 이념을 명확히 하고 있다. 우리나라 헌법 제10조에는 "모

---

3) 1959년에 채택된「아동권리선언」의 주요 내용: "인류는 아동에 대해 최선의 것을 부여할 의무를 지니고 있으므로 여기에 국제연합 총회는 아동이 행복한 생활을 보내며 또한 자기와 사회의 복지를 위해 이 선언에 열거된 권리와 자유를 향유할 수 있도록 하기 위해 이 아동권리선언을 공포하며, 또한 양친, 개인으로서의 남녀, 민

든 국민은 인간으로서의 존엄성과 가치를 가지며, 행복을 추구할 권리를 가진다. 국가는 개인이 가지는 불가침의 기본적 인권을 확인하고 이를 보장할 의무를 진다."고 했다. 또 헌법 제34조 1항에는 "모든 국민은 인간다운 생활을 할 권리를 가진다."라고 되어 있는데, 모든 국민이 행복을 추구할 권리와 인간다운 생활을 할 권리를 가지고 있음을 명시하고 있다. 따라서 당연히 국민인 아동들도 이와 같은 권리를 갖게 된다.

헌법의 추상적 내용을 구체화시킨 아동복지법에서는 아동복지의 이념을 정립하고 있다. 아동복지법 제1조에서는 "이 법은 아동이 건전하게 출생하여 행복하고 건강하게 육성되도록 그 복지를 보장함을 목적으로 한다."라고 했으며, 제3조에서는 "①모든 국민은 아동을 보호·양육하고 사회생활에 적용되도록 육성할 책임을 진다. ②국가와 지방자치단체는 보호자와 더불어 아동을 건전하게 육성할 책임을 진다."라고 명시하고 있다. 즉 국가와 국민이 아동을 건전하게 육성할 의무와 아동의 복지와 권리에 관한 이념을 나타내고 있다고 볼 수 있다(곽효문 편, 2000;p. 103).

그 외 우리 나라 아동복지의 법적 개념을 살펴볼 수 있는 법에는 아동복지법, 국민기초생활보장법, 모자보건법, 미성년자보호법[4], 소년법, 소년원법, 입양 촉진 및 절차에 관한 특례법, 근로기준법[5], 영유아보육법 등이 있다.

간단체, 정부, 지방행정기관 등이 아동에게 주어진 보호와 적당한 영양, 주거, 오락, 의료 등의 권리를 인식하여 준수할 것을 요망한다."
4) 미성년자의 끽연·음주 및 선량한 풍속을 해치는 행위를 금하고, 아울러 미성년자의 건전한 보호·육성을 목적으로 제정된 법률(1961.12.13. 법률 834호).
5) 근로 조건의 기준을 규정하기 위해 제정한 법률(1997. 3. 13, 법률 제5309호).

3. 기독교와 아동복지의 개관

　현대 사회복지는 역사적으로 기독교와 관련을 맺고 있는 자비로운 행동과 자선 활동에 그 근원을 두고 있다.

　아담과 하와가 에덴동산에서 범죄했을 때 그들은 고의적으로 거룩한 하나님의 형상을 상실해 버렸다. 그러나 하나님께서는 타락한 인간을 영원히 버리지 않으셨으며 이것으로 사회복지의 개념이 시작되었다. 다시 말해서 예수 그리스도를 개인의 구주(救主)로 영접하고 그 기쁨에 넘쳐 있는 사람은 그 사랑의 표현으로 사회복지를 실천하게 되는 것이다. 즉, 그리스도인은 이웃인 '형제를 지키는 자(brothers keeper)'로서 세상의 불우한 사람들을 위해 봉사하며 목자(牧者)와 같이 모든 위험을 무릅쓰고 맡겨진 사명을 완수해야 한다. 이러한 견지(見地)에서 볼 때, 그리스도인의 일차적 삶의 목표를 사회복지, 과학기술의 발달, 근대화, 풍요한 경제 건설 등의 물질적 가치로 볼 수는 없지만 하늘나라를 지향하는 그리스도인의 삶은 결과적으로 이 모든 것을 부산물로 받아들이고 있다. 이러한 점에서 사회복지의 동기를 기독교에서 찾을 수 있으며, '기독교적 관점의 아동복지'의 필요성 또한 절감하게 된다.

　성경을 통해서도 사회복지 정신을 발견할 수 있는데 하나님은 가난한 자와 약한 자 등을 도우시기 위해 우리에게 많은 율례를 주셨다. 하나님은 그것을 통해 우리가 사랑을 실천하기를 바라신다. 이와 관련한 내용은 본문에서 자세히 다루겠다.

　한편 현대 사회를 살아가는 거의 모든 이들은, 우리가 때때로 직업적, 의학적, 법률적, 영적인 도움을 필요로 하는 것처럼 전문적인 사회사업의 도움을 필요로 하게 되었으며 아동도 예외는 아니다.

현대 사회복지는 개인적인 자선 사업 특히 교회에 관련된 구제 사업을 중심으로 한 역사적 배경에서 시작되었다. 즉 교인들의 우정어린 방문, 음식바구니의 전달, 빈민구제기금과 농촌봉사는 현대 사회복지에 앞서 하나님의 사랑을 바탕으로 하는 기독교적 관점의 봉사활동의 일례(一例)였으며, 고아원, 병원, 복지단체, 서구문명의 많은 사회개혁은 기독교회의 참여로 이루어진 현대 사회복지의 역사적 배경의 일부라고 볼 수 있다.

기독교적 관점의 아동복지란, 아동에게 그들의 삶을 살찌우며 사회에 부담보다는 이익을 가져다주는 기독교적 사상을 실천으로 옮기는 것이다. 또 하나님의 사랑(Agape)을 바탕으로 한 '사랑의 형식'을 취하여 전인적인 아동의 성장·발달을 촉진함으로써 보다 효과적인 아동복지를 실천하여 아동에게 좀 더 풍요로운 삶을 가져다주는 것을 그 목표로 하는 것이다.

아동의 복지 증진을 위한 노력은 다양할 수 있으나 아동의 전인적인 발달을 위해서는 그들의 영적인 안녕을 간과하지 말아야 한다. 이러한 맥락에서 이 책에서는 아동복지의 관점을 새롭게 제시한다. 다시 말해서 기독교적 관점에 초점을 두어 아동복지의 개입 범위를 확대 적용하였는데, 아동의 시기가 태아기에서 시작된다고 보았으며 태아와 아동의 영적인 욕구 충족에까지 관심을 두었다. 따라서 이 책의 내용은 Ⅰ. 개요(아동복지의 성립 배경, 아동복지의 기본 이념, 기독교와 아동복지의 개관), Ⅱ. 아동복지의 개념(아동복지의 개념, 아동복지의 기본 요소, 기독교 아동복지의 특성), Ⅲ. 사회복지의 본질과 성경적 의미

(사회복지의 본질, 사회복지의 성경적 의미, 성경적 의미〔Shalom〕의 사회복지적 해석), Ⅳ. 성경적 관점의 아동복지(성경적인 복지이념, 성경적인 아동복지, 구약성경의 아동복지, 예수님의 가르침과 아동), Ⅴ. 성경에 나타난 아동복지(성경에 나타난 태아복지, 성경에 나타난 아동복지, 성경에 나타난 부모의 책임과 가정생활), Ⅵ. 기독교와 아동복지의 전망과 과제로 구성하였다.

기독교는 사회복지 교육의 문을 열었고 사회복지의 발전에 지대한 공헌을 해 왔으며 지금도 사회복지 교육과 실천 현장에서 많은 역할을 감당하고 있다. 따라서 아동복지 또한 기독교적 관점에 입각한 새로운 복지 모델로의 전환이 필요하다. 격동의 21세기를 맞이하여 아동복지는 보다 과학적이고 체계적인 폭넓은 실천을 요구하고 있다. 이 책을 통하여 기독교가 아동의 제 욕구(needs)에 부응하고, 아동복지의 새로운 실천의식과 접근방법을 정립할 수 있는 토대를 마련하며, 우리나라 아동복지 발전의 견인차가 될 수 있기를 기대한다.

 **Ⅱ. 아동복지의 개념**

1. 아동복지의 개념

　아동복지의 정의는, 역사성을 중시하거나 대상에 중점을 두거나 또는 프로그램이나 서비스를 강조하는 등 학자들의 이러한 여러 가지 입장에 따라 차이가 있다.
　아동복지는 빈곤, 방치, 유기, 질병, 결함을 지닌 아동 혹은 환경에 적응하지 못하는 비행 아동들에만 관심을 두는 것이 아니다. 아동복지란 모든 아동이 신체적, 지적, 정서적 발달에 있어서 안전과 행복을 누릴 수 있도록 위험으로부터 보호하기 위해 공사의 제 기관에서 실시하는 사회적, 경제적, 보건적인 여러 활동들인 것이다.
　아동은 유아, 어린이, 청소년 등의 개념과 조금씩 다르면서 비슷하게 혼용되기도 하고 시대와 사회의 변천 및 학자들의 관점에 따라 다양하게 인식되기도 한다. 발달심리학에서는 연령에 따라 신생아, 영아, 유아, 아동, 청소년 등으로 세분화하고 있으며, 『교육학 대사전』에서는 아동을 '넓은 뜻의 어린이' 라고 규정한다. 즉, 신생아와 유아까지 포함하는 것으로서, 사춘기와 청년기에 도달하기 전까지의 연령을 말한다. 그러나 엄격히 말하면 초등학교 시기, 즉 6세~12세경의 어린이를 말하는 것이 원칙이다. 특히 발달 단계를 구분하는 경우에는 그러하다(이숙종 외, 1997:p. 64).
　한편 아동복지 분야에서는 주로 연령으로 구분하되, 관련법에 따라 아동을 구분하는 것을 다소 다르게 명시하고 있다. 아동복지법은 18세 미만의 자를 아동이라 하며, 민법은 만 20세 미만의 자를 미성년이라 한다. 소년법은 12세부터 20세 미만인 자를 소년이라 한다.

근로기준법은 13세 미만인 자를 소년으로 규정하며, 18세 미만인 자를 보호 대상으로 한다.

복지라는 말은, 1914년 영국의 대주교 William Temple이 최초로 사용한 사회복지(social welfare)라는 말에서 시작되었다. 아동복지는 아동(child)과 복지(welfare)의 합성어인데 welfare라는 영어 단어는 well(잘, 훌륭히, 충분히)이라는 부사와 fare(살아가다, 지내다)라는 동사의 합성어로 '편안히 잘 지내는 것'을 의미한다. 그러므로 아동복지란, 아동을 대상으로 한 주관적인 행복한 삶의 상태뿐 아니라, 그러한 상태를 향한 실천적인 행동까지도 포함하는 적극적이고 능동적인 개념임을 알 수 있다(이숙종 외, 1997:pp. 64~65).

활동 분야로서의 아동복지는 아동들이 행복하게 살며 그들의 생활에서 잠재능력을 최대한도로 발휘할 수 있는 건강하고 건전한 개인으로 성장·발달할 수 있도록 하는 것을 목적으로 하는 광범위한 노력을 내포하고 있다.

아동복지의 정의는 학자의 견해에 따라 다르게 규정되지만, 그 대표적인 정의 몇 가지를 살펴보면 다음과 같다(이숙종 외 재인용, 1997:p. 65).

| Encyclopedia of Social Work

아동복지는 아동들이 행복하게 살고, 잠재능력을 최대한도로 발휘할 수 있고, 신체적으로 건강하고 정신적으로 건전한 개인으로 성장, 발달하기 위한 광범위한 활동을 포함한다. 또한 아동복지는 가정생활을 유지, 강화하면서 건전한 아동발달을 가져올 수 있는 지역사회 생활을 영위하게 하는 데 관심이 있다.

| Costin

아동복지란, 아동과 그 가족의 복지·복리를 증진시키기 위한 것이며, 이를 위해서는 아동복지사업의 근본 목적이 달성되도록 가정생활을 강화해야 한다고 하였다.

| Kadushin

넓은 의미의 아동복지란, 모든 아동들의 행복 및 사회 적응을 위해 심리적·생물적 잠재력을 개발시켜 주기 위한 각종 방법이며, 좁은 의미의 아동복지는 특수한 문제를 가진 아동과 그 가정을 대상으로 전문적인 기관에서 행하는 특수한 서비스를 말한다.

| 우리나라 사회복지사전

아동복지란 일반적으로, 특수한 장애를 가진 아동은 물론 모든 아동들이 가족 및 사회의 일원으로서 육체적으로나 정신적으로 건전하게 성장·발달할 수 있도록 지역사회나 사회복지 서비스 분야에 있는 공·사 단체나 기관들이 협력하여 이에 필요한 사업을 계획하고 실행에 옮기는 조직적인 활동을 의미한다(대구대학교사회복지연구소 편, 1986).

이러한 개념들을 통합하여 아동복지를 정의하면, 아동복지란 특수한 장애를 가진 아동은 물론 모든 아동들이 가족 및 사회의 일원으로서 육체적으로나 정신적으로 건전하게 성장·발달할 수 있도록 지역사회나 사회복지서비스 분야에 있는 공사 단체와 기관들이 협력하여 아동의 복지에 필요한 사업을 계획하며 실행에 옮기는 조직적인 활동이라고 할 수 있다.

결국 아동복지란 '모든 아동을 대상으로 행복하고 인간다운 생활을 할 수 있도록 다각적인 방법으로 예방·치료하는 총체적인 체계'이며, 가족생활을 강화하기 위한 사회복지의 한 분야로서 아동의 전반적인 복지는 물론 아동의 복지에 공헌하는 정책과 이념 및 사업을 포함하는 개념이라고 할 수 있다.

2. 아동복지의 기본 요소

아동의 권리나 욕구가 보장되고 충족되기 위해서는 대체로 ①안정된 가정생활, ②경제적 안정, ③영양, 보건, 의료보호, ④교육, ⑤노동, ⑥종교, ⑦오락, ⑧특수 보호 등의 요소들이 전제되어야 한다. 그리하여 이러한 모든 분야에서 아동의 기본적 욕구가 충족될 때 비로소 아동복지의 기반이 확립될 수 있다(곽효문 편, 2000:pp. 104~107).

아동복지의 기본 요소를 구체적으로 제시하면 다음과 같다.

| 안정된 가정생활

아동은 부모나 가정을 1차적인 매개체로 하여 그 사회의 기본적인 생활 습관이나 행동의 기준, 가치 판단의 척도를 습득하면서 점차 사회적 인간으로 성장해 나가는 것이다. 가정은 모든 아동의 성격 형성과 사회화의 기본이 되므로 아동에게 있어서 안정된 가정생활의 중요성은 재론을 요하지 않는다.

경제 발전과 사회 체계의 구조적 변화에 따라 전통적 가족 구조가 변모하여 부부 중심의 새로운 핵가족 구조가 나타나게 되었고 가정의 유대 관계가 희박해짐에 따라 아동들에게 정서적 긴장이나 갈등을 유발시키고 있다. 특히 부모가 무능력하거나 무책임할 경우 또는 부모가 다같이 직업 전선에서 활동해야 할 경우, 아동들은 가정에서 소외되며, 부모의 이혼, 신체적·정신적 질환이나 방임, 유기, 학대 등의 경우에는 가정을 대리할 수 있는 대리 보호적 제도나 서비스가 고려되어야 한다.

| 적절한 가족의 수입과 주거

아동의 건전한 성장·발달을 위해서는 안정된 가정생활에 필수적인 최저한의 물질적 욕구로서의 의식주 문제가 해결되어야 한다. 인간이 유아기부터 충분한 영양을 공급받지 못할 때에는 신체 발육뿐만 아니라 정서적 성장에도 장애를 입게 되며 인격 발달에도 좋지 못한 영향이 가해지게 된다.

또한 간과할 수 없는 것은 빈곤, 즉 경제적 불안정인데, 이것이 문제 아동의 성향과 밀접하게 관련되어 있음이 많은 연구 조사에서 지적되고 있다. 따라서 1차적으로 충분한 경제 부조 제도가 보완되어 빈곤의 악순환을 제거할 때 아동복지의 모든 프로그램이 효율화될 것이다.

| 영양, 보건, 의료보호

아동의 영양, 보건, 의료보호는 아동의 건전한 성장과 발달에 기본이 된다. 모자 보건, 즉 어머니에 대한 건강관리, 유·유아(乳幼兒)에 대한 정기적 건강 진단과 의학상의 지도 감독, 전염병에 대한 방역과 예방 대책, 위생에 관한 법률이나 규정의 실시, 좋은 영양, 적절한 병원 보호나 외래환자 서비스, 보건소 서비스 등이 마련될 때 비로소 아동복지적 상황이라고 말할 수 있을 것이다. 아직까지도 저소득 계층의 아동들은 적절한 영양의 혜택을 받지 못하고 있는 데 반하여 부유층의 아동들은 영양 과다로 비만아의 현상을 나타내고 있다.

또한 보건상의 보호와 의료를 자력으로 받지 못하는 가족이 상당하며 더욱이 소도시, 농어촌의 경우는 더 많은 어려움을 겪고 있다. 따라서 보건 의료 시설이나 인력을 확충함과 동시에 공중 보건과 위생 관리, 생활환경 개선에 대한 정책적 수단을 마련해야 할 것이다.

교육 기회

모든 국민은 균등하게 교육을 받을 권리가 있다. 헌법에서는 적어도 초등교육을 의무로 하여 무상으로 실시한다고 명시하고 있다. 즉 이것은 모든 아동에게 교육의 기회를 부여해 주는 것이 국가의 의무이며 책임이라는 것을 인정하는 조항이라 하겠다.

학교가 단순한 지식의 전달뿐만 아니라 전인적 교육을 목표로 하는 만큼 아동들의 학교생활은 밝고 명랑한 것이 되어야 하겠다. 또한 아동복지의 견지에서 볼 때 학업을 중단하는 아동, 특수장애아동(심신박약아동), 벽지아동, 장기결석아동 등 교육의 기회를 상실할 우려가 있는 아동이나 근로청소년에 대해서는 학교나 사회의 긴밀한 유대 아래 특별 프로그램이나 서비스를 마련하여 모든 아동들에게 교육의 기회를 보장해 주어야 할 것이다.

근로

모든 아동들이 연소 근로와 유해 근로에서 보호되어야 함은 아동복지의 기본 전제인 것이다. 우리 나라의 근로기준법[9]상에는, ①15세 미만자는 근로자로 고용하지 못하며, ②18세 미만인 자는 도덕상 또는 보건상 유해·위험한 사업에 고용하지 못한다고 규정되어 있음에도 불구하고 충분히 시행되지 않고 있다. 그리하여 많은 근로 청소년들이 장기적 근로, 저임금, 비위생적인 작업 환경, 집단 수용적인 기숙사 생활, 영양실조 등으로 인해 많은 곤란을 겪고 있다.

이처럼 과도한 연소 근로는 신체의 발달을 저해하여 건강을 위태롭게 할 뿐만 아니라 지능 발달과 인격 발달에도 나쁜 영향을 미치게 된다. 따라서 이들을 위해서는 직업 훈련과 알선의 기능 강화, 여가 활동의 기회를 제공해야 하며, 공단 지역의 학교 운영, 산업 카운슬링 제도의 확립 등의 복지 대책이 강구되어야 할 것이다.

| 여가와 오락 활동

여가 선용이라 함은, 개인이 휴식과 오락을 위하여 모든 의무로부터 벗어나 구속됨이 없이 스스로 자신의 부족한 능률을 향상시키며 새로운 힘을 회복하는 기회를 갖는 적극적인 시간을 의미한다.

오락이란, 원어가 뜻하는 바와 같이 여가를 건설적으로 활용함으로써 개인에게 재창조의 힘을 키워 주어 어떠한 압력이나 긴장에서도 벗어날 수 있게 한다. 모든 아동들은 놀이를 통해서 신체적·정신적 관심을 추구할 수 있는 기회와 자기 충족감을 누리게 된다. 규칙적인 가정생활이나 긴장감을 주는 학교생활만으로는 이들에게 능동적이며

---

6) 제 62 조(최저 연령과 취직 인허증) ① 15세 미만인 자는 근로자로 사용하지 못한다. 다만, 대통령령이 정하는 기준에 따라 노동부장관이 발급한 취직 인허증을 소지한 자는 그러하지 아니하다.
제 63 조(사용금지) ① 사용자는 임신 중이거나 산후 1년이 경과되지 아니한 여성 (이하 "임산부"라 한다)과 18세 미만자를 도덕상 또는 보건상 유해·위험한 사업에 사용하지 못한다(근로기준법, 전문개정 2001. 8. 14, 법률 제 6507 호, 노동부, http://www.molab.go.kr).

사회적인 참여를 기대할 수 없을 것이다.

　오락 활동은 아동의 건전한 성장 발달에 크게 기여하지만, 또 다른 한편으로는 불량화, 비행과 매우 밀접한 관계를 맺는 기회를 제공할 수도 있다. 따라서 건전한 유희나 오락 프로그램을 적극 개발하여야 할 뿐만 아니라 이를 위한 시설과 지도자를 위한 대책도 수립해야 할 것이다.

| 특수 보호

　아동들 가운데는 특수한 문제나 요구를 지니고 있어서 특수한 법칙, 사회적 보호를 요하는 아동들이 있다.

　불구폐질아, 정서장애아, 심신장애아, 결핵아, 부랑아, 정신박약아, 비행아들에게는 특수한 보호와 치료의 기회를 주어야 하며 그들의 부자유함을 보충해 주어 자신감을 가지고 사회에 적응할 수 있도록 필요한 시설적 서비스를 제공해야 할 것이다.

　또한 사회적 변천과 함께 많은 문제 아동 특히 행동이나 정서에 장애가 있는 아동이 증가하고 있는데, 이들을 위해 아동 상담, 치료 시설 등의 서비스가 절실히 요청된다. 요컨대 아동복지는 이와 같이 모든 아동들의 건전한 성장과 발달에 필수적인 기본 요소들이 단독으로나 보완적으로 또는 포괄적으로 활용될 때 그 의의가 실현될 것이다.

3. 기독교 아동복지의 특성

(1) 기독교 아동복지의 정의

기독교 아동복지의 개념을 정의하기에 앞서 일반적 의미의 아동복지란 무엇인가를 살펴보고자 한다.

아동복지란 사회복지의 한 분야로서, 아동에 관한 문제나 심리 상태를 현상학적으로 연구하는 순수과학이 아니고 아동의 심리적인 면과 그가 소속해 있는 사회 조건과의 관계 속에서 아동 문제에 대한 가능한 해결 방법을 찾아 이들에게 도움을 주고자 하는 응용과학이다. 응용과학은 사실 발견과 인과관계를 구명하는 순수과학의 기초 위에서 성립하고 발전한다. 그러므로 아동복지란, 그것의 기초로서 사회복지, 사회사업, 사회학, 심리학, 인류학, 교육학, 철학, 의학, 생물학 등의 여러 학문의 지식이 필요한 종합과학이다(곽효문 편, 2000:p. 101).

아동복지법상 아동이란 18세 미만의 자를 말한다.[7] 요보호 아동(要保護兒童)이란 아동이 그 보호자로부터 유실·유기 또는 이탈된 경우 그 보호자가 아동을 양육하기에 부적당하거나 양육할 능력이 없는 상태의 아동을 말한다. 아동복지란 모든 아동들이 가족 및 사회의 일원으로서 육체적, 정신적으로 건전하고 안전하게 성장하고 발달할 수 있도록 위험으로부터 지키고 인간다운 삶을 보장해 주기 위해 공

---

7) 연령을 기준으로 할 때 아동복지법상 아동의 정의는 18세 미만의 자로 규정하고 있는데, 이는 현행 영유아나 청소년의 연령 기준과 일부 중복이 되고 있다. 영유아보육법상의 영유아(嬰幼兒)란 6세 미만의 취학 전 아동을 말한다. 청소년육성법상의 청소년은 9세 이상 24세 이하의 자를 말한다.

적·사적 기관들과 일반 국민 모두가 협력하여 노력하는 체계적인 활동을 말한다. 아동은 건전하게 출생하여 행복하고 건강하게 육성될 권리가 있다. 모든 국민은 아동을 보호·양육하고 사회생활에 적응하도록 육성할 책임을 갖고 있다. 특히 국가와 지방자치단체는 보호자와 더불어 아동을 건전하게 육성할 책임을 진다(김기원, 1998:p. 314).

이러한 의미를 포함하여 아동복지를 정의하면, 아동복지란 '서비스의 한 분야, 아동 서비스 프로그램의 요구에 적용되는 사회사업의 한 특수한 형태, 전반적인 아동복지에 기여하는 정책과 행동' 등으로 정의할 수 있다. 또한 넓은 의미의 아동복지란 '아동복지를 직접 또는 간접으로 보호하고 증진하는 것을 목적으로 하는 공공 기관이나 사설 기관에 의해 행해지는 모든 사람들의 활동'을 말한다. 그리고 좁은 의미로서의 아동복지란 '주로 공적 책임을 중심으로 법률에 준거하여 행해지는 보호, 원조, 지도, 지원, 치료 등 공공 및 사적인 서비스'를 말한다.

성경적인 아동복지의 개념을 살펴보면, 예수님은 어린아이들을 친히 사랑하셨는데, 그것은 마가복음 10장 13절부터 16절까지의 말씀을 통해서도 알 수 있다.

"사람들이 예수의 만져 주심을 바라고 어린아이들을 데리고 오매 제자들이 꾸짖거늘 예수께서 보시고 분히 여겨 이르시되 어린아이들이 내게 오는 것을 용납하고 금하지 말라 하나님의 나라가 이런 자의 것이니라 내가 진실로 너희에게 이르노니 누구든지 하나님의 나라를 어린아이와 같이 받들지 않는 자는 결단코 들어가지 못하리라 하시고 그 어린아이들을 안고 저희 위에 안수하시고 축복하시니라."

당시에 예수님은 천대받던 어린아이에게 참다운 사랑과 권리를 회복시켜 주심으로써 아동복지를 실천하셨다.

그러므로 오늘날 교회에서는 예수님의 본을 받아 유년주일학교를 운영하면서 어린아이들에게 복음을 심어 주기 위하여 노력하고 있으며, 더 나아가 선교원을 개설하여 이웃의 불신 가정 아동들에게도 복음을 심기 위해 노력하고 있다. 이러한 보육사업 및 주일학교 운영은 넓은 의미의 기독교 사회복지에 포함된다고 하겠다.

이처럼 성경적으로 기독교 아동복지란, 왜곡된 하나님의 형상을 본래의 모습으로 회복시키려는 기독교인의 체계적 노력을 의미한다. 기독교 아동복지란, 모든 아동들이 가족 및 사회의 일원으로 육체적, 정신적으로 건전하게 성장하고 발달할 수 있도록 교회나 기독교 단체 또는 기독교인 개개인이 성경의 이웃사랑을 실천하는 정신으로 어려운 처지에 있거나 어려운 처지에 빠질 가능성이 있는 아동들의 삶을 보호하고, 질적, 양적 향상을 위해 필요한 사업을 계획하여 실행에 옮기며 상실된 가족의 기능을 회복시키기 위한 기독교인들의 조직적 활동을 말한다.

(2) 기독교 아동복지사업

성경에서 요보호 아동들은 우선적인 구제의 대상임을 보여 준다. 또한 성경에서 아동들은 교육의 대상, 훈계의 대상, 긍휼의 대상으로 나타나며 겸손의 상징으로 표현되기도 한다. 교회나 기독교 단체 그리고 성도들은 성경의 가르침을 따라 아동들을 보호하고 양육시켜야 할 책임이 있다. 이러한 책무를 구체적으로 실천하고자 하는 노력이 기독교 아동복지사업이다. 성경은 기독교 아동복지의 대상인 아동 가운데 일반 아동을 교육과 훈계 외에 구제와 양육의 대상으로 가르치고 있다.

성경은 가족의 가치를 강조하고 있다. 성경은 자기의 가족을 돌아보지 아니하는 것을 악이라 규정하였다. 교회는 상실된 가족의 가치를 회복시키는 노력을 해야 한다. 최근의 아동복지 서비스는 가족의 가치를 존중하는 방향으로 전개되고 있다.

1980년대 이후 아동복지 서비스의 전달 방향은 아동 가족의 최소한의 관여만을 허용하는 엄격한 아동보호 접근 방법(a strict child protection approach)에서 아동 중심적이고 가족 집중적인 접근 방법(a child-centered, family-focused approach)으로 전환되기 시작했다. 아동 중심적, 가족 집중적 접근 방법은 대부분의 아동들이 자신의 부모들과 함께 살고 싶어한다는 것과, 아동들에게 정서적·물리적인 위해만 없다면 그들의 가족과 함께 사는 것이 더 건전하다는 사실을 중시하고 있다(곽효문 편, 2000:p. 115).

기독교 아동복지사업 가운데 가정에서 부모의 능력을 지지하거나 보완하거나 대신할 수 있는 몇 가지 사업을 제시하면 다음과 같다(김기원, 1998:pp. 322~331).

| 아동상담 사업

상담(counseling)이란 문제를 갖고 있거나 문제가 있을 가능성이 있는 개인이나 가족 집단들에 대하여 문제 예방과 해결을 위해 조언을 해 주고 구체적인 대안을 제시하며 자신이 추구해야 할 목표를 스스로 확실히 할 수 있도록 도와주고, 필요한 지식이나 정보를 제공함으로써 개인, 가족, 집단, 지역사회를 올바로 인도하는 절차이다. 아동상담은 아동과 상담자 사이의 심리 작용을 통해 이루어지지만 필요한 정보 제공이나 조언에서부터 심리 치료에 이르기까지 다양한 내용을 포함할 수 있다.

　교회는 아동들이나 아동의 가족들이 갖고 있는 문제를 해결하기 위해서 생활상담과 신앙상담을 실시할 수 있다. 목회자는 훌륭한 상담자이다. 교회에서는 목회자 또는 청년·아동 담당 전도사나 교사 그 밖에 신앙의 연륜과 경험이 풍부한 자원봉사자들을 활용하여 아동상담 사업을 실시할 수 있다. 아동상담을 전담할 수 있고 인터넷 활용도 가능한 책임자가 있다면 더욱 효율적이다.

　교회에서 아동상담에 임하는 상담자는 무엇보다 아동에게 안락하고 따뜻한 분위기를 조성해 주어야 한다. 아동과의 상담이라고 해서 일방적인 자세를 취해서는 안 되며 진실되게 아동의 입장을 받아들이려는 수용적인 자세를 보이고 아동의 입장에서 공감하며 이해하려고 노력하는 긍정적인 태도를 보여야 한다. 상담자는 유연한 자세를 취해야 하며, 경직된 자세에서 벗어나 자신의 과거와 환경을 바라볼 수 있도록 아동을 인도해야 한다. 상담이 끝나면 아동이 상담 전과 비교해서 건전하고 훌륭하게 변화된 모습을 이야기해 주어 아동이 자신에 대해 자신감을 가질 수 있도록 도와준다. 주의할 것은, 교회의 아동상담은 상담 내용뿐만 아니라 과정상의 모든 점에 있어서 성경의 가르침에 합당하게 이루어져야 한다는 것이다.

　교회는 아동들을 위해 온라인 상담(on-line counseling)을 적극 활용할 수 있다. 아직까지는 직접 아동과 만나서 면담하거나 서신, 전화, 팩스로 이루어지는 상담이 주로 이루어지고 있지만 최근에는 인터넷을 통한 온라인 상담이 적극 활용되고 있다. 이러한 온라인 상담의 장점은 상담을 받는 아동이 주저하지 않고 상담을 할 수 있다는 것이다. 상담 대상 아동들은 상담 내용을 자신의 치부나 약점으로 생각하고 수치스러워하기 때문에 이러한 문제를 다른 사람에게 드러내고 이야기하지 않으려 한다.

그러나 온라인 상담은 피상담자의 신분이 직접 드러나지 않고 컴퓨터 화면상에서 대화가 이루어지기 때문에 피상담자가 자신의 신분이나 모습을 드러내지 않아도 되고, 또 직접 육성으로 전해야 할 필요도 없기 때문에 편안한 마음으로 상담에 응할 수 있다. 면접상담이나 전화상담과 같이 상담이 신속히 이루어질 수 있다는 장점도 있다.

또한 필요한 자료를 참조해 가면서 면접에 응할 수 있어 정확한 상담이 이루어질 수 있다. 그러나 인터넷 가능자와 인터넷 시설을 이용할 수 있는 자에 한해서만 가능하다는 제한점이 있다. 이와 같이 온라인 상담은 익명성, 용이성, 신속성, 정확성, 제한성이라는 특징을 가지고 있다.

| 학대 · 방임아동 보호사업

성경은 어려운 처지에 있는 아동을 해롭게 하지 말라고 가르친다. 또한 어린 아동을 해롭게 하면 화가 있을 것이라고 경고하면서 어린 아동들을 학대하지 말고 실족하게 하지 말 것을 분명하게 선포하고 있다.

아동학대(child abuse)와 아동방임(child neglect)은 통상적으로 함께 정의 내려진다.[8] 이 둘을 구분해 보면, 전자는 아동에 대한 부적절

---

8) 아동학대의 유형을 일반적으로 분류하면, ① 아동을 때려 심한 신체적 상처를 입히는 신체적 학대, ② 아동을 거부하거나 모욕하여 심리적 상처를 주는 정서적 학대, ③ 아동을 성적 만족의 대상으로 이용하는 성적 학대와, ④ 아동을 보호하고 양육하지 않는 방임으로 나눌 수 있다. 여기에 발육부진과 아동유기, 미성년자 노

한 의도와 해로운 행동을 의미하는 데 반해서 후자는 아동의 욕구가 충족되지 않은 상태를 의미하며 아동이 부모로부터 양육을 거부당하거나 방치된 상태, 즉 보호 상태에서 비보호 상태가 된 것을 뜻한다.

아동학대는 신체적 학대, 비신체적 학대, 사회적 학대로 나누어진다. 신체적 학대란, 보호자가 결과를 고려하지 않고 아동에게 고통을 주고 상처를 입히고 완력을 사용하는 것을 말한다. 비신체적 학대란, 애정 결핍, 영양실조, 불충분한 의료 보호, 위협적인 언어, 필요한 오락이나 교육 기회 금지, 성적인 이용(sexual use) 등을 말한다. 사회적 학대는 아동이 생활하는 주위에 아동의 건전한 발달과 양육에 해를 끼치는 업소나 시설을 설치하여 운영하거나, 유해한 내용이 대중매체를 통해 전달되도록 허용하고 방치하는 것을 말한다. 주택가나 학교 주위에 유해한 오락 시설이나 유흥업소가 적법하게 운영되는 것이 한 예이다.

아동복지법에서는 다음과 같은 행위를 아동학대 사례로 보고 이러한 행위를 금지하고 있다. 불구 기형의 아동을 공중에 관람시키는 행위, 아동에게 구걸을 시키거나 아동을 이용하여 구걸하는 행위, 공중의 오락 또는 흥행을 목적으로 14세 미만의 아동에게 곡예를 시키는 행위, 14세 미만의 아동에게 주점 등 기타 접객 영업에 종사시키는 행위, 아동에게 음행을 시키거나 음행을 매개시키는 행위, 정당한 권

동 등이 첨가될 수 있으나, 발육부진은 방임의 특별한 형태로 보며 미성년자 노동과 아동유기는 일반적인 카테고리에 분류하기 어렵게 구체화되어 있다. 실질적으로 아동학대의 일반적인 분류인 위 4가지 또한 그 기준이 애매모호하며 특히 정서적 학대와 방임을 구분 지을 때 그러하다. 또 실제 아동학대는 주로 발생시 한 부류의 학대 형태가 아닌, 성적 학대와 방임, 아니면 신체적 학대와 성적학대 등 혼합적인 형태로 발생되는 경우가 많다(한국어린이보호재단, 아동학대 사례 발견 및 신고 접수시 면접 기법과 사회복지사의 역할, 세미나 자료집, 2002:pp. 5~8).

한을 가진 알선 기관 외의 자가 아동의 양육을 알선하고 금품을 취득하는 행위, 아동에게 유해한 흥행 영화 등 기타 이에 준하는 흥행물을 관람시키는 행위, 아동에게 유해한 유기(遊技)를 시키거나 유해한 유기를 행하는 장소에 출입시키는 행위, 자기의 보호 또는 감독을 받는 아동을 학대하는 행위, 아동을 위하여 증여 또는 급여된 금품을 그 목적 외의 용도에 사용하는 행위, 아동의 덕성을 심히 해할 우려가 있는 도서, 간행물, 광고물 등 기타의 내용물을 제작하거나 이를 아동에게 판매·배포·공여·교환·전시·구연·방송하거나 하게 하는 행위가 이에 해당된다.

교회는 아동의 학대나 방임 사례에 대해 직·간접적으로 대처할 수 있다. 교회가 이에 적절하게 대처하기 위해서는 무엇보다도 목회자들이 아동의 학대나 방임 사례의 원인과 대처 방안에 관한 지식을 갖추어야 할 것이다. 목회자는 설교 시간이나 성경 공부 시간 또는 지역사회 세미나를 통해 비성경적인 아동학대 사례를 지적하는 메시지를 성도나 지역사회에 전할 수 있다. 교회는 아동학대 관련 시민단체의 협조를 얻어 교회 안에서 아동학대에 관한 사진 전시회나 사례 발표회를 개최하여 아동학대에 대한 교인들의 관심을 이끌 수 있다.

교회는 주일학교 교사나 아동부 전도사를 통해 아동학대 사례를 보고받고 상황을 조사하여 분석한 후 가해자에 대해 그리고 피해 아동을 위해 적절한 대처 방안을 강구할 수 있다. 교회가 직접 대처하기가 어려운 경우 시·군·구에 근무하는 아동복지지도원이나, 지역사회의 아동상담소에 근무하는 상담원, 아동학대 방지 관련 시민단체, 지역사회복지관의 사회복지사, 읍·면·동의 사회복지 전담공무원, 경찰 등에 연락하여 적절한 조치가 이루어지도록 조언할 수 있다.

교회는 학대아동 가운데 부모로부터 일시적이거나 영구적으로 분리시키는 것이 아동을 위해서 옳다고 판단되면, 아동복지지도원이나 아동상담소의 지원을 받아 교인 가운데 희망하는 가정을 위탁가정(foster home)으로 지정하여 일정 기간 동안 아동을 보호할 수 있다. 위탁가정이 되기 위해서는 경제·사회적으로 안정된 30~55세 사이의 부부로서 결혼 후 3년이 경과된 가정이어야 한다. 위탁보호 기간은 통상적으로 1~5년으로 일정 기간이 아니더라도 하루나 이틀 정도의 단기간 동안 임시적으로 교회나 교인 가정에서 숙식을 제공하며 돌보아 줄 수도 있다. 부모로부터 오랫동안 방치되거나 부모에게 심각한 문제가 있어 부모로부터 영원히 아동을 격리시키는 것이 옳다고 판단될 때는 아동복지상담원이나 아동상담소와 상의한 후 홀트아동복지회와 같은 입양 전문 기관과 연락해 건전한 가정에 입양될 수 있도록 의뢰할 수 있다. 양친이 될 자격 요건은 국내입양의 경우 25세~54세의 혼인 중인 자이며, 자녀수는 입양아동을 포함하여 5인 이내를 원칙으로 하고 있다. 양친 가정은 시·군·구의 가정 조사 기관이 양친 가정, 직장, 이웃 등을 2회 이상 직접 방문하여 조사하고 이를 통해 입양 적격 여부를 결정한다.

| 소년소녀가장세대 후원결연사업

소년소녀가장세대는 부모의 사망, 질병, 심신장애, 가출, 이혼, 수형 등으로 인하여 만 18세 미만의 소년소녀가 가정생활을 이끌어 감으로써 정부의 보호를 필요로 하는 세대로 국민기초생활수급권자의 선정 기준에 적합한 자이다. 이들은 국민기초생활수급권자로 책정되어 보호되며 정부로부터 공공부조 서비스를 지원받는다. 그러나 공공

부조 서비스만으로는 이들이 경제적으로 정상적인 생활을 영위하는 데 많은 어려움이 있다. 이러한 경제적인 어려움을 일부 덜어 주기 위해 실시하는 사업이 후원결연사업이다. 현재 소년소녀가장을 위한 후원결연사업은 각 시·군·구, 한국복지재단, 사회복지관 등에서 전개하고 있다.

성경은 일관성 있게 가난한 이웃을 위해 사랑을 실천할 것을 강조하고 있다. 특히 아직 노동 능력이 부족한 계층들에 대한 이웃 사랑은 우선적으로 실천되어야 한다. 이러한 계층 가운데 하나가 소년소녀가장세대이다.

교회는 범교회적 차원에서 그리고 성도 개인적 차원에서 소년소녀가장세대를 위한 결연사업을 실시할 수 있다. 교회적 차원에서 매달 십일조 가운데 일정액을 소년소녀가장세대를 물질적으로 후원할 수 있다. 십일조는 하나님의 것으로 십일조에 관한 성경적 가르침에 합당하게 사용되어야 한다. 성도 개개인의 차원에서도 소년소녀가장세대와 후원결연을 맺을 수 있다. 교회는 한국복지재단이나 시·군·구 또는 지역사회복지관에 후원금을 보내어 후원결연사업에 참여하거나 소년소녀가장세대의 인적 사항을 파악한 후 후원을 희망하는 교인이 선호하는 소년소녀가장세대를 선택하도록 할 수 있다. 가장 바람직한 방법은 후원결연을 희망하는 성도들의 인적 사항과 후원 내용에 관한 정보를 소년소녀가장세대에게 직접 제공하고 소년소녀가장이 후원자를 선택하게 하는 공개 후원결연제도를 실시하는 것이다.

공개 후원결연제도는 소년소녀가장세대 후원사업 과정에서 제기되는 문제 가운데 하나인 소년소녀가장의 열등감과 정신적 피해의 문제를 해결할 수 있고, 또한 후원자에게는 무차별적인 진정한 이웃사랑을 실천할 수 있는 기회를 제공한다. 소년소녀가장세대 후원사업을 전개함에 있어서 결코 해서는 안 되는 일은, 이들 아동들을 각종 후원 기념 행사에 동원하거나 후원자의 공명심을 드높이려는 수단으로 이용하는 비윤리적인 행동이다. 아동에게 마음의 상처를 주지 않고 후원자의 순수한 마음을 훼손하지 않도록 후원결연사업을 전개해야 할 것이다.

보육사업

사회가 산업화되면서 가족 구조가 확대 가족에서 핵가족으로 바뀌어 가고 맞벌이 부부가 늘어가면서 이혼 등의 가족 해체로 인하여 어머니와 자식으로 구성된 모자 가정과 아버지와 자식으로 구성된 부자 가정이 증가하고 있다. 이러한 환경 아래에서 부모가 직장에서 근무하는 동안, 비싼 보육료 때문에 기존의 영유아 보육시설에 맡길 수 없는 저소득 계층의 자녀들은 비보호 상태에 방치된다. 원래 보육사업은 근로여성 자녀들의 보육을 위한 것으로서, 1767년 프랑스의 **Oberlin** 목사가 농촌 지역에서 농사일에 종사하여야 하는 어머니들의 자녀들을 하루 종일 돌보아 주기 위해 탁아소(day nursery)를 설립한 데서 시작되었다.

교회는 보육시설을 직접 설립하여 저소득 맞벌이 부부, 모자 가정이나 부자 가정, 영세민 자녀들을 보호하고 양육하기 위해 무료로 또는 실비만을 받고 보육 서비스를 제공해 줄 수 있다. 영유아보육법상 보육시설의 명칭은 '○○어린이집'으로 하고 있다. 보육 대상은 3세 미만의 영아반과 3세 이상의 유아반을 동시에 운영함을 원칙으로 하고, 기초생활보장 수급권자 자녀를 우선 입소 대상으로 하고 있다. 교회의 어린이집은 기독교인과 비기독교인 모두를 대상으로 하여야 한다. 교회가 보육시설을 운영하기 위해서는 보육시설의 입지 조건, 시설 규모, 종사자 자격 기준 등이 영유아보육법상 적합한지의 여부를 먼저 확인해야 할 것이다.

교회가 어린이집을 운영할 때는 다음과 같은 기본 원칙을 세워야 한다.

첫째, 하나님의 사랑이다. 교회의 보육시설은 어린 아동들을 하나님의 사랑 안에서 보살피고 이들이 하나님의 사랑을 느낄 수 있도록 운영되어야 한다. 인위적으로 교과 과정에 기독교 관련 과목을 편성하는 것보다는 보육 과정에서 하나님의 사랑이 전해지고 느껴질 수 있도록 하는 것이 효율적이다.

둘째, 비영리성이다. 교회의 보육사업은 저소득 영세민들을 우선적인 보육 대상으로 하여야 한다. 국민기초생활보장 수급권자들은 정부로부터 보육비 전액을 지원받지만 국민기초생활보장 수급권자에 편입이 되지 않은 빈민들도 상당수 있다. 교회는 열악한 처지에서 소외되고 고통스럽게 살아가는 우리의 이웃들을 우선적인 보육 대상으로 하여 무료로 또는 최소한의 실비만을 받고 보육 서비스를 제공해주어야 한다. 교회는 이웃 사랑을 실천하는 자세로 보육사업을 운영하여야 한다.

셋째, 봉사성이다. 교회는 교회의 보육시설이 교인들에게 봉사의 기회를 제공하는 장이 되도록 하여야 한다. 봉사를 원하지만 봉사의 기회를 찾지 못하거나 용기가 부족한 교인들을 위해 그들이 헌신할 수 있는 기회로 활용되도록 노력한다.

넷째, 일반성이다. 교회의 보육사업은 보육기관들이 일반적으로 채택하는 보육원칙들을 수용해야 한다. 일반 보육시설과 마찬가지로 교회의 보육시설은 영유아의 신체적·사회적·정서적·지적·언어적 발달에 기여할 수 있는 경험을 제공하고 유능하고 존경받는 사람으로서 자기 존중감을 발달시킬 수 있도록 도와주어야 한다. 규칙적인 식사와 간식의 제공으로 충분하고 균형 있는 영양을 공급해 주고 바른 식사 습관을 가지도록 도와주어야 한다. 영유아의 신체적·정서적 건강을 위하여 예방 서비스를 제공하여 현재 가지고 있는 건강 문제를 발견하고 치료하여야 한다. 보육시설 종사자는 안전관리의 중요성을 인식하고 실천하여야 하며 영유아 스스로 자신의 안전을 보호할 수 있는 능력과 기술을 가지도록 도와주어야 한다. 보육 과정에 대한 부모들의 참여와 이해를 통해 보육 효과를 높이도록 노력하여야 한다. 또한 보육 활동에 지역사회의 적극적 참여를 유도하고 또한 지역사회 시설을 적극적으로 활용하도록 노력한다.

교회가 어린이집을 설립하여 보육사업을 실시할 수 있다면 매우 바람직하고 효과적이겠지만, 상당수의 교회가 현실적으로 어린이집을 설립할 수 없는 형편에 있다. 이러한 때 교회는 포기하지 말고 시·군·구에 설치된 보육정보센터에 근무하는 보육전담 공무원인 보육지도원이나 읍·면·동사무소의 사회복지 전담공무원에게 연락하여 성도 가운데 또는 지역사회에 보육의 필요성이 있으나 보육 혜택을 받지 못하고 있는 빈민 가정 자녀들이 보육 혜택을 받을 수 있도록 도와줄 수 있다.

| 시설보호사업

교회는 직접 아동복지시설을 설립해 운영할 수 있다. 그러나 교회의 현실적인 형편상 이러한 시설을 직접 설립하여 운영하는 것은 어려우므로 교회는 이들 시설을 재정적으로 지원하거나 자원봉사자를 보내어 지원할 수 있다. 또한 이들 시설의 아동과 교인들간의 후원결연을 주선하여 이들의 복지에 일부 도움을 줄 수 있다. 교회가 직접 운영이 가능하거나 지원할 수 있는 아동복지법상의 시설 종류는 다음과 같다.

❶ 아동양육시설

아동양육시설은 보호를 필요로 하는 아동을 입소시켜 보호, 양육하는 것을 목적으로 하는 시설이다.

❷ 아동일시보호시설

아동일시보호시설은 보호를 필요로 하는 아동을 일시보호하고 아동에 대한 향후의 양육대책 수립 및 보호조치를 행하는 것을 목적으로 하는 시설이다.

❸ 아동보호치료시설

아동보호치료시설은 불량행위를 하거나 불량행위를 할 우려가 있으며, 보호자가 없거나 친권자나 후견인이 입소를 신청한 아동 또는 가정법원, 지방법원소년부지원에서 보호 위탁된 아동을 입소시켜 그들을 선도하여 건전한 사회인으로 육성하는 것을 목적으로 하는 시설이다.

❹ 아동직업훈련시설

아동직업훈련시설은 아동복지시설에 입소되어 있는 만 15세 이상의 아동과 생활이 어려운 가정의 아동에 대하여 자활에 필요한 지식과 기능을 습득시키는 것을 목적으로 하는 시설이다.

❺ 자립지원시설

자립지원시설은 아동복지시설에서 퇴소한 자를 취업 준비 기간 또는 취업 후 일정기간 보호함으로써 이들의 자립을 지원하는 것을 목적으로 하는 시설이다.

❻ 아동단기보호시설

아동단기보호시설은 일반 가정에 아동을 보호하기 곤란한 일시적 사정이 있는 경우 아동을 단기간 보호하며 가정의 복지에 필요한 지원조치를 하는 것을 목적으로 하는 시설이다.

❼ 아동상담소

아동상담소는 아동과 그 가족의 문제에 관한 상담, 치료, 예방 및 연구 등을 목적으로 하는 시설이다.

❽ 아동전용시설

아동전용시설은 어린이공원, 어린이놀이터, 아동회관, 체육, 연극, 영화, 과학 실험전시시설, 아동휴게숙박시설, 야영장 등 아동에게 건전한 놀이·오락 기타 각종 편의를 제공하여 심신의 건강 유지와 복지 증진에 필요한 서비스를 제공하는 것을 목적으로 하는 시설이다.

❾ 아동복지관

아동복지관은 지역사회 아동의 건전 육성을 위하여 심신의 건강 유지와 복지 증진에 필요한 서비스를 제공하는 것을 목적으로 하는 시설이다.

이러한 아동복지시설은 단일 업무만 수행하는 시설이 아니라 종합시설로 설치할 수 있으며(아동복지법 제16조 제2항), 각 시설의 고유 업무 외에도 다음과 같은 사업을 운영할 수 있다.

❶ 아동가정지원사업
지역사회 아동의 건전한 발달을 위하여 아동, 가정, 지역 주민에게 상담, 조언 및 정보를 제공해 주는 사업이다.
❷ 아동주간보호사업
부득이한 사유로 가정에서 낮 동안 보호를 받을 수 없는 아동을 대상으로 개별적인 보호와 교육을 실시하여 아동의 건전한 성장을 도모하는 사업이다.
❸ 아동전문상담사업
학교부적응아동 등을 대상으로 올바른 인격 형성을 위한 상담, 치료 및 학교 폭력 예방을 실시하는 사업이다.
❹ 학대아동보호사업
학대아동의 발견, 보호, 치료 및 아동학대의 예방 등을 전문적으로 실시하는 사업이다.
❺ 공동생활가정사업
보호를 필요로 하는 아동에게 가정과 같은 주거 여건과 보호를 제공하는 것을 목적으로 하는 사업이다.
❻ 방과 후 아동지도사업
저소득층 아동을 대상으로 방과 후 개별적인 보호와 교육을 통하여 건전한 인격형성을 목적으로 하는 사업이다.

Ⅲ. 사회복지의 본질과 성경적 의미

사회복지의 본질 속에는 이미 기독교의 종교성이 내포되어 있다고 해도 과언이 아니다. 기독교 윤리는 모든 사람들이 동등하게 하나님으로부터 주어지는 자비나 사랑으로 살아가게 한다. 기독교 사회복지의 이념은 일반적인 사회복지의 이념과는 달리 성경의 진리에 근거한 기독교의 '사회윤리관'이라 할 수 있다. 즉 예수의 가르침과 생활로부터 규율되는 원리로서 사회복지 실천의 이념이 강조되고 있다. 사회복지는 기독교 정신의 관점에서 보면 모든 인간을 가치 있는 존재로 존중하고 있으며 초월적인 절대자에 대해 믿음으로 순종할 것을 강조한다(요 15:12).

그것은 모든 사람들이 책임 있는 주체로서 사회 가운데 신앙정신을 구현할 때만 진정한 사회복지가 완성된다는 의미를 담고 있다. 오늘날 기독교와 연관된 사회복지 자원은 무한한 잠재력을 지니고 있음에도 불구하고, 기독교 사회복지의 실천에 대한 이념이나 이론의 검토는 아직도 미약한 실정이다. 사회복지의 본질이나 실천 방법에 대한 구체적인 연구도 아직 미흡하다. 기독교와 사회복지계는 이러한 현실적인 도전에 어떻게 대처해야 하며 효과적인 기독교 사회복지를 어떻게 실천할 수 있는가에 초점을 두고 이를 실현하기 위한 지속적인 노력을 해야 한다.

1. 사회복지의 본질

사회복지는 우리의 생활과 관련하여 매우 중요한 의미를 지닌다. 그러나 사회복지는 사회 변화에 따라 그 용어도 변화되어 왔다. 즉 전통적 사회복지의 개념은 상호부조, 자선사업, 인보사업, 박애사업 등으로 이어져 왔고, 현대적 사회복지의 개념은 사회사업, 사회봉사, 사회정책, 사회복지 등으로 변천되어 왔다. 특히 사회복지가 무엇이며 어떻게 규정되어 있는가에 대해서는 학자들에 따라 다양한 입장 차이를 보이고 있다.

(1) 사회복지의 정의
1) 어의적 정의

어의적으로 사회복지(social welfare)의 의미는 여러 분야에서 다양하게 해석되고 있다. 그 근원적인 문제를 이해하기 위해서는 사회복지가 지닌 낱말의 축어적인 의미부터 살펴보는 일이 중요하다.

사회복지는 사회(social)와 복지(welfare)의 합성어이다. 복지란 영어의 'welfare'로서, 'well'과 'fare'를 합친 말이다. 이 'well'은 사전적인 의미로 'satisfactorily' 'successfully' 'properly' 'fittingly' 'reasonably' 등의 뜻이고, 'fare'는 'state - of thing'을 의미한다. 이에 따라 welfare는 '불만이 없는 상태' '만족할 만한 상태'를 의미하는 것이다. 다시 말해서 복지란 '안락하고 만족한 상태' '건강하고 번영스런 상태'의 의미를 내포하고 있다. 『Webster 사전』에 의하면, 'welfare'는 '안락하고 만족한 생활 상태' 또는 '인간의 건강과 번영의 상태'라고 정의되어 있다. 이러한 어의의 배경에는 인간은 어떠한 상태에 놓여 있더라도 하나의 가치적 존재이기 때문에, 행복을 누리고 충실한 삶을 누려야 한다는 이상적인 생활 목표의 사상이 깔려 있다. 이와 같은 생활 목표를 실현하기 위해서는 모든 사람에게 신체적, 정신적, 지적, 가정적 발달의 기회를 부여하는 것이 사회복지의 실천이다.

　그러므로 이에 사회(social)라는 말이 첨가된 '사회복지'는 '사회적으로 평안하고 만족스런 상태'를 나타낸다고 할 수 있다. 즉 사회복지는 사전적인 의미로서 사회 내의 구성원들이 만족스럽고 평안한 상태를 유지할 수 있게 하는 것과 연결되어 있음을 알 수 있다. 복지란, 운명적인 축복이나 우연에 의한 행운, 혹은 요행 등의 의미와는 다르며, 행복이나 안녕과 같은 극히 추상적이고 주관적인 의미와도 차이가 있다. 그것은 객관적이고 구체적인 의지와 노력, 활동 등이 개입된 보다 중요한 개념이다. 복지에 있어서의 '만족할 만한 상태'는 결코 물질적 조건과 환경에 국한된 의미가 아니라 심리적, 정신적인 측면과 인간관계 등을 포함하는 총체적인 충족 상태를 의미한다.

　그렇다면 사회복지가 지향하는 수준과 목표, 그리고 그 한도를 결정하는 일은 매우 중요한 관건이라 할 수 있다. 그것은 사회복지의 수준과 내용이 각 개인의 사회 현실을 반영하고 있기 때문이다. 사실 사회복지의 개념이 현실 사회에서 출발한 것인 만큼, 그것이 지향하고 도달해야 하는 목표와 수준 역시 현실을 반영하게 될 수밖에 없다. 또한 사회복지는 사회 자체가 지니는 역량에 의해 좌우되는데, 사회의 총체적 역량이란 복지 수준과 목적, 내용, 형태와 방법 등을 결정하는 실체로서 존재하게 되는 것이다.

　따라서 사회복지란 한 사회나 국가의 가치관과 이념을 포함하는 소위 문화적 요소, 정치·경제적 요소, 사회 구성원들 사이의 관계를 나타내는 총합적인 제반 사회적 요소들을 포함한다. 이것은 사회복지 제도라는 형태로서 구체적으로 표시되며, 사회복지 제도는 국가에 따라 다양한 차이를 보인다. 결국 사회복지는 이런 점에서 한 국가와 사회의 역사적 흐름과 그 특성을 반영한 산물이라고 할 수 있다(박용순, 2002:pp. 37~39).

2) 이념적 정의

이념적으로 사회복지란, 현실 사회의 '사회복지'라고 하는 어떤 시책을 달성하려는 목적, 즉 인간의 복지를 의미하고 있다. 사회복지는 목적적 개념으로서, 한 국가와 사회에서 다양한 명목으로 통용되고 있는 사회복지적 시책들의 목표를 사회복지라는 포괄적 의미로 파악할 수 있다. 사회복지의 개념을 목적 개념으로 파악한다면, 향후 도달해야 하는 사회의 어떤 상황으로 설명할 수 있으며, 이런 점에서 사회복지란 이상적인 상태인 것이다. 그것은 인간의 가치와 존엄이 최고도로 실현되는 상황을 뜻한다.

사회복지는 하나의 이상적인 목표적 개념으로 사용되고 있다. 즉 훌륭하고 바람직한 사회로서 빈곤이나 불행이 없이 국민 대다수가 자유롭고 평등한 생활을 영위할 수 있는 사회를 말한다. 오늘날 인류의 희망과 욕망을 지배하고 있는, 세계적으로 공통된 세 가지 이념이 있다. 그것은 첫째, 풍요의 이념(the idea of abundance), 둘째, 상호 관계의 이념(the idea of mutuality), 셋째, 개발 계획의 이념(the idea of developmental planning) 등이다.

따라서 국민의 생활 향상을 위해서는 이러한 이념을 바탕으로 하여 목표를 구체화해야 한다. 이에 사회복지가 관심을 두어야 할 목표는 다음의 몇 가지로 제시할 수 있다. 즉, 현존하는 사회 기구의 강화, 특수한 개인이나 집단의 곤란·장애 완화, 새로운 사회복지 서비스의 개발, 욕구(need)에 따른 새로운 프로그램으로 인한 사회 구조에의 적

Ⅲ. 사회복지의 본질과 성경적 의미   61

응, 사회적 욕구 충족을 위한 모든 활용 등이다.
  사회복지의 개념을 목적 개념으로 이해하게 되면, 그 추상성 때문에 사회복지의 이해와 실천이 다소 어려울 수 있다. 예컨대, 사회복지를 모색하는 이들간에 공통적 요인의 추출이 어려워 공동의 노력이 어렵게 되는 단점이 있다. 그럼에도 불구하고 목적적 정의로서의 사회복지 개념은 현실 사회에 존재하는 사회복지의 한계와 약점을 이해할 수 있게 해 주는 동시에 지적 통찰력을 제공하는 유익한 기능을 한다. 이것은 현실적으로 사회복지 시책의 인도자로서 혹은 자극제로서 중요한 역할을 할 수 있다(박용순, 2002:pp. 39~40).

3) 기능적 정의
  기능적인 측면에서 사회복지의 개념을 설명한 학자들은 티트머스(Titmuss), 길버트와 스펙트(Gilbert & Specht), 콤턴(Compton), 윌렌스키와 르보(Wilensky & Lebeaux) 등이다. 그 중에서도 H. Wilensky & C. Lebeaux는 그들의 저서 *Industrial Society and Social Welfare*를 통해, 사회복지의 개념을 기능적인 관점에서 '보충적(residual)' 개념과 '제도적(institutional)' 개념으로 구분하여 설명하였다.
  첫째, '보충적 개념'은 가족이나 시장(market)과 같은 정상적인 공급 구조가 제 기능을 발휘하지 못할 경우에 한해서 비로소 활동하기 시작하는 사회복지를 의미한다. 다시 말해서 이 개념은 사회 내에 두 개의 자연적인 경로인 가족과 시장 경제를 통해 각 개인의 필요가 적절히 충족될 수 있음을 전제로 하고 있다. 이러한 정상적인 경로를 활용할 수 없을 때, 제3의 필요충족 메커니즘인 사회복지 조직이 활동을 시작하며, 정상적인 사회 조직이 다시 제 기능을 발휘하기 시작할 때에는 활동을 중지해야 한다고 보고 있다.

둘째, '제도적 개념'은 사회복지가 현대 산업사회에서 정상적인 '제일선'의 기능으로 활용될 수 있다는 것을 전제로 한 개념이다. 이 개념은 오명(汚名)이나 응급조치적인 요소, 그리고 '비정상성(非正常性)'을 수반하고 있지 않다. 사회복지는 현대 산업사회에서 각 개인의 자아완성을 돕기 위해 타당하고 정당한 기능을 수행하는 것으로 받아들여지고 있다. 이 개념은 각 개인이 자신의 힘만으로는 충분히 대처할 수 없고, 가족이나 직장을 통해 그의 모든 필요를 충족시킬 수 없는 것을 '정상적인' 상태로 간주한다. 그러므로 원조기관은 '정상적인' 제도적 위치를 획득하게 된다.

이상의 두 개념은 진공 상태 속에 존재하는 것이 아니라, 이것이 놓여 있는 보다 넓은 사회·문화적 상황을 반영하고 있는데, 산업화가 더욱 진전됨에 따라 제도적인 개념이 우세해질 것으로 예측된다. 이와 같은 사회복지의 두 가지 관점은 비록 1950년대 말의 미국 사회를 반영하고 있는 것이지만, 여러 국가나 사회에서 현실적으로 이루어지고 있는 사회복지 활동의 기능적 성격을 규정하는 데 적절한 준거틀이 되고 있다. 이들 개념은 사회복지에 대하여 몇 가지 관점에서 다음과 같이 시사하고 있다.

첫째, 사회복지의 기능적 모형은, 이후 여러 학자들에게 사회복지의 본질과 특성을 밝히도록 하는 선구자적 위치를 갖게 되었다. 즉 이 모형은 보다 정교한 이론 형성에 기여했으며, 이후 사회복지의 각종 모형 연구에 간접적으로 영향을 끼쳤다.

둘째, 현대 사회에서 사회복지 활동의 변화 추세를 가늠할 수 있는 준거틀을 제시해 준다. 이 기능적 모형은 사회가 점차 산업화로 접어

들면서 사회복지 활동이 보충적 개념에서 제도적 개념으로 바뀌게 될 것임을 예견하였으며, 일반적으로 산업화가 진행되는 동안 제도적 개념이 우세할 것임을 강조하였다. 이러한 전제하에서 한 사회나 국가의 사회복지 흐름은 물론 여타 국가나 사회의 사회복지 흐름을 비교·검토할 수 있다.

이상에서 언급한 사회복지의 개념은 사회복지의 발전과 사회변동을 연계시켜 생각할 수 있는 귀중한 준거틀을 제시하고 있다. 앞으로는 산업화에 따라 각국이 제각기 수렴하기보다는 어느 정도 수렴 상태를 거쳐 다양화하는 경향으로 나아가리라는 것을 예상할 수 있다. 지금까지 사회복지 발달의 추세로 볼 때, 이들 두 개념은 앞으로도 어느 정도 유용하게 사용될 수 있을 것이다.

끝으로 사회복지의 개념을 논의함에 있어서 사회복지의 의미는 사회사업(social work)과 같은 의미로 사용되기도 하지만, 때로는 다른 의미로 사용된다. 사회복지라는 용어는 대체로 이념적인 면을 중시하며, 바람직한 사회 건설에 목표를 두고 이에 요구되는 광범위한 제도나 정책의 기획과 조직화를 강조하는 데 더 유용하다. 사회사업이란 용어는 대체로 실천적인 면을 중시하며 바람직한 인간화에 역점을 두고, 개인의 존엄성과 독자성에 비추어 그의 사회적 기능 향상에 도움이 될 수 있는 지식과 기술을 역동적(dynamic)으로 활용하도록 하는 데 더 유용하다고 할 수 있다.

여기서 사회복지나 사회사업을 지나치게 대립적 관점에서 볼 것이 아니라, 상관적인 관점에서 활용한다면 더욱 효율적인 성과를 얻을 수 있을 것이다.

(2) 사회복지의 가치

1) 사회복지의 가치성

인간은 다른 동물과는 달리 누구나 가치[9] 있는 일을 추구하려고 한다. 인간은 항상 현실에서 벗어나 보다 나은 것을 추구하며 이상을 설정하고 이것의 실현을 위해 부단히 노력한다. 현존하는 모든 문화적 집단들은 어떤 가치관과 행동 기준을 정립하고 이것의 중요성을 강조한다. 대개 인간생활에 있어서 가치관과 행동 기준들은 내면화되어 정서적 바탕을 이루며, 인간의 태도, 감정, 사고, 행동 등의 일부와 전체로서 표출되기도 한다. 그러므로 사회복지에 관여하는 전문적 제 집단은 각자 분별 있는 윤리와 가치관을 확립하는 것이 중요하다.

인간의 행동에는 반드시 일정한 목표가 있다. 그 목표는 가끔 자신이 속해 있는 집단이나 조직의 목표와 일치할 수도 있고 그렇지 않을 수도 있다. 인간은 누구나 장구한 시간과 특정한 공간을 거쳐 성장하면서 축적해 온 사고방식과 생활양식을 기준으로 행동하게 된다. 이와 같이 사고방식과 생활방식은 자신이 속해 있는 기존의 가치체계와 유관하다.

서구 사회에 있어서 인간과 사회를 보는 가치관의 근원[10]을 살펴보

---

9) 사회복지를 언급함에 있어서 가치 개념은 매우 중요한 의미를 갖는데, 그것은 사회복지의 실천이 가치를 기반으로 동기화되거나 기능화되기 때문이다. 『Webster 사전』은 가치를 "본래적으로 가치 있는 또는 바람직한 … 무엇이다."라고 정의하였다. 일반적으로 가치란 '인간에 관하여 그리고 인간을 다루는 적절한 방법에 대하여 전문직이 갖는 신념'을 의미하고 있다. 바틀렛(H. Bartlett)에 의하면 "가치는 선(good)이며 바람직한(desirable) 것이다. 가치는 질적인 판단이며 경험적으로 증명되는 것은 아니다. 가치는 정서를 가지며 사회복지의 전문가들이 지향해야 할 목적이나 목표를 제시해 준다. 가치의 진수는 무엇이 보다 나은 것인가와 관련이 있다."라고 제시하였다.

10) 현대 사회의 정치·경제적 발전 과정에서 하나의 사회제도로 발달한 사회복지는 나름대로의 이념이 존재하지만, 이는 종교사상 속에 나타난 사회복지적 요소에 다

면, 첫째, 인간의 기본적 가치로서 이웃에 대한 책임성을 원칙으로 하는 기독교의 교리, 둘째, 모든 인간의 평등과 자유와 행복 추구의 권리를 강조하는 민주주의 이념, 셋째, 환경을 무시하고 인격만을 주장하며 근면한 사람을 도덕적 인간으로 보고 쾌락을 죄악시하는 청교도의 논리, 넷째, 자연의 진화 과정에서 강자는 생존하고 약자는 도태할 수밖에 없기 때문에 강자의 사회가 출현한다는 '사회진화론' 등에 입각하고 있다.

이러한 가치 체계에서는 인간의 존엄성, 자유와 평등을 긍정적인 가치로 인정하는 대신에, 청교도의 논리나 사회진화론 등의 가치는 부정적인 것으로 생각하기 쉽다. 오늘날 이러한 가치는 서방 국가 발달의 원동력이 되고 있다. 즉 적극적이든 소극적이든 간에 어떠한 가치 체계가 강하게 뒷받침 됨으로써 국가 발전은 물론, 인간과 그들의 사회관계 유지가 지속되며 사회질서와 사회정의가 구현되는 것이다.

분히 영향을 받았다. Friedlander(1976)는 사회복지의 기본 이념은 인간의 존엄성, 자기 결정권, 균등한 기회, 사회의 연대 책임성으로 구성된다고 하였다. 이러한 이념들은 모든 인간은 평등하며 생명과 자유, 행복을 추구할 권리가 있다는 민주주의 이념과, 근면 검소하며 이웃에 대한 사랑을 강조하는 기독교의 교리에서 유래한 것이다.
이념적으로 사랑 혹은 정의와 같은 기독교의 중심 가치들은 더불어 사는 사회를 실현하려는 사회복지의 기본 이념과 일맥상통하는 것이다. 기독교의 이념에는 약자나 강자, 가난한 자나 부유한 자 모두가 신 앞에 평등하다. 이는 세상에서 불행을 당한 자들에 대한 우선적 관심으로 표현되는데, 예수의 실천적 사랑이 그 모델이다. '예수'는 가난한 자, 눌린 자, 장애인, 나병환자, 슬픈 자, 소외된 자, 핍박받는 자, 빚진 자, 천대받는 자 등과 같은 불행한 이웃들과 늘 함께하는 삶을 살았다. 이러한 예수의 삶은 교회가 지상에서 이루어야 할 사랑의 실천적 과제를 제시하고 있는 것이다. 즉, 교회가 소외된 이웃과 지역 사회에 봉사하는 일은 기독교의 본질적인 사명임을 시사하고 있다.
따라서 기독교 정신의 사회복지의 이념들은 서구 사회복지를 발전시킨 원동력이 되었다고 할 수 있다. 예를 들어, 자선조직협회(Charity Organization Society)나 인보관운동(Settlement House Movement)의 생성 과정에서 기독교 정신이 영향을 미쳤고, 각기 보수와 진보의 다른 성향을 지녔지만 기독교인들이 주도적인 역할을 담당하였다.

따라서 사회복지의 가치[11]는 인간을 존중하며 인간의 복지를 어떻게 중요시하고 있는가를 결정하는 그 나라의 유력한 철학과 불가분의 관계에 있다. 이러한 맥락에서 볼 때 인간의 존엄성, 자기결정권, 균등한 기회, 사회적 책임 등을 사회의 철학으로 하는 유럽과 미국에서는, 그러한 정신에 대한 확고한 신념을 사회복지의 특성으로 한다. 다시 말해 사회복지는 우선적으로 '모든 인간의 가치와 존엄', 다음으로는 '자기결정, 자기충족 및 자기실현' 등으로 점차 구체화하고 있는 특성을 가지고 있으므로, 사회복지의 가치는 개인주의적인 측면을 강하게 반영하고 있으며, 사회복지가 사회의 복지이기 이전에 개인의 사회적 복지임을 깊이 인식해야 한다(박용순, 2002:pp. 42~44).

2) 토착적인 사회복지 가치

오늘날 급격한 사회 변동에 따라 가치관도 변화되고 있는데, 우리는 이러한 변화를 적절히 수용해 나가야 한다. 우리 나라는 서구사상의 급격한 유입으로 기존의 전통적 가치관에 많은 변화가 있었을 뿐 아니라 계속해서 다소간의 혼란을 겪고 있다. 이러한 과정에서 현실적으로 부적절한 가치는 배제되어야 하겠지만, 바람직한 가치는 계속 전승시켜 나가야 한다.

사회복지의 관점에서 상부상조, 인간존중 등의 가치관은 계승·발전시켜 나가야 하며, 평등사상, 복지사상, 효율성 등의 가치관은 적

---

11) 프리드랜더(W. Friedlander)는 사회복지사업의 기본적 가치성을 ①개인 존중의 원리로서 모든 사람은 인간으로서의 가치, 품위, 존엄 등을 가지며, ②자발성 존중의 원리로서 개인이 무엇을 요구하고 그것을 어떻게 충족할 것인가의 결정 권리를 가지며, ③기회 균등의 원리로서 모든 인간에 대해 균등한 기회를 제공하며, ④사회 연대의 원리로서 사람들은 자기 자신, 가족 및 사회 등에 대해 책임을 진다고 제시하고 있다.

절히 수용하여 토착적인 가치로 발전시켜 나가야 할 것이다. 우리들이 계승해야 할 몇 가지 토착적인 사회복지의 가치관을 살펴보면 다음과 같다(박용순, 2002:pp. 44~45).

첫째, '인간 존중의 사상' 이다. 한국 민족사에 있어서 고조선을 건국한 환웅의 홍익인간 이념과 고구려의 이도홍치(以道興治), 신라의 광명이세(光明理世), 화랑도의 세속오계 중 살생유택(殺生有擇), 그리고 불교 및 유교의 여러 가지 사상과 동학의 인내천사상(人乃天思想) 등을 통해 인간 존중의 사상을 엿볼 수 있다. 오늘날의 헌법 제10조에서도 "모든 국민은 인간으로서 존엄과 가치를 가지며 행복을 추구할 권리를 가진다. 국가는 개인이 가지는 불가침의 기본적 인권을 확인하고 이를 보장할 의무를 가진다."라고 명시하고 있다.

둘째, '상부상조의 공동체 의식' 이다. 한국사에서 상부상조의 유형으로는 두레, 품앗이, 계(契), 향약 등이 있다. 즉 '두레' 란 고래(古來)로 촌락 단위에 조직된 농민들의 상호협동체이며, '품앗이' 란 부락 내 농민들이 노동력을 서로 차용하고 교환하는 노동 협력의 양식이고, '계' 는 부락 주민들이 전통적 빈곤을 극복하기 위한 자생적 조직이고, '향약' 이란 지역 주민들의 순화(醇化), 덕화(德化), 교화(敎化)를 목적으로 한 지식인들 간의 자치적인 협동 조직(성종 25년)이다. 이러한 상호 부조의 공동체 의식은 우리나라의 전통적 가치관으로서 현존 사회복지의 가치 체계에도 잘 반영되어야 한다.

셋째, '자유와 평등사상' 이다. 헌법에 명시된 바와 같이 자유와 평등은 사회복지 체계의 초석이다. 이것은 국가 존립이 개인의 자유와 평등을 보장하는 것을 그 기본으로 하고 있다. 자유란 경제적, 정치적으로 어떠한 구속함이 없는 자발적인 활동을 의미하며, 사회적인 측면에서 타인의 경제적, 정치적 자유에 침해하지 않는 의무를 포함한다. 평등이란 헌법 제11조 제1항에서 "모든 국민은 법 앞에 평등하다."라고 규정하고 있는 것처럼 모든 개인이 동등한 대우를 받는다는 의미이다. 이에 사회복지는 자유와 평등 위에 비로소 성립될 수 있으므로, 자유와 평등의 이념은 사회복지 체계의 핵심적 기반이라고 할 수 있다.

넷째, '복지국가주의의 목표'이다. 복지국가의 이념은 자유민주주의를 바탕으로 하는 사회복지 체계의 기본적인 이념인 것이다. 이는 국가가 적극적으로 국민의 복지 증진을 위해 노력해야 함을 의미한다. 따라서 복지국가주의는 자유와 평등을 실질적으로 구현하기 위해 국가가 적극적으로 개인생활에 개입하는 것을 의미하는 매우 중요한 가치 영역인 것이다.

다섯째, '국가적 효율성의 가치'이다. 국가가 전반적인 분야에 걸쳐서 지속적인 발전과 번영을 이루어 나갈 때, 국민 각자의 복지 증진도 동시에 실현될 수 있음을 의미한다. 예컨대, 1960년대 초기에 우리 나라가 절대 빈곤으로부터의 해방을 지향하면서 시작한 경제 개발 정책은 상당한 경제적 성장과 물질적 풍요를 이룩하였다. 그러나 한편으로는 사회 계층간의 불평등이 심화되고 다양한 사회문제가 야기됨으로써 국가적 차원의 낭비와 비효율성을 증대시켰다. 따라서 미래지향적인 사회복지 정책의 수행으로 국민들에게 최저한의 생활수준을 유지시켜 주는 동시에, 국가적 효율성을 높여 다시금 국민의 복지증진에 기여할 수 있어야 한다(박용순, 2002:pp. 44~46).

끝으로 우리는 사회복지를 이해하고 이에 관여하기 위해 기존의 전통적 가치는 물론, 급격한 사회 변동으로 요구되는 제 가치들을 총체적으로 내면화시켜서 자신의 가치관을 확립해야 한다. 이와 같은 가치관의 확립은 현존의 사회 문제를 해결하는 데 충분히 반영되어야 한다.

(3) 사회복지의 동기
1) 종교적 동기

인간은 사회적 동물일 뿐만 아니라 동시에 종교적(religious) 동물이라는 전제하에서 이해되고 있다. 즉 도움을 받는 자와 도움을 주는 자도 한 인간으로서 종교적인 감정과 신념을 갖는다는 점에서는 서로 일치하고 있다.

초기 자선사업은 대개 주는 자(giver)의 심적 태도에 의해서 이루어졌고, 그것을 받는 자의 받는 영향은 그다지 중요시하지 않았다. 다시 말해서 타인을 돕는다는 것은 약자에 대한 본능적 동정심을 기반으로 하는 것이며, 인간의 정서에서 직접적으로 발생하는 가장 자연적인 개인적 시여(almsgiving)의 형식으로 나타난다. 그것은 타인의 고통에 대한 개인적 관계에서 발생하며 단순한 동정 또는 애린(愛隣)의 정으로서 종교와는 불가분의 관계가 있다고 보여진다.

기독교의 경우, 예수 그리스도의 직접적인 교훈과 행적을 담은 '4복음서'를 볼 때 예수의 사랑, 친절, 화평 등의 기본 정신을 모든 사람들에게 나타내 보이고 있다. 즉 모든 인간이 서로 형제처럼 사랑하고, 또한 세상에 있어서의 거룩한 의무를 다함으로써 하나님의 은총을 입고 영생을 누릴 수 있게 된다는 것이다. 이와 같은 관념이 바탕이 되어 형제애나 이웃 사랑으로 서로 돕고 불우한 타인까지도 구제하는 자선행위가 생겨난 것은 종교적 동기에서 연유한 것이라고 볼 수 있다(박용순, 2002:pp. 46~47).

2) 인도주의적 동기

근대적인 인도주의(humanism)의 근원은 18세기에 다시 등장한 중간 계층자들의 인권문제와 관련하여 살펴볼 수 있다. 그 당시 사상은 박애주의, 인도주의, 평등, 사회정의 등의 이념이 주요한 동기가 되어 하층 계급과 빈곤자를 돕는 기독교의 자선을 합리화시켜 왔다. 인도주의는 우선 인간생활의 고통을 경감하고 나아가서 향락을 증진시키는 것을 일차적 목적으로 한다. 인도주의적 동기(humanitarian motives)의 특징은 인간이 계급적으로 상·하의 격차가 있는 것이 아니라 항상 평등한 관계에 있다고 보는 것이다.

따라서 인도주의적 동기에서 타인을 돕는다는 것은 결코 우월자가 열등자를 천시하여 원조하는 것이 아님을 전제하고 있다. 이와 같은 인도주의의 근본적인 사상을 바탕으로 하여 당시의 많은 사회사업가 및 활동가들이 교정, 주택, 보건 등의 개선을 시도하는 사회개혁 운동과 사회사업 활동에 적극 참여하였으며, 그 외에도 사회 정의의 실천면에서도 공헌한 바가 매우 크다. 인도주의는 사회복지의 이념적 기조(基調)로서, 우애, 자선, 온정, 박애 등은 사회사업의 역사와 더불어 영원한 동반자의 관계인 것이다(박용순, 2002:pp. 47~48).

3) 반사회적 동기

인간은 본성적으로 자기 자신의 사리사욕과 욕구 본능을 충족하려고 하는 자기 본위적 존재이다. 따라서 궁극적으로 타인의 복지 비용을 통하여 자신의 기본적 욕구를 해결하고자 한다. 1601년 영국의 엘리자베스(Elizabeth) 1세 때에 제정한 '구빈법(The Poor Law)'은 매우 엄격한 법으로서 당시의 상황을 잘 반영하고 있다. 당시의 사회에는 정상과 비정상의 두 계층 부류가 있는데, 여기서 비정상적 계층은 일할 수 없거나 일하려고 하지 않는 사람들로서 어느 정도 소외되어 있던 계층이었다.

초기에는 반사회적(antisocial)인 사람들의 곤궁한 사정이 천차만별일지라도 법률로써 이들을 일률적으로 취급하여 구빈사업을 전개하였다. 이 시기는 14세기 중엽 유럽의 흑사병(black death) 유행, 장원의 붕괴, 가내 공업의 발달, 길드의 쇠퇴, 인구 이동성의 증대, 경제적 및 사회적 변동 등이 시작되던 때로부터 산업혁명 시기까지를 말한다. 그 당시 사회복지의 생성 동기는 반사회적 계층들에게 기본적 생활이 가능하도록 국가적인 구제사업을 실시했던 데서 찾아볼 수 있다(박용순, 2002:p. 48).

4) 공리주의적 동기

공리주의는 19세기의 벤담(Bentham)과 밀(Mill) 등 영국 학자들에 의해 제창된 것으로서 '최대다수의 최대행복'을 인간 행위의 규범으로 채택한다는 윤리학설에서 그 원천을 찾을 수 있다. 모든 인간을 종교적 및 도덕적 선입관을 배제하고 객관적인 입장에서 본다면, 인간은 가능한 한 자신의 고통을 제거하거나 회피하고 최대한의 본성적 향락을 희구하고자 하는 존재이다.

따라서 영국의 산업혁명과 더불어 일어난 개인주의 사상의 대두로 말미암아 생겨난 공리주의적 동기(utilitarian motives)의 본래 의도는, 사회복지를 통한 '최대다수의 최대행복'의 실현을 윤리의 과제로 삼는 데 있다. 그러므로 사회복지의 궁극적 목적은 모든 국민과 사회가 동시에 만족하고 바람직한 사회를 실현하고자 한다는 측면에서 공리주의적 동기에 그 기초를 두고 있다(박용순, 2002:pp. 48~49).

5) 전문 직업적 동기

법률, 교육, 의학 등의 전문 직업 분야는 인권옹호, 인격형성, 정신치료, 신체치료 등과 같이 그 목적과 활동 내용이 다르지만, 결과적으로 그 대상자에게 사회복지를 위한 일종의 서비스를 제공한다는 점에서 공통성을 갖는다고 할 수 있다. 흔히 직업은 일반 직업과 전문 직업으로 구별된다. 즉 전자는 금전적 이익 추구가 중심이며, 후자는 타인을 위한 서비스 제공을 위주로 한다. 그러나 이 양자가 사회적으로 조직되고 관리될 때 양식의 차이에 따라 구별될 수는 있지만, 본질적으로 점차 가까이 접근된다.

클라크(Clarke) 여사가 그의 저서에서 "오늘날 많은 사람들이 법률이나 의학에 종사함과 같이 사회복지에 종사하여 인간적 및 환경적으로 도움을 필요로 하는 사람들에게 전문직 서비스를 제공하고 있다."라고 제시했듯이, 전문 직업적 동기에서 사회복지의 선호도가 점차 증대되고 있다는 것을 강조하고 있다.

따라서 사회복지는 역사적으로 자선이나 박애 등의 동기에서 유래된 것이지만, 사회복지사가 이와 같은 구제의 사명, 희생의 이타심 등의 동기에 사로잡힐 이유는 없다고 본다. 다른 전문직, 즉 법률가, 의사, 교육자, 종교인 등이 자신의 철학과 기본 원리에 입각해서 최선의 서비스를 제공하고 그 대가를 받는 사회복지사가 맡은 일을 소신껏 수행해 나가는 것이 중요하다. 그러므로 사회복지사가 확고한

Ⅲ.사회복지의 본질과 성경적 의미

철학과 전문적 기술 및 지식을 가지고 사회복지 서비스를 충실히 수행하는 것은 사회사업의 전문 직업적 동기(professional motives)에 입각한 것임을 말해 준다(박용순, 2002:pp. 49~50).

이상과 같이 사회복지의 목적은 인간의 행위를 결정하는 제 요인에 대한 지식에 기반을 두면서, 이들이 만족한 삶을 스스로 구축하도록 돕는 데 있다. 특히 사회복지의 이념적 정신은 모든 인간으로 하여금 경제적, 사회적, 문화적 자원을 개발하여 정상적인 인간생활을 영위하게 하는 것은 물론, 평화적으로 공존하는 바람직한 사회를 형성하는 데 있다. 이러한 이념은 기독교의 정신과 일치한다고 볼 수 있다. 기독교의 본질은 모든 사람을 구제하되, 그 중에서도 어려운 상황하에 있는 사회적 약자를 도와주면서 그리스도의 모습을 닮아가게 하는 것이다.

2. 기독교 사회복지의 의의

사회복지는 본질적으로 기독교적인 개념을 기준으로 한다고 볼 수 있다. 특히 기독교 사회복지는 성경에 근거한 동기와 실천을 그 내용으로 하는 것으로서, 보다 전문적인 연구를 통한 확장이 필요한 분야이다.

(1) 기독교 사회복지의 개념

기독교 사회복지는 기독교 역사가 시작된 이래 오늘날까지 기독교의 주요 덕목이자 의무로서 실천되어 왔다. 기독교 사회복지란 보는 관점에 따라서 기독교와 사회복지의 접목이라고도 하고, 때로는 기독교와 사회복지의 통합이라고도 일컬어지기도 한다. 그러나 이러한 관점과 접근 방법은 기독교와 사회복지를 이질적인 것으로 보고, 기독교 사회복지를 논함에 있어서 이질적인 양 영역 간의 화해나 화합의 결과로 결론짓게 한다. 그러나 기독교와 사회복지란 역사적으로나, 가치적으로나, 이념적으로나 상호 이질적인 것이 아니라 동일한 영역에서 동질의 것을 추구하며 발전되어 왔다.

기독교 사회복지란, 하나님을 믿는 신자들이 순종을 통해 하나님의 뜻을 세상에 전파하고 세상 가운데 실천해 나아가는 체계적 노력이다. 사회복지를 사회사업(Social Work)이라고 한다면, 기독교 사회복지는 하나님의 사업(God's Work), 하늘의 사업(Heaven's Work), 거룩한 사업(Holy Work)이라 할 수 있다. 동시에 기독교 사회복지는 인간을 영생으로 인도하고 하나님의 형상을 회복하는 일련의 구원사업(Salvation Work)이다. 사회사업이 베푸는 사랑을 통해 이루어진다면, 기독교 사회복지는 하나님의 사업으로서 나눔의 사랑, 섬김의 사랑을 통해 이루어진다(김기원, 1998:pp. 34~35).

기독교 사회복지란, 기독교의 근본정신인 이웃 사랑과 봉사와 헌신을 통해 열악한 처지에서 살아가는 사람들의 물질적, 신체적, 정신적 고통을 양적, 질적으로 완화시키고 생활상의 곤란을 개선시켜 줌으로써 그들의 삶의 질을 향상시키는 것이며, 또한 성경적 정의를 실천하여 상실된 하나님의 형상을 회복시키려는 기독교인들의 제도적이고 체계적인 노력과 가치 체계를 말한다. 기독교 사회복지를 구체적으로 실천하는 과정에서는 사회복지학, 상담학, 사회학, 의학, 노년학, 심리학 등과 같은 발달된 사회과학적 실천방법들을 원용할 수

있다(김기원, 1998:p. 35).[12]

(2) 기독교와 사회복지의 관계

기독교의 본질은 하나님과 인간의 관계에서 찾게 되는 복음을 의미한다. 우리는 하나님이 인간을 어떻게 창조하셨으며 어떻게 보시는가 하는 인간관에서 복음 그 자체를 이해할 수 있다. 기독교의 인간관은 기독교의 본질에 근원을 두고 있다. 인간은 시간적으로 제한 받는 짧은 삶을 영위하면서 하나님의 창조적 작업에 자율적으로 동참하고 그리스도의 모습을 통하여 속죄의 길을 걸어가고 있다. 즉 하나님을 사랑하고 두려워하며 이웃을 네 몸과 같이 사랑하라는 복음을 믿고 실천하는 것을 추구한다. 서구에 의한 사회복지의 철학은, ①인간 존엄성의 확신, ②자기결정권에 입각, ③균등한 기회의 제공, ④사회 연대성의 발로라는 네 가지 원리에 근거를 두고 있다. 이러한 제 원리는 기독교의 본질에 근거한 인간관을 이해하고 수용할 때에 올바른 실천으로 연결된다. 이에 따라 서구 사회의 사회복지 역사는 그 철학을 벗어나서 이해할 수 없으며, 그 철학은 기독교의 본질과 기독교의 인간관을 이해하고 연결할 때에 성립되는 것이다.

기독교의 본질을 이해하고 실천하는 기독교인들의 모임을 교회라고 칭한다. 따라서 기독교는 교회를 그 기초로 하여 그리스도를 따르며 예배, 교육, 선교, 교제 그리고 봉사를 교회의 사명으로 하고 있

---

12) 교회는 기독교 사회복지의 주된 주체로서의 역할을 수행하여 왔다. 교회가 기독교 사회복지를 실천함에 있어서 서로 다른 주장들이 제기되고 있으나 분명한 것은 교회가 구제기관이 아니라는 점이다. 그러나 구제는 교회가 수행해야 할 근본적 의무 가운데 하나이다. 또한 교회는 봉사기관이 아니다. 그러나 봉사는 교회가 수행해야 할 근본적 사명 가운데 하나이다. 교회는 사회복지기관이 아니다. 그러나 사회복지는 교회가 수행해야 할 근본적 덕목 가운데 하나이다.

다. 특히 가장 중요한 교회의 사명으로 사회적 봉사를 간과할 수 없다. 사명은 성격상 두 가지 형태로 수행되는데, 첫째는 모이는 교회로서의 예배와 교육이며, 둘째는 흩어지는 교회로서의 사회봉사이다. 다시 말해서 흩어지는 교회가 갖는 사명은 사회복지의 성격을 내포하고 있으며 현실적 사회 문제에 접근하면서 사회봉사적 노력을 기울이는 데 있다. 이와 같이 교회는 인격적 사랑의 공동체로서 인간이 성실한 자아를 회복하고 새로운 삶을 영위할 수 있도록 의미 있는 공동체를 제공하는 데 그 사명이 있다.

기독교 사회복지는 하나님의 형상(Imago Dei)을 회복하는 것을 궁극적인 목적으로 한다. 하나님의 형상에 대해서 여러 가지 견해들이 있으나, 구체적인 신학적 논쟁은 신학자들의 몫으로 돌리고 이 책에서는 기존에 제시된 견해의 일부만을 제시할 것이다(박용순, 2000:pp. 14~15).

첫째, 실재론적 견해(substantive view)이다. 이레니우스(Irenaeus)는 아담이 지녔던 이성과 자유의지가 '형상'이며 성령의 행위로 말미암아 아담이 소유했던 초자연적인 은사가 '모양'이라고 하였다. 스콜라신학자들에 따르면 '형상(image)'은 인간이 하나님과 자연적으로 닮은 점, 즉 이성과 의지의 능력인 반면, '모양(likeness)'은 인간의 기본적인 본성에 덧붙여진 하나님의 선물로 하나님의 도덕적 특성으로 이루어진 것이다. 루터는 '우리의 형상으로'와 '우리의 모양을 따라'는 같은 것을 의미한다고 주장한다.

둘째, 관계론적 견해(relational view)에 따르면, 하나님의 형상이란 인간의 본성에 내재하는 어떤 것이 아니라, 하나님과의 특별한 관계 속에 들어갈 때 그 관계 자체를 하나님의 형상이라고 말할 수 있는

Ⅲ. 사회복지의 본질과 성경적 의미

것이라고 주장한다. 브룬너(Brunner)는 이를 형식적 형상과 실질적 형상으로 구분하고 있다. 형식적 형상은 이성적 존재, 책임 있고 자유로운 존재로서의 인간 본질이다. 실질적 의미의 형상이란 인간이 하나님께 응답할 때 나타나는 것이다. 바르트(Barth)에 의하면 인간과 하나님 사이의 수직적 관계에서뿐만 아니라, 인간들 사이의 관계에서도 하나님의 형상을 발견할 수 있다고 하였는데, 우리 안에 있는 하나님의 형상은 4가지 요소들을 포함하고 있다. 우리는 이웃을 동료로 인식하면서 서로 의사소통을 하고, 또한 서로에게 도움을 주는 일을 통해 하나님의 형상을 회복한다.

셋째, 기능적 견해(functional view)에 따르면, 하나님의 형상은 인간이 수행하는 기능으로서 창조 세계를 다스리는 통치 행위이다. 베르듀인(Verduin)은 인간은 다스리기 위해 지음 받은 창조물이며, 그런 역할이 부여된 인간 존재는 창조주의 형상 속에 있다고 주장한다. 하나님의 뜻은 인간이 창조 세계를 돌보고 다스림으로써 그 피조물들이 잠재력을 발휘하게 되는 것인데, 인간이 그것을 그 자신의 이익을 위해 착취해서는 안 된다고 강조하고 있다.

이와 같이 하나님의 형상에 대한 해석이 다양하게 전개되고 있지만, 기독교 사회복지는 인간과 사회가 하나님의 형상(imago dei)을 회복하게 되는 것을 궁극적인 목적으로 한다. 인간은 하나님의 형상을 따라 피조된 존재로 하나님께서 의도하신 목적에 맞게, 하나님 보시기에 아름답게 살아가야 한다.

"하나님이 가라사대 우리의 형상을 따라 우리의 모양대로 우리가 사람을 만들고 … 하나님이 자기의 형상 곧 하나님의 형상대로 사람을 창조하시고 … 하나님이 그 지으신 모든 것을 보시니 보시기에 좋았더라…"(창 1:27~31).

(3) 기독교 사회복지의 원칙

기독교 사회복지에서도 실천을 위한 원칙이 존재하고 있다. 기독교 사회복지를 위한 안내 지침이 되고 있는 원칙을 몇 가지 제시하면 다음과 같다(박용순, 2000:pp. 17~19).

첫째, 기독교 사회복지는 전문가의 실천을 필요로 한다. 이는 기독교 사회복지를 실천하는 사람은 전문적인 지식과 기술을 숙지하고 이를 실천해야 한다는 것이다. 기독교 사회복지를 실천하려는 사람은 자신이 일차적인 도구가 됨을 알고 자신의 문제를 먼저 이해하고 해결하는 데에 최선을 다해야 한다.

둘째, 기독교 사회복지를 실천하는 사람은 신앙의 기반 위에서 사회복지에 관한 전문적 식견을 가지고 있어야 한다. 여기서 신앙은 목적이며 사회복지에 관련된 식견은 수단이 된다. 기독교 사회복지를 실천하는 사람은 인간의 존엄성을 존중하고 이러한 존엄성에 기반을 둔 다양성도 존중하여야 한다. 인간 서비스에 있어서 성, 문화, 계층, 지역 등에 따라 차별대우를 해서는 안 된다.

셋째, 기독교 사회복지를 실천하는 사람은 계속해서 자신이 성장을 위해서 노력하여야 하며, 전문가로서의 성장을 위해서도 노력하여야 한다. 기독교 사회복지는 신앙과 가치와 지식과 기술의 안내를 받는 실천이어야 한다. 그리고 클라이언트를 전인적인 인간으로 대하여야 한다. 전인적인 인간이란 영적, 생리적, 심리적, 사회적, 경제적인 실체로서의 인간을 말한다.

넷째, 기독교 사회복지는 클라이언트를 개별화하여야 한다. 개별화란 클라이언트를 고유한 인격을 가진 존엄한 존재로서 인정하는 것에서 시작된다. 또한 기독교 사회복지는 선교의 비전을 가져야 하고 이를 확실하게 보여 줘야 한다. 특히 클라이언트를 자조, 자립시키는 것을 목표로 하여야 하며, 또한 이들이 다른 사람을 도와주는 일을 계속할 수 있도록 유도해야 한다.

다섯째, 기독교 사회복지는 교회와 지역 사회에서 가능한 한 많은 사람들이 복지 증진에 참여하도록 동기를 부여해야 한다. 그리고 클라이언트의 비밀을 보장하면서 사람들이 서로 도우며 살아야 한다는 생각과 감정을 가지도록 해야 한다. 끝으로 이상의 그 진행 과정과 결과를 평가해야 한다.

인간은 비록 타락했지만 은혜를 통해서 상실된 하나님의 형상을 다시 회복할 수 있다. 하나님의 형상으로 태어난 인간들이 비록 죄로 인해 본래의 형상이 왜곡되어 고통 가운데 살아가고 있지만, 하나님은 영생을 누릴 수 있는 천국을 예비하셨고, 우리가 은혜로운 삶을 통해 천국을 상속받게 하셨으며, 본래 만들어 주신 그 형상을 회복할 수 있게 하셨다. 다시 말해서 믿는 자들은 기독교 사회복지를 실천하며 영생을 얻게 되는 은혜로운 삶을 살아야 하고, 지극히 작은 자들에게 베푸는 나눔의 삶을 살아야 하고, 하나님과의 올바른 관계를 정립하는 삶을 살아야 한다. 그것이 하나님의 형상을 회복하는 삶이며, 바로 기독교 사회복지 그 자체를 의미하는 것이다.

우리 나라 기독교 사회복지의 흐름을 볼 때, 기독교에 대한 사회복지의 전망은 매우 밝다. 각 교단의 교회에 따라 차이가 있고, 교회 내에 기복신앙이 아직 팽배해 있는 실정이지만, 사회선교와 사회봉사에 대한 의식은 전반적으로 점점 고취되고 있다. 선교에 대한 의식이 양적, 질적인 면에서 성장을 거듭해 오면서 사회복지 실천에 대한 기독교계의 의식도 변화되고 있다. 그리고 신학적인 측면에서는 사회봉사에 대한 책임 의식을 종교 신념으로 수용하고 있다.

일반적으로 사회복지에 대해 한국 교회가 갖는 관점을 다음의 세 가지 맥락에서 살펴볼 수 있다. 첫째는 교회와 사회를 이원적으로 파악하여 교회가 전도에만 전력해야 한다는 관점이고, 둘째는 교회가 성장하고 확립한 후 사회복지에 관여해야 한다는 관점이며, 셋째는 교회의 전도 자체를 사회복지와 직결하여 전도의 한 방법으로 보는 관점이다. 오늘날 기독교계가 지향하고 있는 흐름은 세 번째 관점으로 볼 수 있다.

이처럼 기독교와 사회복지는 그 맥을 같이하고 있기 때문에 이를 활성화하기 위한 방안이 더욱 심층적으로 모색되어야 한다. 그것은 기독교 사회복지가 '타자(他者)를 위한 인간'으로 대변되는 기독교적 휴머니즘의 관점을 내포한다는 점에서 볼 때 더욱 그러하다. 기독교인들은 종교적인 행위로써가 아니라, 예수 그리스도의 가르침인 '사랑'의 실천에 참여함으로써 타인을 위한 새로운 삶을 개척하는 데 신앙의 목적성을 둔다. 특히 기독교 사회복지는 이념적으로 충분한 신학적 근거를 지니고 있고, 교회는 인적, 물적, 시설적, 그리고 조직적 자원을 풍부히 가지고 있으므로 조화롭게 이를 실천해 나가야 할 것이다.

따라서 앞으로 기독교 정신의 사회복지가 더욱 활성화되기 위해서는 기독교 사회복지의 이념적 배경을 근거로 하여 범교단적 차원에서 사회복지 실천의 협력 체제를 형성하여 신학적인 정보를 지속적으로 교환할 필요가 있다. 그리고 복음적 차원에서 사회복지를 위해 교회 자원의 투자와 시설의 개방, 교회 사회사업의 방법론적 연구 등의 지속적 노력이 이루어져야 한다. 그래서 교회와 사회복지계는 상호협력 체계를 구축함으로써 인간의 복지와 인간성 회복을 동시에 도울 수 있는 통합적인 사회복지를 실천해야 한다.

3. 사회복지의 성경적 의미

　기독교의 사상은 사랑으로 대표되고 사회복지의 역사는 기독교의 사랑의 사상에서 연유한다. 기독교 사상의 궁극 목표는 인류 구원이다. 새로운 땅에 대한 인간의 기대가 현재의 이 땅을 개발하려는 노력을 약화시켜서는 안 될 것이고 오히려 그런 의욕을 자극시켜야 할 것이다. 오늘날 교회사상은 내세 중심적이거나 영혼을 우위에 두는 것이 아니라, 육체의 가치를 인정하고 그 육체가 몸담고 살아가는 현세 역시 가치가 있다는 데 비중을 둔다.
　인간은 하나님의 모습을 닮게 창조되었기에 모든 인간은 평등하고 존엄한 인권을 가졌으며, 따라서 정신적으로, 육체적으로 또 물질적으로 인간답게 살 권리를 가졌다. 이런 관점에서 일반적으로 인간의 행복을 추구하는 사회적 노력을 사회복지라고 할 때, 비록 서로 차원은 다르다 해도 종교의 목표와 사회복지의 목표는 공통분모를 가지고 있는 것이다.
　구약성경에서 유래되는 유태교나 기독교 윤리관에 의하면 사회사업의 역사는 애긍희사(哀矜喜捨)와 관련지어 시작되었다. 서구 사상에 있어 중요한 위치를 차지하는 이 양 종교는 애긍시사(哀矜施捨)함으로써 자선을 베풀도록 촉구했다. 즉, 불행한 이들과 나누어 가지라고 했다. 특히, 현대 사회사업은 역사적으로 기독교와 관련을 맺고 있는 자비로운 행동과 자선활동에 그 근원을 두고 있다.

성경에 보면 여러 가지 형태로 불행한 사람들을 사랑으로 도우라는 권고를 찾아볼 수 있다. 특히, 구약에서는 가난한 사람들, 신체적으로 병들거나 불구가 된 사람, 고아나 과부, 길손, 남의 종살이하는 사람들에 대해서 강조했다(출 22:21~27; 21:10~12). 이와 같이 사회적으로나 경제적으로 약자의 위치에 있는 사람들을 돕고 피고용인의 인권을 존중하고 빈자들의 생존권을 유지시키기 위한, 즉 사회정의와 사회복지에 관한 언급을 하고 있다.

신명기에는 더욱 적극적으로 수입의 십일조를 내놓아 사회복지기금으로 사용케 했다(신 14:28~29). 또 이때 벌써 채권자들의 횡포로 가난한 사람들이 시달림을 받는 사례가 많았던지 칠 년에 한 번씩 남의 빚을 면제해 주어 가난한 사람들이 없도록 하라고 했다(신 15:1~4).

그뿐 아니라 신명기는 근로자들의 정당한 품삯을 받을 권리를 강조하고, 떠돌이와 고아, 과부의 인권을 옹호하면서 부의 균등한 분배를 거듭 강조하고 있다(신 24:14~22).

시편은 부자나 지배 계층에 대해 직접 명령하기보다 남을 돕는 행위를 칭송하고 축복함으로써 자선행위를 권장하고 있다(시 41:1, 112:5~6).

잠언에서는 마침내 가난한 사람, 피지배계층의 사람들을 돕는 것은 창조주 야훼를 높이는 것이요, 이들을 억누름은 창조주를 모욕하는 것(잠 14:31)이라고 하여, 하나님 모습대로 인간을 창조하셨다(창

1:26~27)는 창세기의 말씀과 관련짓는다. 그래서 어떠한 위치에 있거나, 어떠한 나쁜 조건을 가진 사람이라도 하나님의 모습으로 창조되었다는 점에서 인간은 존엄하고 존중받을 가치가 있다는 것이다. 그래서 가난한 사람에게 적선하는 것은 야훼께 빚을 주는 셈(잠 19:17)이라고 하면서 남을 돕는 사람은 자신이 복을 받는다(잠 21:13, 22:9)고 했다.

(1) 구약에 나타난 복지의 본질

구약이 보는 가난의 원인은 ① 게으름의 결과(잠 6:11, 10:4~20, 20:30~34), ②무익한 잡담의 산물(잠 14:23), ③쓸데없는 것을 추구한 결과(잠 12:11, 28:19), ④쾌락의 추구(잠언 21:17, 23:20~21) 때문이라 했다. 또 가난은 하나님의 벌을 의미했으니 ①법을 어기는 자에 대한 일종의 위협(신 28:15~46; 레 26:14~26), ②예언자가 죄 짓는 자에게 설파한 위협(사 3:16~24, 14:1, 5:9~10), ③눌린 자가 고발한 자를 향한 위협(시 109:10~12), ④현자의 훈계적 판결(잠 13:18, 21, 25; 욥 5:1~7, 15:26~35, 20:22, 27:12~23) 등이다.

구약에서는 가난을 악으로 생각하였고, 이것은 지속적이고도 고통스러운 상태로서 약한 자를 비굴하게 만들고 권력 있는 자들을 격상시키는 오류로 이끄는 의존과 억압의 관계를 초래한다고 보았다. 이러한 관점에서 가난과 인색(吝嗇)은 비정적인 것이었다. 신도들은 이런 것을 시정하려고 애썼다. 그러므로 가난한 자와 고아와 과부를 도와주도록 되어 있다(출 21:1~11, 22:20~23). 가난을 이런 관점에서 본다면 구약이 보는 부는 어떤 것인가? 우선 이 세상의 재화는 사회의 가장 혜택 받지 못한 자들의 욕구를 충족시키기 위해서 하나님이 그의 백성에게 주신 것이지 축적하기 위한 소유물이 아니라는 것이다. 이것이 출애굽기 16장에 나와 있는 부의 의미이다.

이러한 구약의 율법이 신약에 와서 사랑의 계명으로 완성되고(마 22:37~39; 막 12:30~31; 눅 10:27), 마침내 가난하고 병들고 감옥에 갇힌 이웃을 바로 하나님이신 예수 자신과 동일시(同一視)함으로써 하나님의 모습을 닮은 인간 존중 사상은 그 절정을 이룬다. 마태복음 사가는 "너희가 여기 있는 형제 중에 가장 보잘 것 없는 사람 하나에게 해 준 것이 곧 나에게 해 준 것이다"(마 25:40)라고 말하기도 했다.

이와 같이 예수 그리스도의 가르침에 따라 제자들은 신자들에게 자선을 권유했고(행 10:4) 제도적인 구제 활동도 벌였다. 과부들에게 식량을 배급하는 일로 말썽이 생기자 이 일을 전담할 사람을 뽑게 한 것(행 6:1~4)을 포함하여 사도들이 자선을 권유한 내용은 풍부하다. 또 이미 초대교회 때에 자선을 위한 의연금도 모았고(고후 9:13) 교회가 도움을 주던 과부 명단도 있었다(딤전 5:9). 그래서 연고자 있는 과부는 연고자들이 도와주라고 했다(딤전 5:16).

(2) 신약에 나타난 복지의 본질

신약성경에서는 그리스도께서 주신 이웃 사랑의 계명이나 제자들의 사상이 야고보와 요한의 편지에서 명확하게 강조되고 있다(약 1:27; 요일 3:17~19). 이들은 인간에 대한 사랑을 하나님에 대한 사랑과 같은 차원에서 강조하고 그 사랑이 신앙의 요체라고 하였다. 결국 기독교로 하여금 여타의 종교를 능가하게끔 한 인간 대 인간의 관계에 관한 그의 윤리적 근본 요청은 "너의 이웃을 너 자신과 같이 사랑하라"고 한 말 속에 그대로 반영되어 있다. 그리스도의 그와 같은 원리는 '만인'에게 적용된다고 하겠다. 다시 말해서 모든 인간은 하나님의 아들이며 동시에 그리스도의 품속에서 그들은 모두가 형제자매인 것이다.

결론적으로 음식을 많게 하거나 병을 치료했던 예수 그리스도의 무수한 기적들은 다만 예수 그리스도 자신의 신성을 드러내고 자신을 믿게 하려는 데만 목적이 있는 것이 아니라 무리의 배고픔과 소경, 앉은뱅이의 불편을 덜어 주고 고통을 함께 나누기 위한 것이었다.

(3) 성경적 의미 샬롬(Shalom)의 사회복지적 해석

성경적 측면의 사회복지 기능이란, 곧 성경에 나타난 하나님의 의지가 포함된 개념으로 해석할 수 있다. 그것은 일상생활에서 인간들이 하나님으로부터 받은 하나의 큰 계명인, 주님이 우리들을 사랑하시는 것같이 우리들도 서로 사랑하라는 명령일 것이다(요 15:12).

우리들은 하나님의 의지가 전체 사회 속에 샬롬(Shalom)을 위하여 존재한다고 배웠다. 하나님의 뜻은 생명이 번창하고, 그 생명의 번영에 장애물(사회문제)이 되는 모든 요소를 제거(사회복지적 행위)하는 데 있다. 생명의 번창은 정의로운 사회, 공동선(善)을 위해 공생하는 공동체를 원하고 있다. 마리아가 예수를 잉태했을 때 미래에 오실 주님이 어떤 분이신가에 대한 성경적 의미를 우리에게 가르쳐 주셨다.

"주님을 두려워하는 이들에게는 대대로 자비를 베푸신다.
주님은 전능하신 팔을 펼치어 마음이 교만한 자들을 흩으셨다.
권세 있는 자들을 그 자리에서 내치시고
보잘 것 없는 이들을 높이셨으며
배고픈 사람은 좋은 것으로 배불리시고

부유한 사람은 빈손으로 돌려보내셨다.
주님은 약속하신 자비를 기억하시어…"
(눅 1:50~54, 공동번역성경).

　이 마리아의 노래는 동서양을 막론하고 사회복지의 일차적 대상인 약한 자, 즉 가난하고, 갇히고, 눈멀고, 소외된 자들이 구제되고 재활될 것이라는 약속에 대한 성경적 의미로 해석할 수 있을 것이다. 또한 그 이차적 대상인 현실의 사회구조와 사회제도에 변화를 가져오실 것이라는 동시대적 예언을 성경의 의미를 통해서 우리에게 전하고 있는 듯하다. 그 사회가 변화되고 새롭게 되어 공동선을 실현할 수 있는 공생의 공동체, 즉 성스러운 속세를 만들어 나가는 일에 기독교인이 사명의식을 가지고 동참할 것을 예수님이 지금 바로 우리들에게 요구하고 계신다.
　이것을 성경적으로 해석하면, 이 흐트러지고 부서진 사회를 샬롬화해야 된다는 말이다. 히브리어에서 유래한 '샬롬'이란 낱말에 대해 대부분의 사람들이 그 뜻을 '마음의 평화'나 '개인의 내적 영혼의 화평'으로 알고 있지만, 성경적 해석에서는 샬롬이란 낱말을 좋은 인간사회로 연결시켜 사용하고 있기 때문에 보다 구체적으로 하나님의 목적을 위한 작업(사회복지적 행위) 속에서 그 의미를 찾고자 한다. 헤젠케닉은, "하나님의 뜻이 이 사회 속에서 샬롬을 위해서 존재하고, 하나님은 삶을 번창케 할 것이고, 또 그 삶에 장애가 되는 모든 것을 제거해 준다."라고 하였다.
　여기에서 Shalom을 welfare라는 말로 대치해 보면, 성경적 의미로서의 사회복지의 본질을 파악할 수 있다. 삶에 장애가 되는 모든 것이 제거된 인간사회(성스러운 속세)는 가난한 자나 소외된 자를 포함하여 하나님의 모든 피조물이 보호되고, 삶이 잘 보장되고, 상호 의존할 수 있고, 정당하게 물질을 분배하는 사회로 변할 것이다. 다시 말하면, 모든 사람들은 공동체 속에서 공동선을 위한 공생과 안녕의 의미인 샬롬을 나타내고 있다. 하나님이 이 세상을 완전하고 조화스럽게, 공생의 터전 속에서 공동의 복리를 이룩할 수 있도록 창조하셨다고 성경은 말하고 있다. 그러나 인간은 하나님이 인간사회에 의도하셨던 Shalom(welfare)에서 멀리 떨어져나가 동서남북으로, 종교적 교파주의로, 집단 이기주의로, 빈부의 차로 강약의 불균형을 나누어 버렸다. 급작스럽게 돈을 번 졸부의 횡포를 쉽게 찾아볼 수 있다. 청소년의 퇴폐적 행위가 극단적으로 살인 집단화되고 있다. 거리를 안심하고 걸어다니기 어려울 정도로 사회는 점점 극단을 향하고 있다. 쓰레기더미가 이웃집 앞에 버려지고, 이웃이 없는 사회로 변하고 있다. 주민들이 낸 세금은 정부가 키운 공무원 도둑에게 먹혀 버린다. 교육의 현장은 인간의 인격이나 인성을 위한 것이 아니고, 개인의 출세와 권력의 노예들을 만들기 위한 장으로 변해 가고 있다. 쾌적하고 살기 좋은 환경을 찾기가 힘든 세상으로 변하고 있다. 이는 파괴된 샬롬(Broken Shalom)이다(부성래, 1995: pp. 68~70).

성경적 의미의 사회복지 실천은 이처럼 샬롬이 파괴된 한국 사회를 공동선을 위한 공생의 공동체로 회복시키는 노력을 통해 새로운 사회복지적 모형을 창출하는 것이다. 목회 전략을 세워 나가야 할 교회에 대한 책임과 사회제도로서의 사회복지(Social Welfare as a Social Institution)를 실천해야 할 한국 사회에 대한 의무가 있다.

예레미야 29장 7절(공동번역성경)에서 "나에게 쫓겨 사로잡혀 사는 그 나라가 잘 되도록 힘쓰며 잘되기를 주께 기도하라 … 그 나라가 잘되어야 너희들도 잘될 것이다."라고 말하고 있는 것처럼, 한 국가 사회의 복리는 그 사회의 국민복지와 불가분의 관계에 있다. 즉, 국민의 복지는 국가 사회 전체의 복리에 달려 있다. 국민의 복지는 안정된 사회 전체의 공동체적 공생의 정책 없이는 생각도 할 수 없다는 말이다. 따라서 국가 사회의 공동체적 안녕을 위하여 그 사회의 개인들의 복지도 보장되어야 한다는 것이다. 누가복음 19장 41~42절(공동번역성경)에는 이러한 복지와 사회와의 관계가 잘 설명되어 있다.

"예수께서 예루살렘 가까이에 이르러 그 도시(국가 사회)를 내려다 보시고 눈물을 흘리시며 한탄하셨다. 오늘 네가 평화(Shalom)의 길을 알았더라면 얼마나 좋았을까? 그러나 너는 그 길을 보지 못하는구나!" 일반적으로 이 구절을 해석할 때, 예수님이 자신을 구세주로 받아 주지 않았기 때문에 예루살렘을 저주한 것으로 보는 이들이 많으나, 그 당시의 예수님이 예루살렘에 대해 느꼈던 것은 자신의 근본적인 사명인 이웃에 대한 사랑, 그리고 가난한 자나 소외되고 병든 자들을 위한 구제와 복리에 하등 관심이 없는 사회에 대한 슬픔의 통곡과 저주였을 것이다.

누가복음에 의하면 첫번째 전도에서 예수님이 구약을 인용하여 자신의 사명을 피력하신 대목이 있다. "주님의 성령이 나에게 내리셨다. 주께서 나에게 기름을 부으시어 가난한 이들에게 복음을 전하게 하셨다. 주께서 나를 보내시어 묶인 사람들에게 해방을 알려 주시고 눈먼 사람들을 보게 하고, 억눌린 사람들에게는 자유를 주며 주님의 은총의 해를 선포하게 하셨다"(눅 4:18~19, 공동번역성경).

예수님의 전도 전략의 목표(성경적 의미의 사회복지의 목표)는 일차적으로는 인간이 어떤 처지에 있든지간에 그 인간을 자유스러운 인간(바람직한 인간상)으로 변화시키고, 동시에 그 인간들을 둘러싸고 있는 환경(사회, 지역 사회)도 변화시키는 2차적 목표까지로 연결된다는 것을 알 수 있다. 모든 사회 문제는 지역 공동체가 추구하고 있는 공동선의 결여에 있으므로 사회 공동의 이익을 넘어서는 극단적 개인주의나 책임성 없는 개인권리는 배척되어야 한다. 아리스토텔레스에 의하면 정의는 한 지역 사회의 공동체에 깊게 뿌리내려져 있고, 그 공동체의 유대는 인간과 지역 사회 공동체를 위한 공동선이 상호 이해되는 가운데서 더욱 강해진다고 하였다.

여기에서 주목할 사항은 Shalom(복지)의 본래적 개념이 집합성을 의미한다는 점이다. 사람과 사람과의 관계, 개인과 가족, 가족과 가족, 주민과 주민, 이웃과 이웃 사이에 언제나 샬롬이 있을 때 그 사회는 공생의 공동체(성스러운 속세)가 될 것이다. 이것은 바로 사회복지가 성경적 의미를 발견하고 선교 전략을 포함하여 코이노니아를 전개해 나갈 때, 우리 사회가 당면하고 있는 오늘의 사회 문제 해결과 사회적 요구에 적극적으로 개입할 수 있음을 시사하는 것이다. 샬롬은 개인에게도 삶의 풍요로움과 신체적 건강, 마음의 평화, 행복한 삶을 영위할 수 있게 해 준다(부성래, 1995: pp. 70~72).

이 성경적 의미를 사회복지의 측면에서 기독교와 연결시켜 기독교 사회복지를 개념화 시켜 본다면, 앞에서 본 예레미야 29장 7절의 "그 국가 사회의 안녕과 복리(Shalom) 속에서 네 복리를 찾을 것이다."란 구절에서 기독교 사회복지의 이념과 실제의 성경적 개념을 찾아낼 수 있을 것이다. 한국의 사회복지 현장을 살펴보면 구제와 보호, 치료와 재활이 중심이 되어 있고, 정부의 사회복지 정책도 오랫동안 사회복지의 주류 시책이었던 시설의 수용 보호를 뒷받침하는 일에만 머물러 있는 실정이다. 사회철학이나 한국의 문화 전통에 연관된 가치를 바탕으로 합의와 동의를 유도하면서 정책 목표를 설정하거나 프로그램을 만드는 일은 아직 현실화되지 않고 있다. 어려운 처지에 있는 사람들을 사회복지 시설에 수용하거나, 개인 중심으로 원조하는 것에 치중하고 있는 듯하다. 그러나 한국이 현실적으로 당면하고 있는 사회 문제가 개인의 가치관이나 행동의 원인으로 작용하기 때문에 엄청난 일들이 생겨나고 있지 않은가? 이웃, 지역 사회, 한국의 사회제도도 병들어 있지 않은가? 바로 예레미야 선지자가 지적했듯이 사회의 안녕과 복지를 찾지 않으면 개인의 평화도 찾을 수 없다는 이념의 본질을 우리 사회복지(아동복지)에서도 수용하여 공동의 이해와 실천의 분위기를 만들어 가야 할 것이다.

　사회사업의 주된 '일'과 '관심'은 예레미야 선지자가 지적했던 것처럼 '사회와 개인과의 관계'에서 빚어지는 문제를 어떻게 해결하는가에 있다. 그 사회와 개인의 관계를 통해서 사회가 새로워지고, 새로워진 사회 속에서 인간이 새로워지며, 새로워진 인간이 바람직한 새로운 사회(성스러운 속세)를 만드는 것이 그 목표라고 할 수 있다.

　이처럼 성경적 의미가 포함된 사회복지는 사람과 사회제도간의 상호작용과 각 사회제도간의 연계와 상호 관계를 통합, 조정시켜 나가는 것이라 할 수 있다. 여기에서 유의할 것은 하나님의 뜻에 합당한 코이노니아적 상호 관계가 사람과 사회제도, 그리고 각 사회제도간에 긍정적으로 이루어져야 한다는 것이다. 좋은 사회 환경과 그 사회의 안정과 번영 속에서 개인의 복리가 이루어지고, 인간은 그 사회의 안정과 복리를 위하여 책임과 의무를 다한다는 모형을 생각해낼 수 있어야 한다. 이 모형의 이론적 근거는 생태학적 접근에서 사회사업을 이해하면서 성경적 의미를 접목시키는 데 있다. 성경적 의미(하나님의 뜻)를 틀로 하여 사회복지(아동복지)의 틀을 만들어 나가야 할 것이다(부성래, 1995: pp. 72~74).[13]

---

13) 사회복지(아동복지)에 성경적 측면이 포함된 실천은 개인의 자기존중, 개인적 일체감, 사회적 역할을 수행해 가는 적임성과 능력, 협동과 이타심을 키우는 용량, 선도할 수 있는 자신을 인적자원으로 유용될 수 있도록 하는 능력을 보다 효과적으로 개발·유지·향상시킬 수 있다. 또한 사회복지(아동복지)의 밑바탕이 하나님의 뜻과 함께한다면 개인(아동)이 살고 있는 가족은 물론, 지역 사회를 '좋은 사회 공동체'로 변화시켜 나갈 것이다. 이 과정을 통해서 한국 사회가 당면하고, 당면할 수 있는 사회 문제(아동 문제)들을 해결하고 예방할 수 있을 것이다.
그러므로 가족, 학교, 교회 및 지역 사회, 국가와 부모, 교사, 목회자, 사회복지사 및 관련 종사, 정책 관계자들은 하늘나라를 위한 목적을 가진 하나님의 봉사자임을 스스로 인식해야 한다. 그래서 한 개인이 인간으로서의 권리를 보장받아 인간성을 회복하여 인간다운 삶을 영위하도록 지원해 주어야 한다.
하나님의 일에 봉사하는 것은 바로 인간들의 발전과 신뢰를 위한 작업(사회복지적 개입 등)과 노력임을 알아야 한다. 그렇기에 하늘나라를 위한 작업은 바로 아동이 속한 가족과 지역 사회를 성스러운 공동체, 즉 아동의 복지와 인간 지역 사회를 위한 작업이 동시에 이루어져야 한다. 이러한 노력은 아동들의 영적 성숙을 가져다 주며 진정한 행복과 기쁨을 회복할 수 있도록 복지를 제공해 주는 것이다.

Ⅳ. 성경적 관점의 아동복지

1. 성경적인 복지이념

교회의 본질적 사명은 복음의 선포(Kerygma), 사랑의 친교(Koinonia), 이웃을 위한 책임 있는 봉사(Diakonia)로 볼 수 있다. 성경에서는 고아, 과부에 대해 각별한 보호를 요청하고 있는데 교회는 이러한 성경에 근간을 두고 이웃을 향한 구체적인 사랑의 실천으로써 낮은 자들과 함께하는 '섬김'의 자세를 잃어버리지 말아야 한다.

라인홀드 니버(Reinhold Nibuhr)는 그의 저서 『사회사업에 관한 기독교의 공헌』(The Contribution of Religion to Social Work, 1945)에서 "교회는 사회복지를 낳고 키운 어머니"라고 정의하면서, 교회가 어머니로서의 책임을 포기하였기 때문에 세속화를 초래하였다고 말했다. 기독교에서는 약자와 강자, 가난한 자와 부유한 자 모두가 하나님 앞에서 동등한 대우를 받는다. 그러나 인간적 측면에서의 관심은 그렇지 않다. 구약 시대에는 고아와 과부에 대한 법적인 우선권을 많이 강조하였고 신약 시대에는 같은 피지배자 가운데에서도 소외된 무리들과 팔레스타인 지역에 흩어져 사는 Diaspora들에 대한 유태교적 율법의 재해석을 통해 그들의 권익을 보장하고 그들의 생활을 보장하도록 했다(김성철, 1995:p. 41).

교회는 그 기초를 그리스도께 두고 있다. 그러므로 교회는 그리스도의 사업을 전개하여 이 땅에 하나님의 나라(Kingdom of God)를 건립하기 위하여 "주의 성령이 내게 임하셨으니 이는 가난한 자에게 복음을 전하게 하시려고 내게 기름 부으시고 나를 보내사 포로 된 자에게 자유를, 눈먼 자에게 다시 보게 함을 전파하며 눌린 자를 자유케 하고 주의 은혜의 해를 전파하게 하려 하심이라"(눅 4:18~19)라고 선포하고 있다. 이러한 선포에서 보는 바와 같이 그리스도의 사업은 대체로 불행을 당한 자를 위한 것이라고 할 수 있다.

예수의 삶과 가르침은 봉사로 이루어져 있었으며 이러한 예수는 복지적 입장에서 보아도 가난한 자, 눌린 자, 천대받는 자 등과 같은 이웃들과 함께 울고 웃으면서 그들을 위해 사셨다. 이러한 측면에서 구약성경과 신약성경에서 발견할 수 있는 복지사상을 구체적으로 제시하면 다음과 같다.

(1) 구약성경에 나타난 복지이념

구약의 사회복지 정신은 "위로는 하나님을 경외하고 아래로는 이웃을 사랑하라"[14]는 모세의 율법에 기초를 두고 있으며 사회복지의 대상은 '고아, 과부, 객'으로서(신 14:29) 국가적인 차원에서 보호하였다. 그리고 사회복지의 규범으로 약자 보호의 규범(출 22~23장), 담보물에 관한 규범(신 24:10~13), 품삯에 관한 규범(신 24:10~13), 희년 제도에 대한 규범(레 25:1~7), 도피성에 대한 규범(민 35:6~32)이 있었는데 이러한 규범들은 종교적인 인과응보 사상을 보여 주고 있다.

레위기에 나타난 희년은 7년마다 한 번씩 오는 안식년이 일곱 번 거듭된 다음 해, 즉 50년째의 해로서, 속죄일(유대력 7월 10일)에 대제사장이 '쇼파르(Shofar: 양뿔)' 나팔을 부는 것을 신호로 모든 사람들이 닷새 동안에 조상의 땅으로 돌아가 15일에 시작되는 초막절의 큰 축제를 벌인다. 이 해를 '자유의 해(The Year of Liberty)' 라고도

---

14) 출애굽기 20:17~18을 참조하시오.

하는데, 히브리어 '요벨(yobel)'은 앞뒤 문맥에 따라 '나팔(trumpet)' 또는 '기쁨(jubilee)'이라고 번역된다. 이 해에는 땅을 쉬게 해야 하며 토지 소유권은 원래의 주인에게로 회복되었다. 계약법전은 '정착화 위기'를 극복하려는 첫 시도인데, 이 법전은 부익부 빈익빈의 현상을 강력하게 고발하면서 고리대금을 금지하여 담보에 관한 새 규정을 마련하고 경제적으로 약한 자들을 해방해야 한다고 주장한다. 그리고 빈자의 생존권에 대하여 "네가 만일 너와 함께한 나의 백성 중 가난한 자에게 돈을 꾸이거든 너는 그에게 채주같이 하지 말며 변리를 받지 말 것이며"(출 22:25)라고 규정한다. 또한 고리대부를 단호히 금지한다. 이 금령은 가나안의 사유재산 제도에 대해 유목민으로서 저항을 느꼈기 때문이었다.

또한 "네가 만일 이웃의 옷을 전당 잡거든 해가 지기 전에 그에게 돌려 보내라 그 몸을 가릴 것이 이뿐이라 이는 그 살의 옷인즉 그가 무엇을 입고 자겠느냐 그가 내게 부르짖으면 내가 들으리니 나는 자비한 자임이니라"(출 22:26~27)라는 말씀에서도 그러한 태도를 볼 수 있다.

계약법전은 이민자를 괴롭히거나 학대하는 것을 금했다. "너는 이방 나그네를 압제하지 말며 그들을 학대하지 말라 너희도 애굽 땅에서 나그네이었었음이니라"(출 22:21). 그리고 이민자 보호는 엑서더스를 현실화하는 것이다. 그리고 이것은 이스라엘의 독특한 법 정신에서 연유한다. 즉 그것은 해방신학적인 기초(출애굽) 위에 세워진 법령이다. 그리고 계약법전은 쉽게 착취의 희생이 될 수 있는 과부와 고아들을 학대하지 말라고 대단히 엄격한 법령을 반포한다. 그리고 칠 년째의 소출은 극빈자(ebyon)의 차지이다. 극빈자는 왕정 시대에 나타난 '거지들'을 말한다. "너는 육 년 동안은 너의 땅에 파종하여 그 소산을 거두고 제 칠 년에는 갈지 말고 묵여 두어서 네 백성의 가난한 자로 먹게 하라 그 남은 것은 들짐승이 먹으리라 너희 포도원과 감람원도 그리할지니라 너는 육 일 동안에 네 일을 하고 제 칠 일에는 쉬라 네 소와 나귀가 쉴 것이며 네 계집종의 자식과 나그네가 숨을 돌리리라"(출 23:10~12).

계약법전은 Hammurabi 법전과 다르게 어느 사회 계급의 노예화뿐 아니라 노예들로 구성된 프롤레타리아의 출현을 원칙적으로 거부한다.

출애굽기 21장 7~11절에 나오는 고대의 율법이 규정하는 바에 의하면, 이스라엘의 가장들 중에서 가난하거나 부채에 빠진 자는 자기의 딸을 팔 수가 있고 어느 주인이나 그의 아들에게 자기의 딸을 첩으로 줄 수가 있었다. 여종은 남종과 같이 칠 년째의 해에 해방되는 것이 아니었다. 여종이 남자 주인의 마음에 들지 않는 경우에는 그가 그녀를 다시 다른 사람에게 팔 수도 있었다. 물론 외국인에게 팔 수는 없었다. 또한 주인이 다른 여인을 아내로 취하여도 이전의 모든 아내들에게 여전히 동일한 권리가 있었다. 주인이 어느 처녀를 노예로 사서 자기 아들의 아내로 삼으면 그는 그녀를 자기의 딸과 같이 다루게 되어 있었다.

또한 "사람이 매로 그 남종이나 여종을 쳐서 당장에 죽으면 반드시 형벌을 받으려니와"라는 말씀에서처럼 자기의 노예에게 매질을 하여 죽였을 경우에는 이에 대하여 처벌을 받는다. "그가 일일이나 이일을 연명하면 형벌을 면하리니 그는 상전의 금전임이니라." 그러나 그 노예가 하루나 이틀을 연명하면 주인이 전혀 처벌을 받지 않는다. 왜냐 하면 그 노예가 그의 재산이기 때문이다(출 21:20). 그 주인은 자기의 소유인 노예를 상실함으로써 이미 충분한 처벌을 받은 것으로 여겨졌던 것이 틀림없다.

그리고 신체 보호에 관한 법이 규정되어 있었는데, 만일 주인이 그 종의 신체를 상하게 했을 경우에는 종에게 자유를 주어야 했다(출 21:26~17). 이는 과실치사를 방지하고 인체 피해의 회복을 보장하려는 목적을 가진 법으로서 사회개혁적 의지를 엿볼 수 있다. 즉 '노예도 인간이요 노예도 하나님의 형상으로 창조되었으므로 성역을 침범하는 자는 누구나 그것에 대한 책임이 있고 사형에 처해져야 한다.'는 이 법은 만민이 평등하다는 정신을 대변하는 것이다.

이스라엘 계약법전(출 21:26~27)의 특징은 함무라비 법전(199조)과 히타이트 법(8조)과는 다르게 노예도 평등한 인간으로 간주하고 노예가 신체적 상해를 받으면 그 보상으로 자유민이 된다.

출애굽기 22장 1~17절(21:37~22:16)은 재물 침해에 관한 법으로서 피해를 받는 경우 그리고 약혼하지 않은 처녀가 꾐을 받아 범함을 당했을 경우에 그 적절한 배상을 받아야 한다는 것을 규정한 법이다. 특히 이 부분에서 계약법전이 신약의 경우와는 다르게, 혼전 성교를 비난하지 않는다는 점은 특이하다. 즉 구약은 약혼(결혼)한 여자를 범한 경우는 간음으로 간주하고 사형에 처하지만(신 22:23), 약혼하지 않은 처녀를 꾀어서 범한 경우 정죄하기 보다는 그 처녀의 생애에 대한 완전한 책임(full responsibility)을 질 것을 요구하고 있다.

이상에서 볼 때 계약법전의 그 기본 목표는 가나안 농경지에 정착한 자들이 새롭게 수립할 법질서를 그들이 갖고 있는 평등주의 사회 이념으로 수립하려는 데 있었다.

신명기 법전에는 가난한 자에 대한 지대한 관심과 함께 신명기 15장의 면제년에 대한 규례를 정하고 있으며 이스라엘 공동체 내에 가난으로 인해 생활의 어려움을 당하는 백성이 없도록 계약 공동체를 신성하게 보존하려는 의도가 나타나 있다.

신명기는 모세 오경에 나타난 정신을 안식년 규정과 십일조 규정으로 심화시키고 있다.

레위기 역시 신명기와 동일하게 사회의 극빈자들이 생존을 위해 부자의 추수에서 혜택을 누릴 권리가 있다고 말한다. 그리고 레위기의 복지 정신은 "원수를 갚지 말며 동포를 원망하지 말며 이웃 사랑하기를 네 몸과 같이 하라 나는 여호와니라"(레 19:18)라는 말로 요약될 수 있는데, 하나님이 주신 모든 약속과 재난은 함께 나누는 우애 공동체에 관한 이러한 규범에서 이해되어야 하고, 따라서 매우 강력한 사회적 의미를 내포하고 있는 것이다.

율법서에 나타난 이상과 같은 신앙에 근거한 국가적 책임으로서의 복지 개념은 예언자들에게 와서 더욱 심화되어 나타난다. 예언자들은 본래 하나님의 말씀을 대언하는 메신저로서, 사회사업가나 사회개혁가가 아니었다. 그러나 그들의 하나님에 대한 신앙은 하나님의 뜻을 실행하는 것으로 곧장 이어졌고 따라서 예언자들은 소외받은 인간층에 관심을 두지 않을 수 없었다.

이스라엘이 사회적·경제적으로 균등한 조건에서 살고 있었다는 것은 고고학자들에 의해 입증되었다. 그러나 왕정이 수립된 이후 특권층이 생기기 시작하면서 부익부 빈익빈의 사회악이 조성되기 시작했다(호 12:9; 사 2:7).

호화 주택(호 8:14; 암 3:15, 5:11), 방탕한 축제(사 5:11~12; 암

6:4), 사치스런 의복(사 3:16~24), 무리한 농지 수용(사 3:16~24), 고리대금(암 2:6~8; 8:6), 사직 당국의 부패(사 1:23; 렘 5:28; 미 3:11; 7:3) 등의 사회 부조리를 예언자들은 신랄하게 비판하였다.

신명기 법전은 사회 문제에 깊이 개입하고 있었고, 계약법전이 이미 성문화한 전승을 더욱 풍부하게 하면서 고대 율법을 다시 모아 새 시대에 부응하는 법적 조치를 마련할 것을 강구하였다.

엑서더스 이후 사막에서의 방랑 생활과 그 관습을 간직한 북왕조 이스라엘은 그러한 자유 농민적 사상을 정착문화 사회인 가나안에서도 보존하려 했다. 그래서 신명기 법전은 대지주가 되어 토지를 독점한 부호에게 "여호와께서 네게 유업으로 주신 땅에서 정녕 복을 받으리니 너희 중에 가난한 자가 없으리라"(신 15:4)고 말한다. 이 구절은 땅의 주인은 하나님이시고 모든 이스라엘 사람들은 그의 소작인에 불과하며, 한 사람이 땅을 독점할 수 없다는 뜻이다. 따라서 신명기 법전의 정신은 토지와 소출을 골고루 나눠가져 극빈자의 속출을 막자는 것이었다.

계약법전의 탈리오 법칙에 의하면 고대 근동의 보복문화 확대를 제한하기 위하여 해가 있으면 갚되 "생명은 생명으로, 눈은 눈으로, 이는 이로, 손은 손으로, 발은 발로, 데운 것은 데움으로, 상하게 한 것은 상함으로, 때린 것은 때림으로 갚을지니라"(출 21:23~25)고 규정하였다. 이 규정은 잔인한 법의 예로 인용되기도 하지만 사실은 자비의 시작이었다. 왜냐 하면 이 계약법전이 제정되기 전에는 상함을 입은 씨족이 해를 입힌 씨족에 대해 피로 보복하는 일이 많이 있었기 때문이다. 한 사람의 잘못으로 두 민족이 서로 죽여 망하게 되었던 것이다. 그래서 탈리오 법칙은 보복의 제한으로 피의 보복과 근친에 대한 보복을 종결지었다. 이것은 자비를 향한 첫걸음이었다. 그러한 원혐(怨嫌)이 없이 오살(誤殺)한 자가 탈리오 법칙에 의하여 죽는 것은 부당했기 때문에 도피성을 두어 그의 생명을 보전케 했다.

도피성은 모든 살인법을 위한 것이 아니다. 물론 계약법전은 "살인하지 말라"(출 20:13)고 경고하고 있으며 살인한 자는 탈리오 법칙에 의해 마땅히 생명으로 보복당해야 했다. 그러나 신명기 법전은 우연한 살인 또는 부지중에 일어난 살인의 경우(신 19:4~5)에 그 살인자를 보호하기 위하여 도피성에서 생명을 보존할 수 있도록 구별하고 있다.

우연히 살인한 자가 보복을 피하려 할 때, 그 길이 멀면 곤란하다. 그래서 요단강 동편 세 곳과 서편 세 곳(신 19:6~10)에 도피성을 두었던 것을 알 수 있다. 이것은 비록 살인자라도 그 인권은 존중되어야 한다는 인간의 존엄성 사상을 보여 주는 실례이며, 현대 사회복지 기본 이념의 이론적 기초를 위한 가치 있는 규정으로 인용할 수 있다.

민수기 35장 24~25절에 보면 '대제사장이 죽으면' 자기 집과 가산에서 추방되었던 상태에서 원상회복이 된다. 그리고 만일 살인자가 도피성에서 대제사장이 죽기 전에 벗어났을 때는, 그 자신이 법의 보호를 벗어난 것이므로 피의 보복자는 그를 죽일 수 있었다.

살인자를 보호하고 그 추방 기간을 제한한 것은 인간이 비록 실수를 했다고 하더라도 인간답게 살 권리가 있다는 인식이 있었기 때문이다.

도피성 제도는 타국인에게도 적용되었으며, 인간의 생명이 언제나 존중되어야 한다는 것을 전제하였다. 그러나 이 성은 통일왕국 시대에만 제 기능을 발휘할 수 있었을 뿐, 그 뒤에도 이 성들이 도피처로 계속 사용되었다는 기록은 발견되지 않는다.

성경은 신명기 14장 28~29절에서 십일조를 가난한 자들을 위해 사용하도록 가르친다. 십일조 사용의 원칙은 가난한 자들을 돕는 것을 그 중심사상으로 했었다는 점을 잊지 말아야 한다.

십일조의 근본적인 의미는 기업이 없는 가난한 자를 위한 분배 정의에 따른 것으로, 만민이 하나님께 속해 있음을 뜻하는 것이었다. 이 사상은 왕정 시대에 조금 변하게 되었다. 곡물과 포도 및 가축의 십일조를 징수하는 일은 왕의 특권이었고, 사무엘은 이스라엘이 만약 그들의 왕을 세우면 왕에게 십일조를 바쳐야 할 것이라고 하였다(삼상 8:15, 17).

이스라엘은 우상을 숭배하는 죄에 빠졌을 때에도 그것을 모신 성전에 십일조를 내기도 했다(암 4:4). 히스기야 왕은 십일조 명령을 잘 수행했기 때문에 십일조의 저장을 위하여 두 개의 방을 특별히 마련하였다(대하 31:4~12). 이처럼 철저히 징수되었던 것에 대한 기록은 있으나, 그 십일조가 어떻게 사용되었으며 특히 그 본래 목적대로 가난한 자들을 위해 사용되었는지에 대한 기록은 없다.

초대교회가 시작된 후에도 계속하여 십일조 제도가 지켜졌고 목회자를 재정적으로 돕고 교회사업을 성취하는 데 쓰여졌다. 신약 시대로부터 오늘날까지 교회는 신약성경의 여러 구절을 인용하면서 십일조를 의무화하고 있지만(마 10:10; 눅 10:7; 고전 9:7), 그 본래 정신인 빈자를 위한 사용의 원칙을 지키는 데는 취약하다.[15]

---

15) 십일조란 明記는 없으나 사도행전 6장 1절에 구제에 대해서 말하고 있음을 볼 수 있다.

따라서 십일조법을 제정하신 하나님의 뜻이 이 땅에서 이루어지려면, 십일조로 축적된 교회 자원이 사회복지로 자원화되는 것이 시급한 과제이다. 단발적인 작은 정성에 그치는 교회의 사회복지는 그 효과가 반멸(半滅)되기 때문에 실천 방법을 개선하기 위한 자성적인 연구가 있어야 한다. 십일조의 사회복지 자원화를 위한 제도적인 장치가 요청된다.

면제년의 규례는 신명기 15장 1~2절에 잘 나타나 있는데 이 구절은 빈자의 빚을 면제해 주는 규정이다. 그리고 신명기 15장 4~5절에는 가난한 채무자의 빚을 탕감해 주어, 손해 본 것이 있으면 하나님께서 그 사업과 제물에 축복을 내려 보충해 주신다고 기록하고 있다. 꾸어줄지라도 꾸이지 않고 다른 나라를 치리할지라도 치리함을 받지 않게 하신다는 약속과 함께, 빈자와 사이에 있는 불평등을 줄여야 한다고 당부하였다. 이처럼 신명기 법전은 채무자가 채주의 종이 되는 것을 미리 막고 분배 정의를 조금이라도 실현하려고 하였다.

또한 신명기 15장 9~10절에서는 면제년에 탕감될 빚을 아까워하여 꾸어 주지 않는 자들을 향해 경고하고 있다. 그리고 구제를 억지로 하거나 손해 본다고 생각지 말고 기쁨으로 자비를 베풀라고 권면하면서, 이어서 그 보상까지 약속하고 있다.

면제년의 규례는 탕감령 외에도 귀중한 자유의 선포령이 있다. 스스로 종으로 팔렸든가, 또는 빈곤으로 부모에 의하여 팔렸든가, 죄를 범하여 법에 의하여 팔린 히브리 종들을 위한 노예 해방령이다. 신명기 15장 12절에 보면 노예는 6년간만 봉사하고 7년째는 자유를 얻을 수 있었다. 그리고 만일 6년이 되기 전에 면제년이 되어 안식년이 선포되었을 때도 그들은 자유케 되었다. 인간을 영구적인 노예로 삼는 것은 하나님의 뜻이 아니었다.

그러나 계속하여 주인과 동거하기 원하는 경우에는 특별한 의식이 요구되었고, 자유의 몸으로 나갈 때는 후하게 보상하도록 규정하고 있다. 이는 그들이 세상에 나가 재출발할 수 있도록 밑천을 마련해 주어서 다시는 노예로 팔리지 않도록 하기 위함이다. 좀 더 구체적인 노예의 인권과 생존권에 대한 보장이 아쉬우나 여기서 고대의 사회보장제도가 가진 출발의 가치를 찾을 수 있겠다.

사회적인 측면과 관련된 안식년의 규례에 의하면, 히브리의 남종이나 여종은 제7년에 해방되어야 했다. 이러한 안식년 법은 20세기 이전에 있었던 가장 철저한 사회법이었다.

안식년은 일반적인 면제년이다. 안식년의 특징적 의미는 농경지의 휴식과 이스라엘 노예들의 해방이며 동시에 모든 부채의 사면이었다. 그 외에도 이스라엘의 3대 절기는 하나님께 대한 감사의 의식이면서 동시에 빈자와 소외된 자들을 위한 절기였다. 이를 통해 이스라엘의 종교적 사명은 하나님께 대한 의식과 사회복지사업의 두 수레바퀴가 맞물려 있는 것이었음을 알 수 있다.

8세기 예언자 아모스는 사회적 부정의를 규탄하고 하나님의 정의 회복에 초점을 맞추었다. 아모스는 '위선자' (암 8:5), '권리의 남용' '뇌물' '인신매매' (암 2:6~7) '약자, 빈자의 학대' (암 4:1) '재판의 불공평' (암 5:7~10)을 규탄하였고, "오직 공법을 물같이, 정의를 하수같이 흘릴지로다" (암 5:24)라는 말씀을 그의 궁극적인 목표로 삼았다.

그에 있어서 하나님이 백성들에게 구하시는 것은 힘차게 흐르는 강물과 같이 정의로 가득 찬 삶이었던 것이다. 이사야는 하나님을 가난한 자들을 돌보시는 분으로 묘사하면서 시온과 에브라임을 벌하시는 이유에 대해 가난한 자를 학대하고 착취하는 죄 때문이라고 지적한다(사 3:14~15).

예레미야 시대의 여호야김 왕은 사치스러운 생활을 하며 백성들의 복지에는 무관심하였다. 여기서 예레미야는 이렇게 경고한다. "너희가 공평과 공의를 행하여 탈취당한 자를 압박하는 자의 손에서 건지고 이방인과 고아와 과부를 압제하거나 학대하지 말며."

스가랴 역시 소외 그룹에 대한 관심을 갖는다. 그리하여 고아와 과부와 가난한 자를 억누르지 말고 동족끼리 해칠 마음을 품지 말라고 한다. 그의 말은 "과부와 고아와 나그네 궁핍한 자를 억제하지 말며 남을 해하려 하여 심중에 도모하지 말라"는 것이었다.

소외 계층에 대한 관심은 성문집의 지혜 문학과 시편에서도 계속된다. 지혜 문학은 '부익부 빈익빈'의 구조에 대해 크게 분노하면서 빚을 갚지 못하여 노예로 팔려간 이들과 굴욕당한 이민자들을 불쌍히 여기고 그들에게 깊은 관심과 동정을 보여야 한다고 외친다.

예언자들의 외침이 이스라엘의 빈자들에게 '희망'을 안겨 주었다면 구약의 현자들은 가난한 사람들에게 '기쁨'을 주었다고 할 수 있다. 현자들의 반성과 시인들의 노래로 인해 이스라엘의 빈자들은 가난 가운데서도 기쁨을 지닐 수가 있었다(잠 24:30~34, 20:4, 6:6~9, 10:4, 21:17; 시 112:1~13, 1:1~3).

시편 기자들은 인간으로서의 품위가 격하되는 상황 앞에서 무엇보다도 하나님께 시선을 돌린다. 하나님에 대한 호소는 예언자들이 제시한 종말론적 미래상이다(사 11:4, 14:30~32, 146:7~9).

이와 같이 시민들은 메시야가 오시면 온 세상을 올바르게 다스리시고 만백성을 공정하게 다스리시리라고 기대하였던 것이다(시 98:9).

율법과 예언서 그리고 성경문학 안에서 '가난한 자들의 권리' '가난한 자들의 목소리' '가난한 자들의 기쁨'을 볼 수 있으며, 복지이념이 구약성경의 중심 사상 중 하나였다는 것을 볼 수 있다. 그러한 복지의 차원은 회개를 통한 신앙과 연결되어 있었기 때문에 더욱 심화되었고 사회 전체의 책임으로 인식되었던 것이다.

그리고 오늘을 살고 있는 크리스천들이 이 어두운 시대의 인간들, 특히 가난한 사람들을 위해 그들의 권리, 그들의 외침, 그들의 기쁨을 보장해 줄 때 우리 사회는 '율법과 예언서 그리고 성문서집'의 주요 핵심사상을 실천하는 밝은 사회가 될 수 있을 것이다.

(2) 신약성경에 나타난 복지이념

고대 이스라엘의 사회복지 사상은 신약에 와서 예수 그리스도에 의해 계승·승화되어 구체적으로 나타났다. 그리스도의 가르침의 주제는 "이웃을 네 몸과 같이 사랑하라"는 것으로서 이 사랑은 무조건적이며 자기희생적이다(마 25:39~40).

성경에서는 우리가 도와주어야 할 대상을 명백히 하고 있다. 가난하고 굶주리고 헐벗고 집 없고 목마른 사람들 그리고 죄인들은 도움을 받아야 할 예수의 형제이며, 위의 사람들 중에 가장 보잘 것 없는 사람 하나를 대접하는 것이 곧 예수를 대접하는 것이라고 했다(마 25:42~46). 즉 낮고 천한 자를 원조하는 대상과 방법을 역설하였다.

또한 경천애인(敬天愛人) 사상의 구절은 '선한 사마리아 사람'(눅 10:30~35)에 대한 말씀이다. 여기서 예수님은 이웃 사랑과 자선사상을 가르치셨다.

우리는 이 예수 그리스도의 사랑의 행위를 통해 궁극적 복지의 개념을 알 수 있다. 구약의 복지 개념이 예수 그리스도의 때에 완성되었던 것이다.

예수 그리스도는 극단적으로 "가난한 자는 복이 있나니 하나님의 나라가 너희 것임이요"(눅 6:20)라고 선포한다. 이러한 태도는 회당에서의 가르침에서도 잘 나타난다(눅 4:18~19). 복음서의 핵심 사상은 하나님이 세상을 지극히 사랑하신 나머지 그의 외아들을 보내 주셨다는 데 있다. 따라서 그리스도의 몸인 교회는 세상을 위하여 존재한다고 보는 것이 복음서의 사상이다.

예수 그리스도의 복음의 목적은 분명히 은혜의 해 곧 희년의 선포에 있었던 것이다. 또한 예수 그리스도의 복음은 빈자를 위한 것이며 이것이 예수의 사상과 인격의 전부였다.

예수 그리스도는 그의 복음의 선포와 때를 같이하여 직접 온 갈릴리를 두루 다니시면서 백성들 가운데에 있는 병자와 허약한 사람들을 고쳐 주셨다.

그 당시에는 의원이나 의사가 극소수였고 의학적 지식도 극히 한정되어 있었다. 그나마 빈곤한 자들은 좀처럼 진료를 받을 수 있는 기회조차 갖지 못했다. 이러한 이들을 위해 예수 그리스도는 치료자로 나타났다. 예수는 환자를 무관심하게 지나치거나 소외시키거나 냉담하게 방관하지 않고 많은 장애인을 고쳐 주셨음을 알 수 있다.

예수 그리스도의 장애인 치료 행위는 장애인 문제 해결의 근본적인 방향을 제시해 주고 있으며, 치료 행위 안에 함축된 내용 속에서 오늘날의 복지국가의 이념, 인간의 존엄과 가치, 사회정의, 사회보장과 사회복지의 기본 정신을 찾을 수 있다.

예수 그리스도는 민중의 삶의 자리인 팔레스타인에 찾아왔고 사회복지의 측면에서 갈릴리 무리를 위한 민중해방과 인권회복의 공생애 활동을 시작하였다.

예수 그리스도의 구체적이고 확실한 인권선언은 마가복음 2 장 27절까지의 내용으로, 안식일은 사람을 위해 있고 사람의 아들은 안식일의 주인이라는 것이었다.

예수 그리스도가 관심을 가진 인권회복의 대상은 유대 사회에서 업신여김을 받은 여자(마 19:3~8), 빈자(요 8:2~11), 창녀(막 2:15), 죄인, 사마리아인(요 4:40), 병자(마 4:24), 정신병자, 정신환자(마 8:28), 이방인 등이었다.

저절로 자라나는 씨의 비유(막 4:26~29)는 예수의 비폭력 전략을 암시한다. 예수는 사랑에 근원을 둔 비폭력적 저항을 통하여 자신의 사명을 감당하려고 했다. 바울은 예수 그리스도의 삶을 재현하려 했던 사람 중의 대표적인 인물이다. 바울의 사상 중 가장 뚜렷한 것은 세계주의 및 인도주의이다.

나무에 달린 많은 가지들이 전부 같은 기능을 하는 것이 아닌 것처럼 바울은 우리도 그리스도 안에서 하나의 몸을 이루고 있지만 각 사람이 서로 다른 가지로서 제각기의 기능을 한다고 보았으며(롬 12:45), 하나의 몸에 연결되어 있으므로 모두 평등한 존재라고 보았다. 그리고 바울은 빈자를 기억하라는(갈 2:10) 처음의 부탁을 비롯하여 그리스도인이 타인의 고통과 기쁨에 동참하며 서로 일치해야 한다고 주장한다.

초대교회에서는 예배(Leiturgia)와 봉사(Diakonia)가 서로 밀접한 관계에 있었다. 이것은 가난한 사람들과 과부들을 돕기 위한 구제사업에서 아름답게 표현되었다. 물론 구제의 대상은 기독교 신자였다. 특히 신앙 때문에 환난과 핍박을 당하는 성도들이나 병든 자를 위해서 많은 희생적 구제를 했다. 그뿐 아니라 사도들은 특별히 빈민들에 대한 구휼(救恤)에 관심을 갖고 빈민구제를 위해서 집사를 선출하기까지 했다.

교회의 직분 임명이 이렇게 복지와 연관되어 있다는 것은 매우 중요한 의미를 갖는다. 이것은 오늘날 교회의 직분이 교회 내부의 일을 처리하는 데만 사용되는 것과 상당히 대조적이다. 집사 직분을 가진 사람은 실제로 교회 내의 복지사업에만 관여하는 경우가 많은 것이다. 실제로 당시 하나님의 복음을 전하고 있던 전도자들은 병자들을 고치고 귀신을 쫓아내며, 노예, 죄수, 이방인, 가난한 이들과 함께 자리를 같이하고 희망을 나누는 일에도 관심을 가졌다.

구약의 복지 개념은 신약에 와서 구체화되었다. 이러한 구약과 신약을 꿰뚫고 있는 복지 개념의 핵심은 언제나 신앙을 중심으로 하는 복지사업이었던 것이다. 하나님을 사랑하고 이웃을 사랑하라는 예수 그리스도의 말씀은 이것을 한마디로 집약시켜 놓은 것이다.

그리고 우리 복지사업은 성경에 나타난 복지 이념과 같이 하나님의 위탁사업이 곧 복지사업이며 아동복지 또한 그 의미를 같이한다는 것을 명심해야 할 것이다.

2. 성경적인 아동복지

성경에서 요보호 아동들은 우선적인 구제의 대상으로 나타나고 있다. 또한 성경에서 아동들은 교육의 대상, 훈계의 대상, 긍휼의 대상, 겸손의 상징으로 나타난다. 성경은 아동들의 양육에 대해 가족의 책임을 강조하고 있다. 구약성경과 신약성경에 나타난 아동복지와 예수의 아동복지는 각각 다음과 같이 제시될 수 있다.

(1) 구약성경의 아동복지
| 출애굽기

"너는 과부와 고아를 해롭게 하지 말라 네가 만일 그들을 해롭게 하므로 그들이 내게 부르짖으면 내가 반드시 그 부르짖음을 들을지라 나의 노가 맹렬하므로 내가 칼로 너희를 죽이리니 너희 아내는 과부가 되고 너희 자녀는 고아가 되리라"(출 22:22~24).

| 신명기

"고아와 과부를 위해 신원하시며(defend the cause of the fatherless and the widow) … 그에게 식물과 의복을 주시나니"(신 10:18).
"네가 밭에서 곡식을 벨 때에 그 한 뭇을 밭에 잊어버렸거든 다시 가서 취하지 말고 객과 고아와 과부를 위하여 버려두라 그리하면 네 하나님 여호와께서 네 손으로 하는 범사에 복을 내리시리라 네가 네 감람나무를 떤 후에 그 가지를 다시 살피지 말고 그 남은 것은 객과 고아와 과부를 위하여 버려두며 네가 네 포도원의 포도를 딴 후에 그 남은 것을 다시 따지 말고 객과 고아와 과부를 위하여 버려두라"(신 24:19~21).

| 시편
"실로 내가 내 심령으로 고요하고 평온케 하기를 젖 뗀 아이가 그 어미 품에 있음 같게 하였나니 내 중심이 젖 뗀 아이와 같도다"(시 131:2).

| 잠언
"비록 아이라도 그 동작으로 자기 품행의 청결하며 정직한 여부를 나타내느니라 듣는 귀와 보는 눈은 다 여호와의 지으신 것이니라"(잠 20:1~12).
"마땅히 행할 길을 아이에게 가르치라 그리하면 늙어도 그것을 떠나지 아니하리라"(잠 22:6).
"아이의 마음에는 미련한 것이 얽혔으나 징계하는 채찍이 이를 멀리 쫓아내리라"(잠 22:15).
"아이를 훈계하지 아니치 말라 채찍으로 그를 때릴지라도 죽지 아니하리라 그를 채찍으로 때리면 그 영혼을 음부에서 구원하리라"(잠 23:13~14).
"채찍과 꾸지람이 지혜를 주거늘 임의로 하게 버려두면 그 자식은 어미를 욕되게 하느니라 … 네 자식을 징계하라 그리하면 그가 너를 평안하게 하겠고 또 네 마음에 기쁨을 주리라"(잠 29:15~17).

| 이사야
"여인이 어찌 그 젖 먹는 자식을 잊겠으며 자기 태에서 난 아들을 긍휼히 여기지 않겠느냐 그들은 혹시 잊을지라도 나는 너를 잊지 아니할 것이라"(사 49:15).
"어미가 자식을 위로함같이 내가 너희를 위로할 것인즉 너희가 예루살렘에서 위로를 받으리니"(사 66:13).

| 예레미야

"에브라임은 나의 사랑하는 아들 기뻐하는 자식이 아니냐 내가 그를 책망하여 말할 때마다 깊이 생각하노라 그러므로 그를 위하여 내 마음이 측은한즉 내가 반드시 그를 긍휼히 여기리라 여호와의 말이니라"(렘 31:20).
"네 고아들을 남겨 두라 내가 그들을 살려 두리라 네 과부들은 나를 의지할 것이니라"(렘 49:11).

(2) 신약성경의 아동복지
| 마태복음

"예수께서 한 어린아이를 불러 저희 가운데 세우시고 가라사대 진실로 너희에게 이르노니 너희가 돌이켜 어린아이들같이 되지 아니하면 결단코 천국에 들어가지 못하리라 그러므로 누구든지 이 어린아이와 같이 자기를 낮추는 그이가 천국에서 큰 자니라 또 누구든지 내 이름으로 이런 어린아이 하나를 영접하면 곧 나를 영접함이니 누구든지 나를 믿는 이 소자 가운데 하나를 실족케 하면 차라리 연자맷돌을 그 목에 달리우고 깊은 바다에 빠뜨리우는 것이 나으니라 … 실족케 하는 그 사람에게는 화가 있도다"(마 18:2~7).

| 마가복음

"내가 진실로 너희에게 이르노니 누구든지 하나님의 나라를 어린아이와 같이 받들지 않는 자는 결단코 들어가지 못하리라 하시고 그 어린아이들을 안고 저희 위에 안수하시고 축복하시니라"(막 10:15~16).

| 누가복음

"제자 중에서 누가 크냐 하는 변론이 일어나니 … 누구든지 내 이름으로 이 어린아이를 영접하면 곧 나를 영접함이요 또 누구든지 나를 영접하면 곧 나 보내신 이를 영접함이라 너희 모든 사람 중에 가장 작은 그이가 큰 자니라"(눅 9:46~48).

"어린아이들이 내게 오는 것을 용납하고 금하지 말라 하나님의 나라가 이런 자의 것이니라 내가 진실로 너희에게 이르노니 누구든지 하나님의 나라를 어린아이와 같이 받들지 않는 자는 결단코 들어가지 못하리라"(눅 18:16~17).

| 디모데전서

"사람이 자기 집을 다스릴 줄 알지 못하면 어찌 하나님의 교회를 돌아보리요"(딤전 3:5).

"만일 어떤 과부에게 자녀나 손자들이 있거든 저희로 먼저 자기 집에서 효를 행하여 부모에게 보답하기를 배우게 하라"(딤전 5:4).

"누구든지 자기 친족 특히 자기 가족을 돌아보지 아니하면 믿음을 배반한 자요 불신자보다 더 악한 자니라"(딤전 5:8).

• 이와 같은 성경적 가르침을 통해 알 수 있는 것은 아동들의 양육이

예수의 아동에 대한 사랑에 더해져야 한다는 점이다. 예수는 가장 작은 자, 가장 억압당하는 아동들을 변호하셨다. 그리고 우리가 모두 아동과 같은 자, 아니 아동이 됨으로써만 하나님의 나라를 받을 수 있고 또 그 나라에서 가장 '큰 자', 가장 위대한 자가 될 수 있음을 가르치셨다. 그리고 가장 '작은 자'로 업신여김을 당하는 아동을 가장 '큰 자'의 모델로, 아니 실상은 '가장 큰 자'로 제시하셨다. 그런 면에서 아동은 어른이 따라야 할 삶의 규범이요,[16] 어른의 아버지이다.[17] 더욱이 아동은 하나님을 계시하는 자요,[18] 하나님의 영광을 드러내고 하나님의 나라로 인도하는 천사일지도 모른다. 예수는 바로 이런 아동을 자신과 동일시하셨고, 순결하고 거룩한 마음으로 끌어안으셨다. 인류의 역사에서 아동을 이토록 위대하게 평가하고 사랑한 자, 큰 목소리로 아동을 찬양한 자가 또 있었을까? 그러므로 아동들의 양육에 대해, 성경이 가족의 가치와 책임을 강조하고 있다는 점을 인식해야 할 것이다. 이러한 점에서 아동의 양육 방법 또한 성경적 양육의 개념에 포함되어야 한다.

---

16) 라인홀드 니버(Reinhold Niehber)는 말하였다: "부정직하고 이기적이고 교만하고 불안정한 어른은, 비록 성취될 수 없는 규범이라고 하더라도, 어린 아이의 순진성을 삶의 규범으로 여겨야 하며, 비록 어떤 인간의 자원보다 더 큰 자원이 그 성취를 위해 요구된다 하더라도, 어린아이의 순진성을 삶의 최종적 성취의 요약으로 여겨야 한다. 인간에게는 이것이 불가능하나, 하나님에게는 모든 것이 가능하다." 이신건, 『어린이신학』(서울:도서출판 한들, 1998), p. 106.
17) 워즈워스(W. Wordsworth)는 그의 시(時) 「무지개」에서, 어린이를 향한 그의 사랑을 다음과 같이 고백하였다. "하늘의 무지개를 바라볼 때면, 나의 가슴은 뛰어오른다. 내 삶이 시작될 때 그러하였고, 어른이 된 지금도 또한 그렇다. 나이 들어 늙어도 그러했으면! 그렇지 않다면야 나는 죽으리! 어린이야말로 어른의 아빠. 원컨대 내 생애의 하루하루가 순진한 경건으로 맺어지기를…." 위의 책, p. 106.
18) 교부 히폴리트(Hypolit)는 예수가 다음과 같이 말하였다고 전해 주었다. "나를 찾는 자는 어린이들에게서 찾아라. 왜냐 하면 내가 거기에서 계시하기 때문이다." 위의 책, p. 106.

성경적 양육의 예방적 혹은 교육적 부분은 공식적인 측면을 지니고 있는데, 그것은 '가르쳐져야' 하는 것이다. 특히 기독교적 공동체 속에서 어른들은 주님에 관한 일들을 그들의 어린이들에게 공적으로 가르쳐야 한다. 이것은 도덕적 훈련 그 이상의 것을 포함하고 있다. 이것은 아동들로 하여금 하나님께서 그들에게 부과하신 임무를 수행할 수 있도록 준비시키는 일을 포함한다. 그들은 다른 사람을 섬기는 법과 또한 하나님의 영광과 인간의 기쁨을 위하여 피조물을 개발하는 법을 배워야 한다. 이것은 예수 그리스도가 중심이 되는 가정 및 학교에서 가장 잘 이루어질 수 있다.

이러한 가정 및 학교의 교육 과정은 하나님의 진리를 반영하는 바른 것이어야 하며, 창조된 실체에 대하여 그리스도께서 부여하시는 통일성을 나타내야 한다. 그것은 모든 지식 체계를 반영해야 하며, 상호 연관된 개념들을 가르침으로써 이루어질 수 있다. 교육 과정은 항상 어린이에게 개인적으로 의미 있는 것이어야 하며 그것은 그의 존재 목적과 본성에 연관되어야 할 것이다.

성경적 양육 혹은 훈육은 하나님에 관한 사실들을 가르침으로써 시작되었으며, 이 교육은 공적이기도 하고 비공적이기도 하다. 아동이 받는 여러 가지 교육은 자기 주위에 있는 여러 사람들과 여러 활동들을 관찰함으로써 그것을 단지 '몸에 익히게' 될 수 있을 뿐이다. 그러나 성경적 교육은 더 공적이어야 하며 더 잘 짜여진 다양한 것이어야 한다.

이러한 형태의 기독교 교육은 가정, 교회 및 학교와 아동복지 관련 기관 및 단체 등에서 이루어져야 하며 이것들이 각각 상호 연계하여 작용함으로써 아동복지에 긍정적인 영향을 미쳐야 한다. 헌신과 적극적인 반응을 요구하는 이런 형태의 교육은, 용납될 수 없는 잘못된 행동이 생겨나지 않도록 예방적 분위기를 만들어 내는 것 이상의 일이다. 따라서 아동복지의 발전을 꾀함에 있어 이러한 성경적 측면의 아동복지 사상이 적극 실천되어야 한다. 이것은 아동들에게 기대되는 일이 무엇인지 알게 하며, 자신의 행위에 대하여 책임을 질 수 있게 함으로써 그들이 전인적인 하나님의 사람으로 성장하게 하는 것이다.

(3) 아동복지에 대한 성경적 교훈

아동복지란, '서비스의 한 분야, 아동 서비스 프로그램의 요구에 적용되는 사회사업의 한 특수한 형태, 전반적인 아동복지, 아동복지에 기여하는 정책과 행동' 등으로 볼 수 있다. 넓은 의미의 아동복지란, 아동복지를 직접 또는 간접으로 보호하고 증진함을 목적으로 하는 공공 기관이나 사설 기관에 의해 행해지는 모든 사람들의 활동을 말한다. 또한 좁은 의미로서의 아동복지는 주로 공적 책임을 중심으로 하여 법률에 준거하여 행해지는 보호, 원조, 지도, 지원, 치료 등의 공적 · 사적 서비스를 말한다.

한편으로 성경적인 개념을 살펴보면, 예수님은 어린아이들을 친히 사랑하셨다(막 10:13~16). 당시 천대받던 어린아이를 위해 참다운 사랑과 권리를 회복시켜 주심으로써 아동복지의 시작을 이루셨다. 그러므로 오늘날 아동복지를 실천하는 다양한 기관 및 단체에서는 예수님의 본을 받아 모든 아동들에게 복음을 심어 주기 위한 노력을 더욱 기울여야 한다. 더 나아가 이웃의 불신 가정 아동들에게도 복음을 심으려 노력해야 한다. 아동복지에 대한 사회적 이념들은 다음과 같이 성경의 교훈과 맥을 같이하고 있다. 첫째, 아동을 인격체로 보고 있다는 점이다. 예수님은 무시당하는 어린아이를 하나의 인격체로 대우하셨다(마 19:13~15). 둘째, 아동을 방임 또는 유기해서는 안 된다는 점이다. 즉 사회적 주체로서의 아동을 주장하는 것이다. 예수님도 어린아이들을 사랑하셨기 때문에 결코 방임의 상태를 용납하지 않으셨고 주님께 오는 것을 용납하고 금하지 말라고 하셨으므로(막 10:14) 어린아이들도 당연히 사회의 관심과 보호 속에 자랄 수 있어야 한다. 셋째, 어린아이들에게 마음껏 놀고 공부하며 올바르게 자랄 수 있는 환경을 마련해 주어야 한다는 점이다. 예수님도 "누구든지 하나님의 나라를 어린아이와 같이 받들지 않는 자는 결단코 천국에 들어가지 못할 것"(막 10:15)이라고 하셨을 뿐만 아니라 "누구든지 내 이름으로 이런 어린아이 하나를 영접하면 나를 영접함이니"(마 18:5)라고 선포하심으로써 어른들에게 어린아이와 같은 순수한 신앙을 갖도록 촉구하셨으며, 동시에 어린아이들이 깨끗한 신앙 환경에서 순수하게 자랄 수 있도록 해야 한다고 강조하셨다.

   이렇게 성경에서 찾아볼 수 있는 바와 같이, 복음이 함께하는 사회복지가 실천될 때 진정한 의미의 아동복지가 실현될 것이다.

3. 예수님의 가르침과 아동복지

(1) 하나님 사랑과 아동

　마가복음(10:13~16)의 아동에 대한 축복의 말씀에 따르면, 예수는 말씀과 행위 속에서 구체적으로 아동에게 관심을 기울이며, 아동이 하나님의 나라에 속하고 있음을 천명한다. 그는 아동을 구원에서 배제하려는 사람들을 꾸짖는다. 이것은 고대 유대 사회에서는 도무지 있을 수 없는 일이었다. 왜냐 하면 율법교육을 받기 이전의 12세 미만 아동은 종교적으로 미성숙한 자였고, 여자, 이방인, 병자, 가난한 자와 마찬가지로 주목받지 못하고 권리를 갖지 못하는 사회 변두리 계층에 속했기 때문이다.. 예수는 가난한 자와 지극히 작은 자들에게 하셨던 것처럼 아동을 사랑하셨고 자신과 동일시하셨다.

　예수는 아동을 어른의 "한복판에"(막 9:36) 세운다. 그는 하나님의 나라를 바라보면서 어린이를 중심 위치에 세운다. 주변에서 중심으로 바꾸는 것이다. 어린이를 용납하면서, 어린이가 하나님의 나라에 속해 있음을 천명하면서, 예수는 어린이를 "껴안는다"(막 9:36 이하, 10:16). 아동을 껴안는 일은 용납, 신뢰의 경험, 보호와 안전의 의미를 전달한다.

　그렇다면 왜 아동은 이런 대접을 받아야 하는가? 마가복음 10장 15절은 분명히 은유적인 말로써 이에 대답한다. 이 본문의 해석사와 영향사는 항상 무죄성, 겸손, 죄 없는 순수성, 고민 없는 순진성 등의 술어들로써 어린이를 장식하려고 했다. 그러나 본문은 이에 관해 전혀 말하지 않는다. 어린이를 매우 현실적으로 그리고 냉정하게 평가

하였던 예수(마 11:16~19 참조)에게는 어린이에 대한 이러한 이상주의적인 이해가 매우 낯설었을 것이다. 어린이가 하나님의 나라에 들어갈 수 있는 것은 특별한 자질 때문이 아니라, 오히려 그 반대로 어린이가 용납과 은혜에 전적으로 의존되어 있기 때문이다. 완전한 도움의 필요성과 의존 속에서 어린이가 제공할 수 있는 것이라고는 아무것도 없다. 그 어떤 공적과 업적도, 그 어떤 율법 성취와 행위도 없다. 예수가 용납한 가난한 자, 병자, 죄인처럼 어린이는 하나님 앞에 빈손으로 서 있고, 신뢰 속에서 모든 것을 그의 사랑하는 아버지, '아바'로부터 기대하는 것밖에는 달리 할 수 있는 것이 없다. 이로써 어린이는 그리스도인의 근본 태도와 복음적인 신앙의 전형적인 표현이 되었다. 즉 빈손으로 온전히 은혜만을 의지하고, 아무런 공로 없이 용납되는 것을 말한다.

그러므로 가족, 지역 사회, 교회 등의 공동체에서는 아동의 복지를 위해 반드시 필요한 부분이 무엇인가를 통찰할 필요가 있다. 다시 말해 아동의 삶의 양식을 '하나님 중심적'으로 이끌어 나가야 한다. 때문에 아동복지의 범위는 성경적 가르침을 포함해야 하고 그들의 영혼의 온전함을 갖추기 위한 제 노력을 기울여야 하는데, 이러한 인간성 회복은 아동기에 이루어질 때 효과적이다. 예수와 아동에 대한 성경적 증거를 고찰하는 이와 같은 노력은 오늘날 당면해 있는 아동의 커다란 문제들을 해결하고 예방하는 것이며 곧 하나님 사랑을 실천하는 것이다.

(2) 예수의 아동복지

예수의 아동복지는 그 자신의 성장 과정과 밀접한 관계가 있다. 예수는 신앙이 깊은 전통적인 유대인의 가정에서 태어나서 어릴 때부터 유대인의 의식과 문화와 전통 그리고 습관에 익숙했다. 예수 자신도 모든 유대인의 어린아이들이 익혀 왔던 직업 교육에 전념하면서 목수 일을 전문 직업으로 하여 생계유지의 방법으로 삼아 왔다. 그것은 모든 유대 어린이들은 한 가지 기술들을 익혀서 자신의 생계를 유지해야 한다는 전통적인 생활 습관에 근거한 것이다. 예수는 안식일이 될 때마다 부모와 함께 그 지역의 회당에 출석하였으며, 유대인의 해방 기념일인 유월절에는 예루살렘 성전을 방문하여 의식에 참여하였다. 예수는 어릴 때부터 회당에 출석하면서 유대교의 문화와 경전들을 철저하게 공부하였다. 성숙한 신앙생활의 환경 속에서 구약성경을 철저하게 배웠기 때문에, 성인이 되었을 때 대중들을 상대로 교육하며 가르칠 수 있었다. 그 당시 많은 종교 지도자들과 종교적 논쟁을 전개할 때, 구약성경의 구절을 인용하여 가르치며 답변하였다. 예수는 가정생활의 풍부한 경험과 깊은 신앙의 분위기에서 성장하였고 청소년기에는 유대 종교의 의무들을 성실하게 이행하였다.

예수의 어린아이에 대한 교훈은 다음과 같다. 첫째, 예수님은 어린아이들에게 지대한 관심을 가지고 존재 가치를 높이 평가하며 가르쳤다. 둘째, '하나님의 나라'를 가르칠 때에, 그 나라의 모델을 어린아이들로 제시하였다(마 18:3). 셋째, 예수님은 자신의 앞에 있었던 어린아이를 무릎에 안고 "내가 진실로 너희에게 이르노니 누구든지 하나님의 나라를 어린아이와 같이 받들지 않는 자는 결단(決斷)코 들어가지 못하리라"고 강조하였다(막 10:15). 그리고 예수는 그 당시 사회적으로 인간적인 대접을 받지 못하고 있었던 어린아이들에 대한 가치와 이해에 새로운 평가를 제시하였다. 그는 어린아이들을 성인에 속한 수단의 가치로서가 아니라, 그 자신의 존재의 목적으로 재해석하며 평가하려고 하였다. 그는 또한 한 어린아이를 데려다가 사람들 앞에 세우시고 팔에 안으신 후 "누구든지 내 이름으로 이런 어린아이 하나를 영접하면 곧 나를 영접하는 것이요"라고 말씀하시면서 그 자신의 인격과 어린아이들을 동일시(同一視)하셨다(막 9:37).

이와 같이 예수의 아동복지는 현재적 상황에서 어린아이들의 인간적 존엄성을 중요시하는 것이었고 미래의 가능성을 가진 존재로서의 중요성을 일깨워 주는 것이었다. 그리고 모든 사람들이 성장하는 과정에서 상실한 어린아이의 모습과 속성을 그대로 보존하기를 기대하였다. 왜냐 하면, 실제로 어린이의 모습은 그리스도인으로서 신앙생활의 표준이 될 수 있기 때문이다. 예수는 어린아이들이 성인과 같지 않은 미숙한 존재인 것을 알고 계셨지만 또한 인격의 존엄성과 가치를 지닌 존재인 것을 인정하였다. 그리고 우리가 어린아이들로부터 배울 수 있는 중요한 인격적 가치는 그들의 겸손과 절대의존성, 진실성과 그리고 지혜와 슬기로움 등이었다. 이러한 의미에서 예수는, 모든 사람들에게 숨겨져 있는 지혜롭고 슬기로운 속성들을 어린아이들에게 나타내 보이신 하나님께 감사를 드렸다(이숙종 외, 1997:pp. 21~22).

V. 성경에 나타난 아동복지

1. 성경에 나타난 태아복지

인간 교육의 첫 단계는 태교이다. 0.6㎎밖에 되지 않는 수정란(受精卵)에서 3㎏이상이나 되는 신생아로 자라기까지의 형성 과정 하나하나가 인간 형성에 얼마나 지대한 영향을 끼칠 것인가는 상상조차 할 수 없다.

만약 임부들이 인간으로서 최초로 형성되는 태아에게 최선의 환경과 교육만을 베푼다면 이 지상에 있는 인간들은 극소수를 제외하고는 크게 개조될 것이다. 그러므로 어머니들은 인간 형성의 최초 과정인 태아의 발육을 돕는 것이 교육에 있어서 가장 먼저 해야 할 중요한 일임을 절감하여야 할 것이다.

보다 더 건강하고, 더 명석하며, 훌륭한 인간의 바탕을 잘 만드는 일같이 중요한 것이 이 세상에 또 어디 있겠는가? 한 개인의 행복뿐만이 아니라 민족과 세계의 앞날을 위해서도 태교는 매우 중요하다.

태교는, 간단히 말해서 태아에게 최선의 환경을 제공해서 좋은 영향을 받게 하는 것, 즉 임부가 훌륭한 자녀를 낳기 위해서 갖는 정신적 자세, 생활 태도, 금기 같은 것을 말한다. 좋은 영향이란 신체적, 정신적인 가능성을 최대한도로 발휘할 수 있도록 도우며, 이상 없이 정상적으로 자랄 수 있는 환경을 마련해 주는 것이다.

태아에게 있어서 태중 환경이 유전인자 못지않게 중요하다는 것이 증명된 것은 근래의 과학자들의 연구에 의한 것이다.

동양에서도 예로부터 태교를 중요시하여 여자들에게 가르쳐 왔다. 눈으로는 나쁜 것을 보지 말며, 귀로는 좋지 못한 소리를 듣지 말며,

입으로는 천한 말을 하지 않도록 가르쳤다. 물론 이러한 태교가 태아에게 직접 영향을 끼치는지는 알 수 없으나, 적어도 이와 같은 어머니의 마음가짐과 자세와 정성이 출산 후 자녀교육에도 크게 작용되는 것은 틀림없다.

태교를 한 자녀와 그렇게 하지 않는 자녀들을 비교해 볼 때 태교를 한 자녀들이 월등하게 나았었다는 이야기가 있다. 아기를 위해서 최선의 영향을 주기 위해 노력하고 최선의 마음가짐과 수양을 쌓고 기도 생활을 해 온 어머니의 아기가 신체 발육이나 두뇌나 성품이 우수하다는 사실은 이미 증명된 것이다. 또 어떤 어머니는 좋지 못한 생각을 하지 않기 위해서 임신 9개월의 기간 동안 신문조차도 읽지 않고 위인들을 사모하며 기도를 드렸다는 실례가 있는데, 이들의 자녀들은 하나같이 두뇌와 성품이나 신앙이 우수했다고 한다(신연식, 1994:p. 88).

태교의 효과를 알기 위해서 우리는 먼저 태아 발육의 속도를 알아야 한다. 인간의 일생 중 최대의 발육기는 바로 어머니의 태 속에서 지내는 266일이다. 무게가 0.6mg 이던 수정란이 태어날 때는 3,250g으로 무려 540만 배나 성장한다. 이러한 성장 비율은 아기에서 성인까지의 성장 비율인 20배에 비하면 어마어마한 것이다. 그리고 수정란의 길이가 0.2㎜ 이던 것이 태어날 때는 490㎜ 로서 2,450배나 커진다(신연식, 1994:pp. 88~89).

이와 같이 태아는 연속 발달의 법칙에 의하여 수정란으로부터 여러 세포로 분열되어 내장기관과 뇌수신경기관, 사지 등을 형성하며 발달한다. 그러므로 이때에는 지극히 섬세한 자극이라도 큰 영향을 받는다. 인간이 최초로 형성되는 시기이기 때문에 임신 초기가 훨씬

V. 성경에 나타난 아동복지

더 중요하다고 할 수 있다.

그렇다면 태교를 하기 위해 알아두어야 할 점은 무엇인가? 인간 최초의 학교는 어머니의 태요, 어머니의 무릎이다. 그 중에서도 어머니의 태만큼 존귀한 학교도 없다. 따라서 효과적인 태교를 위해 알아두어야 할 몇 가지를 제시하면 다음과 같다.

(1) 태교의 개념

태교란 태아교육, 태내교육의 준말이다. 우리들이 익숙하게 듣는 전통적인 태교 개념은 동양에서 시작했고, 서양에서는 태교라는 개념이 거의 없었다. 이것은 우리 동양 문화 속에서 갓 태어난 아기를 한 살로 보는 것과 달리 서양에서는 0살로 본다는 사실에서도 잘 알 수 있다.

과학기술이 발전하지 못한 옛날에는 뱃속에서 아기가 자라가는 것을 전혀 눈으로 볼 수 없었던 만큼 태교에 대한 관심도 그다지 크지 않았다. 그러나 오늘날에는 초음파 영상을 통해 태아를 낱낱이 살펴볼 수 있게 되었고, 수많은 학자들의 연구로 태아의 신비를 상당히 밝혀 낼 수 있게 되었다. 과학적으로 보아도 사람의 인생은 그 출발점이 수태(受胎) 때이지 출생 때가 아닌 것이다. 그러므로 전통적인 태교가 경험적인 측면에서 엄마의 몸가짐이나 마음가짐을 추상적으로 나열하며 강조했던 것과 달리, 오늘날에는 엄마의 건강을 위한 의학 문제, 아기의 정신적 안정을 위한 엄마의 생활 방식, 아기의 지적 발달을 위한 교육, 학습 과정들이 체계적으로 연구되고 있다.[19]

---

19) 태교란, 임신부가 아이를 건전한 인간으로 만들기 위한 성스런 노력이며, 태아에게 좋은 영향을 주기 위해 언행, 마음, 감정 등을 정화시키는 것이다. 어머니 뱃속에서 끔찍한 보호를 받는 태아가 10개월 동안 엄마의 감정 변화에 민감한 영향을

태교는 전통적 태교와 현대적 태교(시각태교, 음악태교, 태담태교, 민속문화와 태교, 음식과 태교 등)로 크게 구분할 수 있다. 전통태교에 대해 허무맹랑하다는 생각을 많이 하지만 잘 살펴보면 현대의 태교개념과 비슷한 점이 많다. 그 중 '칠 태도'는 남부 지방에서 최근까지 전해 내려오던 민간 태교법으로 다음과 같다.

제1도는, 아기를 낳을 달이 되면 머리를 감지 말고 높은 곳을 오르지 말며 술을 마시지 말고 무거운 짐을 지지 말며 험한 산길과 냇물을 건너지 않는다.

제2도는, 임부는 말을 많이 하거나 지나치게 웃거나 놀라거나 겁을 먹거나 울지 않는다.

제3도는, 임신 첫 달은 마루, 둘째 달은 창과 문, 셋째 달은 문턱, 넷째 달은 부뚜막, 다섯째 달은 평상, 여섯째 달은 곳간, 일곱째 달은 학돌(절구와 비슷한 큰 돌), 여덟째 달은 측간(화장실), 아홉째 달은 문방(서재)에 가지 않는다.

제4도는, 임부는 조용히 앉아 아름다운 말을 듣고, 성현의 문구를 외고, 시를 읽거나 노래를 들어야 한다. 또 나쁜 말은 듣지 말고, 나

받는다는 것은 널리 알려진 사실이며, 임신 중인 어머니가 보고, 듣고, 생각하는 것은 어머니의 목소리나 신체적 변화 그리고 마음가짐에 의해 태아에게 전달되고 이것을 받아들인 태아는 태어나면서부터 지적 능력뿐 아니라 인격의 성향까지도 어느 정도 결정된 채 태어나게 된다.

태교에서 무엇보다 중요한 것은 좋은 환경 속에서 태아에게 많은 것을 가르치는 것이다. 어머니의 태도가 쌀쌀하고 마지못해서 할 때는 태아는 그것을 받아들이려고 하지 않는다. 아기는 어머니의 마음을 그대로 읽는다. 그리고 그 기억이 태어난 후 아기의 의식을 좌우한다. 그러므로 어머니와 태아와의 애정은 매우 중요하다. 지속적인 관심과 사랑과 보살핌을 받은 아기들은 자신이 사랑받을 만큼의 가치가 있다고 생각하며 자란다. 임신을 기뻐하고 출산을 고대하는 어머니 마음이 임신 중에 태아에게 전달되어야 좋은 태교의 밑거름이 되는 것이다. 따라서 임신부는 항상 마음을 평화롭고 유쾌하게 유지하고, 편안하고 긍정적인 사고를 갖도록 스스로 노력해야 한다.

V. 성경에 나타난 아동복지

쁜 일은 보지 말며, 나쁜 생각을 품지도 않는다.

제5도는, 임부는 가로눕지 말고, 기대앉지 말며, 한쪽으로 기울여도 안 된다.

제6도는, 임신 3개월부터 태아의 기품이 형성되므로 기품이 있는 물건을 가까이 두고 감상한다.

제7도는, 아이가 생긴 후에는 금욕을 한다. 산달에 성교를 하면 아이가 병들거나 일찍 죽는다.[20]

태아교육은 문자 그대로 사람이 어머니 뱃속에서 받는 교육이며 임신 중인 어머니의 모든 행위라고 할 수 있다. 즉, 어머니의 생활의 바른 자세와 사고방식은 직접 태아에게 영향이 미친다고 하여 태교의 중요성이 강조된다.

현대적 의미의 태교는, 어머니의 몸가짐과 마음가짐을 중요시하는 한편 아버지의 역할에 대해서도 중요성을 강조하고 있다. 즉, 출생 전의 아기는 출생 후의 아기보다 훨씬 더 섬세한 섭생과 보호와 양육이 필요하다. 어릴수록 상처를 많이 받으며 보호가 많이 필요하기 때문이다. 그러므로 아버지는 출생 이후의 아기보다 그 이전의 아기에게 더 큰 관심을 갖고 어머니와 함께 태교에 최선을 다해야 한다(신연식, 1994:p. 100). 아버지의 몸과 마음가짐 또한 강조되는 이유는, 건강하고 우수한 아이를 낳기 위해서는 아버지의 협조가 반드시 필요하며, 남편의 이해성 있는 깊은 애정과 섬세한 배려가 아내에게 큰 위로와 안정을 가져다주기 때문이다.[21]

---

20) 『엄마백과사전』, http://babysale.co.kr/mamnbaby/mam/taegyo/taegyo_4.htm
21) 임신 초기에는 유산되기 쉬우므로 과격한 성교를 피해야 한다. 그리고 8~9개월 때에도 될 수 있는 대로 성교를 피하는 것이 좋다. 남편의 부모와 형제가 함께 동거할 경우에 남편은 가족관계를 원만하게 이끌어 나가는 것은 물론, 다른 가족들

부모는 태중, 그 이전부터 부모로서의 자질을 미리 갖추어야 한다. 또한 태아기에 좋은 환경을 제공해야 한다. 어머니의 자궁 속에서 자라가고 있는 작은 태아도 우리와 똑같이 희로애락을 느끼고, 생각하고, 보고, 듣고, 냄새 맡고, 만지고, 빨고, 먹을 수 있기 때문이다. 인간교육에 있어서 태교의 중요성을 비추어볼 때 훌륭한 태교의 방법은 무엇일까?

좋은 아기를 낳기 위하여 선행되어야 할 것은 태아의 복지 측면에서 성경적 의미를 반영한 태교법이다. 태아 또한 하나님이 주신 소중한 생명이자 하나의 인격체이므로 그들도 영적인 존재로서 하나님과 관계 맺을 권리가 있으며 그 권리가 보장되어야 한다. 따라서 하나님의 말씀을 따라 기도하는 어머니와 아버지로서의 위치에서 태교가 이루어져야 할 것이다.

태아는 어머니를 통하여 끊임없이 학습되는데 온전한 태교 방법과 그 자세한 내용을 살펴보면 다음과 같다.

(2) 태교의 중요성

1) 수정과 태교

수정 후 맨 먼저 정자와 난자의 유전자 결합이 이루어진다. 즉 아버지의 유전자와 어머니의 유전자가 절반씩 모여서 새로운 유전자가 조립된다. 이것은 이 세상에서 유일한 독립 유전자가 된다.

사람의 유전자는 22쌍의 염색체 외에 1쌍의 性(sex)염색체를 가지

이 아내에게 위로와 도움을 줄 수 있도록 도와야 한다. 부부가 서로 진심으로 존경하고 사랑할 때 거기서 훌륭한 자녀가 태어나고 양육되는 것이다. 지혜로운 남편은 아내뿐만 아니라 장차 태어날 자기 자녀를 위해서도 이때 더욱더 아내를 사랑하고 도와야 한다.

고 있다. 따라서 사람의 세포 하나하나에는 46개의 2중 나선(double strand) DNA가 있고, 46개의 총 염기 쌍은 약 60억 쌍이 있으며, 1개의 염색체는 약 1억 수천만 쌍의 염기로 되어 있다. 인간의 유전자는 그 역할이 알려진 것만도 5만 개쯤은 된다고 하는데, 그것은 극히 일부에 불과하며, 학자의 연구 발표에 따르면 약 50～100만 개는 될 것이라 한다.

정자와 난자가 만나 수정된 수정란은 유전자의 지령에 따라 바로 분열을 시작한다. 분열하면서 앞으로 발육에 필요한 영양을 섭취하기 위하여 어머니 자궁 속으로 들어가서 자기가 스스로 단백질을 분해하여 효소를 만들어 내고, 그것으로써 자궁벽에 침투하여 뿌리를 내리기 위해 착상을 한다. 분열을 되풀이하여 세포수가 150개 가량 되면 세포들은 각각 분화를 일으켜서 서로 다른 임무를 수행하게 된다.

자궁에 착상한 수정란은 첫 주에는 분열 세포가 구형(球刑)을 이루며, 그 안쪽에는 부분 세포군이 있어 이것들은 얼마 후에 심, 폐, 비, 간, 신의 내부 기관을 형성하게 되고, 외부 세포들은 피부나 입의 신경 계통을 형성하고, 중간 세포들은 혈액, 근육, 골격이 된다. 각층의 세포들은 처음에는 잘 구별할 수 없으나 화학적 변화를 일으키고 있음을 알 수 있다. 그 후 6주 동안에는 가장 복잡한 기전으로 사람의 형태를 만들어 나가는데, 3주 말이 되면 태아는 길이 8㎜의 축소판 인간의 신비스런 모습을 나타내며, 6주에는 눈이 먼저 형태를 갖추고, 7～8주에는 비로소 얼굴 모습이 된다. 8주가 넘으면 거의 모든 내부 기관은 자리를 잡으며 2.5㎝의 태아는 조직, 용모 등 기관의 95%가 형성된다.

의학에서 임신 초기가 중요하다고 하는 점은 바로 이 때문이며, 태교에서 임신을 빨리 감지해야 된다고 하는 것도 바로 이 때문이다. 이때에 잘못 복용한 약물이나 잘못된 언행에서 비롯된 자극 등은 태아에게 아주 큰 영향을 주게 된다. 이른바 코끼리병이라는 신경 계통의 기형아는 관세포가 환경의 영향을 잘못 받았을 때 오는 결과라고 한다.

이렇듯 환경의 영향은 지대한 것이며, 환경의 영향에 잘 대응하지 못한 화학적 변화는 여러 가지 잘못된 결과를 가져올 수 있다. 초기의 인체 형성 과정에 중요한 것은 무엇보다도 환경이라고 할 수 있는데, 내적 환경, 외적 환경이 모두 태교의 가르침과 연관되고 있음을 알아야 한다(김재만, 1999: pp. 151~153).

어머니 몸의 상태를 좌우하는 것은 바로 어머니의 마음이다. 마음 상태가 흐트러지면 몸도 그 영향을 받게 마련이다. 스트레스, 우울증, 불안, 염려, 미워하는 것, 거칠고 악하게 말하는 것은 태아에게 결코 좋은 일이 못 된다. 정신 활동이 고도화되고 복잡화될수록 마음 상태의 건강과 안정이 얼마나 중요한가를 깊이 느껴야 할 줄로 안다. 임신한 어머니의 마음과 생각, 환경과 그에 대한 적응, 또한 태아를 위한 교육 등의 어떠함에 따라 그 태아의 일생이 좌우되는 중대한 결과가 발생하기 때문에 태아교육의 중요성이 강조되는 것이다.

2) 하나님과 태아의 생명

태내에 있는 태아는 육체 생명의 첫 출발이다. 정자와 난자가 수정이 되면서 독특하고 개성 있는 독립된 생명이 출발된다.

"여호와 모든 육체의 생명의 하나님이시여"(민 27:16상).

육체의 생명과 영혼의 생명의 주인은 살아 계신 하나님이시다. 그럼에도 하나님의 형상대로 지음 받은 태아를 마음대로 낙태시켜도 되는 것일까? 8주(2개월) 된 배아(Embryo)는 완전한 육체의 95%가 만들어진 상태인데, 세상에 태어나지도 못한 가냘픈 존재에게서 양심의 가책도 없이 그 생명을 빼앗는 일은 하나님의 창조 질서를 파괴하는 것이다.

"육체의 생명은 피에 있음이라 내가 이 피를 너희에게 주어 단에 뿌려 너희의 생명을 위하여 속하게 하였나니 생명이 피에 있으므로 피가 죄를 속하느니라"(레 17:11).

다윗은 하나님께서 가장 사랑하시는 왕이었다. 다윗의 기도는 하나님께서 빠짐없이 들어주셨다. 그러나 하나님께서 거절하신 것이 한 가지 있는데, 그것은 예루살렘 성전을 건축하는 일이었다. 왜냐 하면 전쟁하는 장군으로서 너무나 많은 피를 흘리게 하였기 때문이다. 수많은 어린이, 부녀들, 노인들, 즉 무죄한 자들이 전쟁 때문에 목숨을 잃었다.

"여호와의 말씀이 내게 임하여 이르시되 너는 피를 심히 많이 흘렸고 크게 전쟁하였느니라 네가 내 앞에서 땅에 피를 많이 흘렸은즉 내 이름을 위하여 전을 건축하지 못하리라"(대상 22:18).

다윗의 행한 일이 국가와 민족을 위한 일이라지만 죄 없는 백성까지 죽였기 때문에 성전 건축을 허락지 않으셨다. 그런데 이제 생명이 시작되어 10달 후에 세상에 한 인간으로 태어날 태아의 생명을 막아 버리는 일은 첫째로 하나님께 대한 범죄요, 둘째로 태아에 대한 큰 죄가 되는 것이다.

　예수께서는 죄인들을 구원하기 위하여 하늘 보좌를 버리시고 죄인인 사람의 육체를 입으시고 이 땅에 오셨다. 태내에 있는 태아의 생명도 주님의 피 값으로 사신 귀중한 생명이라는 것을 인식해야 한다(김재만, 1999:pp. 153～154).

　수정아나 태아가 귀중한 인격을 가진 엄연한 생명체라는 사실을 알게 되면 태아를 위한 교육이 얼마나 필요한 것인지 알 수 있을 것이다. 우리는 태아가 엄연히 한 인간이며 한 인격체라는 사실을 잊어서는 안 된다. 태아의 생명은 주님만이 주관하실 수 있으므로 아무에게도 그 생명을 죽이거나 해할 수 있는 권한이 없다.

(3) 태교의 기본

　사람은 60조 개의 세포로 구성되어 있는데 어머니 뱃속에서 생명이 시작될 때에는 단 1개의 세포로 시작한다. 이 1개의 세포 속에 소위 유전자가 있는데, 여기에 능력, 기질, 신체 등의 각양 특질이 들어 있다. 하나님이 만들어 주신 것이다. 그런데 이 세포가 60조 개의 세포로 확대되는 과정에 있어서 가정적, 사회적, 환경적 영향은 대단히 중요하다고 할 수 있다. 이때 선천적 요인과 후천적 요인은 동등한 중요성을 갖는다. 그러나 선천성이 다소 부족하더라도 후천적 요인에 의해 좋은 사람이 될 수도 있고, 선천성이 뛰어나도 후천적 요인 때문에 문제가 있는 사람이 될 수도 있다. 그리고 굳이 구분하자면 선천성은 하나님의 영역이요, 후천성은 하나님이 인간에게 맡겨진 영역이라고 할 수 있다.

　시편 127편에 보면 "자식은 하나님이 주신 기업이요"라고 했다.

자식은 하나님이 부모에게 맡긴 기업이므로, 기업이 성공하느냐 실패하느냐 하는 것이 기업가의 손에 달렸듯이 한 존재가 어떤 사람이 되느냐 하는 것은 부모의 손에 달려 있다고 해도 과언이 아니다.

하나님은 한 사람의 생명을 창조할 때 하얀색, 파란색, 노랑색 등 각양각색의 도화지를 만들었다. 이제 이 각양각색의 도화지에 그림을 그리는 중요한 존재가 부모이다. 부모가 어떤 그림을 그려 나가느냐에 따라 그 자녀의 모양이 달라진다. 사람을 만드는 데 있어서 가장 중요한 것은 사회나 학교보다도, 그 부모이다. 특히 태아에게 어머니는 사회요 학교이므로 환경으로서 어머니의 영향은 거의 절대적이다.

그러므로 어머니가 유의해야 할 점이 많다. 따라서 온전한 태교와 아동의 건전한 성장발달을 위해서 어머니와 아버지의 역할은 무엇보다 중요하다. 이의 중요성에 대해서는 태아와 부모교육 면에서 별도로 논의하기로 하며, 이제 태교의 종류를 신체적, 정신적, 심리적, 영적 측면의 태교로 구분하여 살펴보기로 한다.

(4) 태교의 종류

태아교육과 심리에 관심을 갖는 것은 부모로서 무척 바람직한 일이다. 인간이 한 인격체로 형성되는 중요한 시기 중의 하나가 태아기라고 할 때 마땅히 모든 어머니는 태아에 관심을 가져야 한다.

태아는 자궁 속에 있기 때문에 마치 아무런 위험도 없으리라 생각되기 쉽지만, 자궁 밖으로부터의 모든 자극은 어머니를 통해서 태아에게 전달되므로 어머니가 입은 정신적 및 육체적 해로움은 곧바로 태아에게 영향을 미친다. 특히 태아의 각종 신체 기관과 구조가 형성되기 시작하는 잉태 초기의 영향은 매우 크다. 예부터 태교가 중시되어 온 까닭도 바로 여기에 있다.[22] 잉태 중의 몸가짐과 마음가짐은 매우 중요하다. 지금까지 우리가 해 온 태교는 주로 몸과 정신에 관한 것이었다. 그러나 온전한 태교를 하려면 육체와 정신과 영혼을 위한 균형잡힌 태교를 해야 한다. 특히 성경이 우리에게 주는 태교에 대한 말씀[23]을 인식하여 이를 태아교육에 반영하여야 한다. 잉태 전은 물론이려니와, 잉태한 후에도 부모, 특히 어머니가 바른 몸과 마음가짐을 하는 것은 정상적이면서 건강하고 총명한 아기를 낳는 데 필수적이라 하겠다.[24]

1) 신체적 태교

아기의 건강한 몸과 육체를 위해 산모가 해야 할 태교가 있다. 제일 먼저 태아의 생명을 위협하는 음식이나 약물을 먹지 말아야 한다. 무서운 사실은 산모가 술을 마시면 아기도 술을 마신다는 것이다. 산모가 담배를 피우면 태아도 담배를 피운다. 산모가 마약을 복용하면 태아도 마약을 먹게 된다. 또한 자기도 모르게 약물을 과다 복용함으로 태아에게 치명적인 상처를 입히는 경우도 있다.

다음으로 태아의 건강을 위해 정기적으로 가벼운 운동을 해야 한다. 많은 부모들이 태아가 건강하고 영적으로 성장하기를 바라면서

---

22) 우리나라 사주당(師朱堂) 이씨(李氏)가 쓴 『태교신기(胎敎新記)』에 보면, 태교를 하지 않으면 아비나 어미 될 자격이 없다고까지 하였다.
23) "마노아가 여호와께 기도하여 가로되 주여 구하옵나니 주의 보내셨던 하나님의 사람을 우리에게 다시 임하게 하사 그로 우리가 그 낳을 아이에게 어떻게 행할 것을 우리에게 가르치게 하소서 여호와의 사자가 마노아에게 이르시되 내가 여인에게 말한 것들을 그가 다 삼가서 포도나무의 소산을 먹지 말며 포도주와 독주를 마시지 말며 무릇 부정한 것을 먹지 말아서 내가 그에게 명한 것은 다 지킬 것이니라"(삿 13:8, 13~14).
24) 태교에 있어 가족의 협조와 이웃의 배려도 빼놓을 수 없다.

자신들은 전혀 변화되지 않거나 노력하지 않는 경우를 많이 보게 된다. 그러나 태교를 하면서 부모가 먼저 변화되고 새로워지는 것이 중요한데, 이는 생활로 보여 주는 교육이 가장 생동감 넘치는 교육이기 때문이다.

끝으로 신체적 태교 가운데 가장 중요한 것은 몸의 순결이다. 결혼한 여성이 임신을 한 경우에는 그렇지 않겠지만 미혼모의 경우, 아니면 성생활이 복잡한 여성의 경우, 임신을 한 후에 더 자유롭게 성관계를 갖는 경우가 있다. 이러한 경우에도 태아의 건강에 나쁜 영향을 미치게 된다. 순결하고 깨끗한 부부생활이 태아의 건강을 지켜 준다. 복잡한 성 관계를 통해 성병에 걸린다든지 다른 균에 감염이 되는 경우 태아의 생명도 위험하게 된다. 태아를 위한 신체적 태교는 이렇게 산모의 몸을 잘 관리하는 것에서 시작된다(윤남옥, 1999: p. 29).

2) 정서적 태교

육체의 건강을 위한 교육도 중요하지만 정서적인 교육은 더욱 중요하다. 산모가 느끼는 정서적 불안, 아버지가 느끼는 분노와 미움 등이 아기에게 그대로 전해지기 때문이다.

특히 사별이나 이별의 상처를 입는 경우, 태아에게 직접적으로 영향을 주게 된다. 또한 분노와 미움, 안정되지 못한 부모의 정서도 나쁜 영향을 준다. 부모가 임신 당시에 모든 면에서 안정되지 않았을 경우 아기는 태어나서 집중하지 못하고 정서적으로 불안한 아기로 자라날 확률이 많다.

극단의 슬픔과 상처 등은 아기에게 영원한 상처를 남길 수가 있다. 실제로 태아 상태에서 아버지와 사별한 아이가 감정적인 슬픔을 지니고 있는 예는 얼마든지 볼 수 있다. 자신의 슬픈 감정이 어디로부터 온 것인지 알지 못할 수도 있지만, 내적 치유를 통해서 그 슬픔이 태아기에 있었던 것임을 알게 되는 경우도 많다. 그러므로 충만한 사랑, 화목, 웃음 등이 태교에 생동감 있는 활력소를 주게 된다는 것을 기억해야 한다. 부부가 서로 사랑하고 화목하고 평화를 누리는 것은 태아에게 직접적으로 영향을 주게 된다. 잘 웃고 낙천적으로 사는 사람들의 자녀는 태어날 때부터 웃는 얼굴이다. 그리고 자라면서도 잘 웃어서 주위 사람들의 사랑을 받게 된다.

이 시기에는 책들도 잘 선택해서 읽어야 한다. 너무 슬픈 이야기, 지나친 상상을 자극하는 미스터리 소설, 폭력과 전쟁에 관한 책, 음란물 등은 삼가는 것이 좋다. 그리고 영화도 마찬가지이다. 극심하게 공포를 주거나 슬픔을 느끼게 하는 영화는 피해야 한다. 살인이 범람하는 영화, 더러운 영화 등도 보지 말아야 한다. 이러한 정서가 그대로 아기에게 영향을 주기 때문이다.

그러므로 건전한 뮤지컬이나 가족 영화 같은 것을 보는 것이 좋다. 정서는 보는 것과 듣는 것, 말하는 것을 통해 전달되기 때문에 이 시기에는 보는 것, 듣는 것, 말하는 것을 주의해야 한다. 특히 평소에 정서적으로 안정되어 있지 않은 사람은 각별히 주의를 해야 한다(윤남옥, 1999: pp. 29~31).

3) 심리적 태교

심리적 측면에서 강조되는 태교에는 다음과 같은 네 가지가 있다.

첫째, 규칙적인 생활이다. 아이들이 늦잠을 자며 질서 있는 생활을 하지 않는다고 불평하는 부모님들이 있다. 그런데 이런 생활 패턴이 태아일 적에 어머니로부터 습득된 것이라면 아이를 탓할 수 있을까? 어머니가 임신 중 일찍 자고 일찍 일어나며 질서 있는 생활을 한다면 태아도 그 생활 리듬을 배운다. 그러므로 나중에 규칙적이고 질서 있는 생활 습관을 갖는 사람이 된다.

둘째, 좋은 소리를 들려주어야 한다. 태아는 소리에 민감하다. 그 소리에 따라 감정을 형성하는 데 영향을 받는다. 부부 싸움하는 소리, 자동차 소음, 히스테리컬한 엄마의 목소리 등의 예민한 소리는 사람의 감정에 좋지 못한 영향을 준다. 반면에 좋은 음악, 찬송가 그리고 새소리와 같은 자연의 소리, 부드럽고 따뜻한 대화 등의 마음을 편안하게 하고 감동을 주는 소리들은 아주 좋은 감정을 만들어 주는 소리들이다.

셋째, 급하고 초조한 마음을 없애야 한다. 어머니의 마음 상태가 그대로 태아에게 전달되어 태아의 마음 상태를 만들어 내기 때문이다. 동남아나 유럽 등지에서 어떤 사람들은 '빨리 빨리'가 한국어로 인사말인 줄로 착각하고 정답게 '빨리 빨리' 하고 인사하기도 한다.

우리 한국 사람들은 대체로 마음이 급하다. 급하면 좋은 점도 있지만 좋지 못한 점이 더 많다. 이러한 성향은 금세 무너질 한강다리를 만들고, 인간성을 말살시키고, 인간관계도 깨뜨리고, 행복감도 감소시킨다.

그런데 왜 이렇게 한국 사람들은 유독 급한 성격을 갖고 있는 것일까? 임신 중에 어머니가 급한 마음으로 살다 보니, 태아에 그대로 전달되어 조급한 성격이 형성되는 것도 하나의 큰 요인이다. 그러므로 어머니는 느긋한 마음, 차분한 마음, 기쁜 마음, 사랑의 마음을 갖는 것이 중요하다.

현대 생활은 바쁘고 각박하다. 어렵지만 조금 여유를 가져 보면 어떨까? 아니 의식적으로라도 여유와 따뜻한 마음을 가져 보자. 눈을 들어 푸른 하늘의 떠가는 구름을 바라보며, 그 가운데 함께 계시는 하나님을 바라보며, 앞으로 태어날 아기의 인생에 하나님의 환한 미소가 함께 하기를 기도하자(김영숙, 2000: pp. 14~15).

4) 영적 태교

몸과 정서적인 태교 이외에 영적인 태교도 매우 중요하다. 태교라고 하면 흔히 정서적인 것이나 음식 같은 것에 관심을 가지게 되지만 이 책은 영적인 태교에 대해 더욱더 많은 관심을 가지고 기술되었다.

앞에서 이미 언급한 대로 태아도 영적인 공급을 받아야 할 존재이기 때문에 영적인 태교는 중요한 것이다.[25] 태아도 하나의 완벽한 인간이라는 것, 그리고 하나님을 바라보도록 창조된 하나님의 형상이라는 것 등이 영적인 태교의 중요성을 나타내고 있다. 또한 태아가 듣고, 느끼고, 기억할 수 있다는 것 등도 영적인 태교가 중요한 이유 가운데 하나이다. 게다가 사탄이 수정아일 때부터 공격을 시작한다는 사실은 우리로 하여금 태아의 영적인 무장을 위해 기도하지 않을 수 없게 한다.

영적인 태교는 기도와 말씀과 가정예배를 통해 이루어진다. 기도로 성품과 관계를 축복하고 그 태아의 행동을 축복하면서 더욱 깊고

---

25) "마음의 즐거움은 얼굴을 빛나게 하여도 마음의 근심은 심령을 상하게 하느니라" (잠 15:13). 하나님의 자녀들은 마음에 즐거움이 있다. 그것은 마음에 살아 계신 주님을 모시고 믿고 의지하며 살기 때문이다. 힘들고 어려울 때, 고통스럽고 괴로울 때, 여러 가지 스트레스를 받을 때마다 모든 문제의 해결자이신 예수께 아뢰고 기도하면 응답을 주시는 좋으신 주님을 신뢰하기 때문이다.

폭넓은 태교를 할 수 있는 것이다. 태아가 어떻게 하나님과 깊은 관계를 갖고 있는지를 알려 주는 것, 즉 태아가 하나님으로부터 와서, 그분의 말씀으로 살아야 하며, 그분의 인도함을 받아야 하는 존재임을 알게 하는 것이 중요한 영적 태교가 되는 것이다(윤남옥, 1999: p. 31).[26]

(5) 태아복지에 대한 성경적 교훈
1) 하나님의 형상과 태아

우리말에 '씨는 못 속인다'는 말이 있다. 깊은 뜻이 담긴 말이다. 아버지의 유전자와 어머니의 유전자가 결합하여 자녀가 만들어져 태어나기 때문이다. 혈육이 확실하게 확인이 안 될 때는 유전자 감식을 통하여 쉽게 알아낼 수 있는 좋은 세상이 되었다.

사람의 세포는 매우 정교하며 그 기능은 말로 표현하기가 어려울 정도이다. 세포의 핵은 염색체 내에 DNA를 가지고 있으며 세포의 조절 센터로서의 기능을 한다. 세포 분열시에 DNA는 자기 복제를 하고 2배수가 되어 그 자녀는 양친의 DNA를 모두 갖게 된다.

> "여호와 하나님이 흙으로 사람을 지으시고 생기를 그 코에 불어넣으시니 사람이 생령이 된지라"(창 2:7).

---

26) 가정 천국이 이루어지려면 그 가정의 호주는 남편이 아니라 예수님이셔야 한다. 예수님을 중심으로 살면 감사가 넘치고 찬송이 충만하여, 은혜 속에서 기쁨이 충만하게 된다. 부딪칠 일이 없으니 좋은 호르몬 생성으로 저절로 건강해질 수밖에 없는 것이다. 젊은 부부가 예수 안에서 영적인 기쁨으로 찬송 속에 파묻히고, 살아 있는 말씀을 통하여 힘을 얻는 넉넉한 믿음 생활을 하는 것은 자식에게 좋은 선물을 주는 것이다.

하나님께서 사람을 흙으로 머리, 가슴, 복부, 팔, 다리, 몸속의 오장육부와 눈, 코, 입, 귀 등 육체를 만드시고 그 코에 생기를 불어넣으셔서 살아 있는 영으로 지으셨다. 사람의 몸을 구성하고 있는 각 기관을 살펴보면 너무 신비하고 기이하다. 그래서 어느 사람은 사람을 소우주라고 표현하기도 하는데, 인간 존재가 중요한 까닭은 하나님의 형상대로 지음을 받았기 때문이다.

"하나님이 가라사대 우리의 형상을 따라 우리의 모양대로 우리가 사람을 만들고 그로 바다의 고기와 공중의 새와 육축과 온 땅과 땅에 기는 모든 것을 다스리게 하자 하시고 하나님이 자기 형상 곧 하나님의 형상대로 사람을 창조하시되 남자와 여자를 창조하시고 하나님이 그들에게 복을 주시며 그들에게 이르시되 생육하고 번성하여 땅에 충만하라 땅을 정복하라 바다의 고기와 공중의 새와 땅에 움직이는 모든 생물을 다스리라 하시니라"(창 1:26~28).

자녀들은 대개 부모를 닮는다. 아이들은 부모를 낯설어 하지 않고, 부모가 안아 주면 울음을 그친다. 낯을 가리는 아이들도 다른 사람에게는 잘 가지 않으면서 엄마가 오라고 하면 덥석 품에 안긴다. 아이들이 부모를 알아 보고 반응하는 것을 보면, 인간을 오묘한 질서 가운데 두신 하나님께 감사하게 된다. 이와 같이 하나님의 자녀들은 하나님을 닮는다. 하나님을 닮았다는 말은 얼굴 모습이나 신체적인 특징이 아니라 하나님의 성품과 인격의 부분을 닮은 것을 말한다.

"나는 마음이 온유하고 겸손하니 나의 멍에를 메고 내게 배우라"(마 11:29).

예수께서 스스로 마음이 온유하고 겸손하다고 하셨으니 믿는 자녀들도 예수님처럼 온유하고 겸손한 성품을 닮아가는 것이다. 예수님은 진실하시고, 거룩하시고, 의로우시며, 사랑과 자비가 풍성한 전인격적 성품을 지니고 계시므로 태교에 애쓰는 부모들도 그대로 닮아갈 수 있다(김재만, 1999: pp. 161~165).

신묘막측하심이라

"주께서 내 장부를 지으시며 모태에서 나를 조직하셨나이다 내가 주께 감사하옴은 나를 지으심이 신묘막측하심이라"(시 139:13).

하나님께서 사람을 창조하신 일이 "신묘막측[27]하다"라고 다윗은 표현하였다. 나의 형체, 나의 형질이 이루기 전에 이미 하나님의 자녀로 선택하신 은혜가 참으로 감사하다. 구체적으로 사람의 육체가 어떻게 만들어졌으며 신묘막측하다는 것이 과연 어떤 것인지 살펴보기로 하자.

인체를 구성하는 각 기관 계통은 피부 계통(integumentary system), 골격 계통(skeletal system), 근육 계통(muscular system), 신경 계통(nervous system), 소화 계통(digestive system), 호흡 계통(respiratory system), 순환기 계통(circulatory system), 비뇨기 계통(urinary system), 생식기 계통(reproductive system), 감각기(sensory organs) 등이다.

하나님께서 흙으로 사람을 만드셨는데(창 2:7), 그 육체의 기능은

---

27) 어머니의 태내에서 세포 하나하나를 엮어 신묘막측(fearfully, wonderfully)하게, 즉 신기하고, 오묘하고, 기가 막히고, 측량할 길 없이 만들어 가시는 하나님이시다.

상상할 수 없으리만큼 정교하고 신비하다. 그 유기적 관계로 몸이 지탱되고 생명이 유지되는 것이다. 또한 인체의 기본 구성은 세포(cell), 조직(tissue), 기관(organ), 계통(system)으로 분류할 수 있으며 이러한 일련의 구조를 해부생리학적으로 잘 이해할 필요가 있다.

❶ 세포(cell)
세포는 인체의 구성과 기능을 수행하는 최소 단위이며, 인체는 다양한 세포로 구성되어 있다. 인체 세포의 평균 크기는 10~30㎛이다. 건강한 인체 세포 중에서 작은 것은 림프구 8㎛, 적혈구 7.5㎛(지름)이며, 큰 것은 신경 세포(체)가 100㎛ 전후, 가장 큰 것은 150~200㎛(지름)의 난세포이다.

❷ 조직(tissue)
같은 종류의 세포 집단, 즉 개체 내에서 분화의 방향이 같고 구조와 기능이 비슷한 세포의 집단을 조직이라고 한다. 그러나 조직은 단지, 그 조직 고유의 세포 집단만으로 구성되는 것이 아니며, 세포를 결합하기도 하고, 그 틈새를 채우기 위한 기질(ground substance), 세포간질(intercellular substance)을 가지고 있다.

❸ 기관과 기관 계통(organ and organ system)
위(stomach)라고 하는 기관은 주머니 모양의 장기이며, 그 가장 내측의 조직은 상피 조직(점막)이다. 그 중간층의 조직은 평활근조직, 가장 외측의 조직은 다시 상피조직으로 구성되며 음식을 수송하고 소화하는 기능을 갖게 된다.

인체에서 음식의 수송, 소화라는 일련의 작용을 하기 위해서는 위라는 하나의 기관만으로는 완전히 그 기능을 수행할 수는 없으며, 구강-인두-식도라는 몇몇 기관을 거쳐서 위에 다다르며, 다시 소장-대장-항문으로 연결된다.

음식물을 소화, 흡수하기 위해서는 소화선, 즉 타액선, 간장, 췌장 등의 부속 기관에 의한 분비물이 필수적이다. 이와 같이 음식물의 섭취, 수송, 소화, 흡수 및 배설이라는 일련의 활동에 참여하는 기관을 소화 기계(digestive system)라고 한다.

| 세포의 구조

세포는 원형질(protoplasm)이라고 하는 반유동성의 콜로이드에서 비롯되며, 세포체를 만드는 세포형질(cytoplasm)과 그 내부에 핵을 구성하는 핵형질(karyoplasm)로 나누어진다. 세포체 표면에는 극히 얇은 세포막(cell membrane)이 있다.

세포체(cell body)는 세포 내의 원형질 부분으로서, 무형질과 유형질로 구성되어 있다. 무형질은 콜로이드이며, 유형질은 세포 소기관(cell organelles)이라고 하는 여러 가지 작은 구근물이며, 주요한 것은 사립체(mitochondria), 내형질세양, 골지체, 중심소체 등이다. 이상과 같이 인체 해부학 측면에서 인체의 세포에 대한 기본적인 정보를 살펴보았다. 사람의 몸의 구조는 이처럼 신비스럽고 오묘하다.

임상생화학의 측면에서 볼 때, 생명 현상과 인체, 영양소와 소화, 장기생화학, 당질대사, 아미노산의 대사, 효소(Enzyme), 핵산의 대사, 유전 정보의 발현과 단백질의 합성, 호르몬과 대사 조절, 혈액과 면역, 전해질과 요(urine), 대사 이상과 유전병, 의학과 분자 생물학 등의 각종 화학 반응에 의해 건강을 유지하며 살아가도록 창조된 하나님의 유일한 걸작품이다.

　인체생리학의 측면에서도 조직 기관 조절제, 인체의 화학적 성분, 세포 구조와 유전자 조절, 효소와 에너지, 세포호흡 신진대사, 막수송과 막전위, 신경계 체계 전기적 활성 및 시냅스 전달, 내분비선(호르몬의 분비와 작용, 중추신경계, 감각기관), 골격근(수축과 신경 조절의 기능, 자율신경계와 내장 기능의 조절, 심장의 구조와 기능, 혈관계 및 혈액, 호흡 생리, 신장의 생리학, 면역계, 소화기관계, 대사 조절, 생식 등이 서로 조화와 유기적인 관계에서 생명을 유지하므로, 인간이 의식을 가진 존재로서 사회공동체와 가정을 이루며 사는 것은 한마디로 주님의 축복이다.

　200조 개나 된다고 하는 인체 구성 세포 하나하나의 생존과 활동을 효소나 영양소의 공급, 노폐물(초종대사산물)의 운반 등을 통해서 기본적으로 지탱하는 것이 혈액이다(김종호 외, 1993:p.203). 혈류가 끊기면 그 주위의 세포 혹은 조직이 괴사되어 심근경색이나 뇌경색 등이 발생될 수 있다.

　혈액은 폐쇄순환계의 혈관계를 흐르며, 그 순환 혈액량은 체중의 1/12~1/13, 약 8%이다. 체중 60kg의 성인 남성은 5l 전후(여성은 20% 정도 적음)의 혈액이 순환하고, 그밖에 비장, 간장, 피부 등에 저장하고 있는 저장 혈액은 약 2l가 된다. 혈액의 주요 작용은 다음과 같다.

　　가) 산소(폐→조직), 이산화탄소(조직→폐)의 운반
　　나) 영양소의 운반(문맥제, 소화관→간장: 체순환계, 간장→조직)
　　다) 노폐물(최종대사산물)의 운반

라) 생체 내부 순환의 항상성 유지, 조절 : PH, 교질 삼투압의 유지, 체온, 수분 양의 조절, 출혈의 방지(혈액 응고)
마) 생체의 방어(면역 기능)

또한 혈액 중의 유형 성분인 혈액세포(혈구)는 적혈구, 백혈구, 혈소판으로 분류되며, 백혈구는 또다시 과립구, 단구, 임파구로 분류된다. 과립구에는 세포 내 과립의 염색성의 차이에 따라서 구별되는 호중구, 호염기구, 호산구가 있다. 이들 세포는 다능성 간세포라고 일컫는 공통의 모세포에서 분화 성숙하게 된 것이라고 본다(김재만, 1999: pp. 168~170).

성경은 "육체의 생명은 피에 있음이라"(레 17:11)고 하였다. 피의 활동으로 순간마다 때마다 일마다 주 안에서 살아가게 하신 은혜를 감사하자. 주께서 나를 지으심이 신묘막측하심은 창조주 하나님이 그 솜씨로 그분의 탁월성과 능력과 권능을 나타내신 것이다. 한 사람이 어머니 뱃속에서 만들어지는 과정은 우리가 상상도 못할 유전자의 기능 속에서 세포분열을 통해 이루어지며, 열 달이 차면 정확한 날짜에 한 인격체로서 세상에 태어난다.

우리는 아버지와 어머니를 통하여 육신의 몸을 물려받았다. 그러나 몸의 주인은 부모님이나 본인 자신이 아니라 오로지 전능하신 하나님이시다. 하나님이 우리에게 육체를 빌려 주신 것이다. 더욱이 육체 안에 있는 영혼을 살려 주시기 위하여 예수께서 친히 십자가에 못 박혀 피 흘려 죽으셨다. 그 죄 값을 치르신 것은 우리를 하나님의 자녀로 삼으시기 위함이다. 이 땅에 보내 주시고 가정을 이루게 하시고 귀한 자녀를 두 사람 사이에 선물로 주셨으니 감사한 마음으로 잘 양육해야 할 것이다.

| 복중에서 기쁨으로 뛰노는 태아

"내 주의 모친이 내게 나아오니 이 어찌된 일인고 보라 네 문안하는 소리가 내 귀에 들릴 때에 아이가 내 복중에서 기쁨으로 뛰놀았도다" (눅 1:43~44).

여러 주석가들의 주석을 찾아봐도 '6개월 된 태아가 기쁨으로 뛰놀았다' 라는 구절을 명확하게 구체적으로 해석한 것이 없어 아쉽다.

N.A.S.B. 성경을 보면 "…the baby leaped in my womb or joy"라고 기록되어 있다. leaped와 joy라는 말을 생각해 보면 분명히 태아의 영적인 반응이다. leaped라는 말은 '껑충 뛰었다' 라는 말인데, 우리말로 '뛰놀았도다' 라고 개역성경에 번역되어 있다. joy는 기쁨을 말하는 것이다.

누가복음 1장 41, 44절의 '뛰놀았다' 는 말은 태아가 영적인 기쁨을 느꼈다는 뜻이다. 마리아는 성령의 감동으로써 자신이 성육신하신 메시아를 잉태하고 있다는 것을 알 수 있었다.

태아 2개월째(4~7주)에는 가까스로 머리와 몸통의 구별이 가능하나 그 전까지는 아직 물고기의 발생 초기 형태와 비슷한 모습이다. 뇌와 척추 신경세포의 80% 가량이 이 시기에 발육된다. 척수, 눈, 청각기관, 위, 간장 등의 분화도 이 때에 시작되며, 심장기관이 박동을 시작한다. 태아(태싹)는 2~3cm 가량으로 자라며 무게는 42g 가량이다. 양수가 고이기 시작하면 태싹이 그 속에 뜨게 된다. 2개월 말과 3개월 초에는 2~3cm 가량의 태아이지만 몸이 95% 완성되어 완전한 사람의 형태를 가진다.

  종합적으로 볼 때 태내에 있는 6개월 된 세례 요한이 엄마(엘리사벳)가 성령 충만할 때에 기쁨으로 뛰노는 것은 당연한 것이다. 성경적 태아교육을 받은 여성들이 임신 중에 태아의 영적인 반응이 있었음을 똑같이 이야기하고 있다는 것은 이러한 성경의 진술을 입증한다. 『복중에 짓기 전에 너를 알았고』(1994), 『복중에서 뛰노는지라』(1997)라는 책들과 1995년에 출시된 비디오 〈복중에 짓기 전에 너를 알았고〉를 보면 그 확실한 증거를 볼 수 있다.

  이러므로 6개월 된 태아인 세례 요한이 '성령 안에서 기쁨으로 뛰놀았도다'라고 한 말씀이 오늘날 현실에서도 나타나고 있기 때문에 최고의 태교는 '성경적 태교' '영적인 태교'인 것이 확실하다. 태내에서 자라는 시기에는 엄마를 통하여 안전하게 보호받기 때문에 10달 동안 생명의 말씀을 먹이고 기도를 많이 하여 성령 충만한 환경을 만들어 주어야 한다. 이것은 부모로서 자녀에게 줄 수 있는 가장 좋은 선물이다.

  성경적인 태아교육을 받은 임산부들 중 태아의 영적 반응을 느끼는 임산부들의 느낌은 거의 같다. 기도할 때 태아의 반응이 있고, 찬송을 드릴 때 태아가 듣고 태내에서 기뻐하며 놀고, 가정 예배를 드린다거나 교회에서 예배를 드릴 때는 조용하게 가만히 있기도 한다고 말한다.

  그러므로 임신 기간 동안 신앙생활의 계획을 체계 있게 세워 태교를 성경에 근거하여 적용시켜 나가면 이것이 태아에게 온전한 교육이 되며 참으로 아름다운 결과로 나타나게 될 것이다(김재만, 1999: pp. 171~173).

2) 태아의 권리와 영적 자아

어떤 가정은 여러 가지 이유를 대며 상황에 따라 생명을 죽이기도 한다. 그러나 참된 그리스도인의 가정이라면 생명이 수정되는 순간부터 그 생명을 복된 인생으로 이끌어 가야 한다. 수정아나 태아에게도 말씀을 먹이고 기도해 주면서 이 세상에서 가장 축복받는 생명으로 성장시켜야 한다.[28]

태교가 절대적으로 중요한 이유는 아이가 수정아일 때부터 이미 개별적이고 독립된 인격체이기 때문이다. 그리고 그 수정아 역시 하나님의 형상대로 지음을 받고 하나님의 숨을 부여받은 완벽한 생명이기 때문이다. 게다가 태아는 복중에서 느끼고, 듣고, 기억하며, 즐거워하고 슬퍼한다. 하지만 이러한 이유들보다도 더 중요한 이유는 우리가 수정아를 생명으로 생각하지 않고 있을 때조차도 사탄은 이 수정아를 생명으로 생각하고 집요하게 공격한다는 것이다. 사탄은 이 수정아가 자라나서 건강한 생명으로 세상에 나오기를 원치 않고 있다. 사탄은 이 수정아를 영적 공격의 대상으로 생각한다. 그래서 이 수정아가 태 안에서 제대로 자라나지 못하게 하고 부부 싸움과 폭력 등으로 감정을 상하게 하고 마약이나 술로 인해 장애자가 되도록 유도하고 있는 것이다.

사탄은 수정되는 순간부터 공격을 시작한다. 이처럼 사탄은 수정아를 한 인간으로 보고 영적 공격의 대상으로 삼고 있는데, 아기가 태어나야만 온전한 인간이라고 생각하는 것은 잘못된 생각이다.

---

28) "여호와 하나님이 흙으로 사람을 지으시고 생기를 그 코에 불어넣으시니 사람이 생령이 된지라"(창 2:7). "이에 내가 그 명대로 대언하였더니 생기가 그들에게 들어가매 그들이 곧 살아 일어나서 서는데 극히 큰 군대더라"(겔 37:10).

우리들은 자녀들이 태어나서 말귀를 알아들을 정도가 되어야 비로소 하나님의 말씀을 필요로 하게 되었다고 생각한다. 그러나 인간은 하나님께서 숨을 불어넣으시고 하나님의 형상대로 만드신 피조물이기 때문에 생명으로 수정되는 순간부터 하나님의 양식이 필요하다. 생명은 생명으로 존재하는 순간부터 하나님을 호흡해야 하고 하나님의 말씀으로 충만해야 한다.

앞서 제시한 성경 구절 중 누가복음에 의하면 아기가 태중에서도 자신의 감정을 표현하는 것을 보게 된다.

"엘리사벳이 마리아의 문안함을 들으매 아이가 복중에서 뛰노는지라"(눅 1:41).

이미 6개월이 되었으므로 태아가 자유롭게 태중에서 뛰어 놀 수 있는 시기이지만 이 장면은 마리아의 문안함을 듣고 아이가 기뻐서 뛰게 되었다고 보는 것이 더 정확하다.

"보라 네 문안하는 소리가 내 귀에 들릴 때에 아이가 내 복중에서 기쁨으로 놀았도다"(눅 1:44).

또한 『기억을 통한 정신치료』(Healing of Memories)라는 책을 쓴 데이비드 A. 시맨즈 박사는 학자들의 연구 결과에 기초해 임신 6개월이 되면 태아의 두뇌에 기억이라는 흔적을 남기게 된다고 주장하였다. 그러나 실제적으로 듣고 기억할 수 있는 것은 임신 14주가 지나면 이미 시작된다.

태아는 듣고, 알고, 느끼고, 기억한다. 태아는 하나님의 말씀이 필요한 영적 존재이다. 또한 말씀을 갈급해하고 예배드리기를 즐거워하는 영적인 존재이다. 말씀으로 충족되어야 하는 온전한 인격체인 것이다. 태아의 영성은 어머니의 태에서 자란다. 말하고 표현하지 못할 뿐이지 태아도 말씀을 듣길 원한다. 하나님의 말씀은 태아의 영혼을 살찌우게 하고 성령 충만하게 한다. 사탄은 자녀를 양육하는 부모들에게 "그 아이가 그렇게 어려서 무엇을 알겠어. 중학교나 대학교에 가서 말귀를 알아들을 때 복음을 전해야지." 하면서 아이들이 복음을 받아들이기가 어렵다고 주입시키고 있다. 그래서 성장한 후에나 자녀들에게 믿음을 심어 주려고 생각하는 부모들이 많이 있다. 이것은 사탄에게 속는 것이다. 사탄은 부모들에게 이렇게 주입시켜 놓고 수정아일 때부터 집요하게 공격을 시작하는 것이다.

태아기에 하나님의 말씀의 공급이 필요하며 부모와의 긴밀하고도 친밀한 대화와 교제가 필요하다는 것을 알게 될 때 태교의 중요성을 깨닫게 될 것이다. 태아는 이미 영적, 도덕적, 정치적, 사회적, 예술적 자아를 갖고 있음을 알아야 한다. 태아는 생명을 갖게 되는 순간부터 태어나서 활동하는 모든 아기들이 갖는 내적인 욕구들을 갖고 있다. 그러므로 태아기 때부터 말씀으로 충만하게 길러지는 아이는 복된 아이이다. 또한 태아는 그럴만한 영적 자아가 있고 복음을 통한 태내 성장을 할 권리가 있다.

이러한 아이는 일생이 건강하고 복될 것이다. 아름다운 언어와 아름다운 말씀으로 양육 받은 태아는 아름다운 삶의 기반을 가지게 되고, 귀하고 소중하게 다루어진 태아는 일생 동안 자신의 삶을 귀중히 여길 수 있게 될 것이다. 축복을 받으면서 자라난 태아는 축복을 누리면서 살아갈 수 있다.

임신 중에 육체적인 건강을 위해 영양에 대해 많은 관심을 가지는 산모들이 있다. 좋은 영양 공급과 운동은 건강한 아기를 위해 필수적이다. 그러나 이제 하나님을 사랑하고 하나님의 은혜를 입은 그리스도인 가정에서는 하나님의 말씀으로 태아를 성령 충만하게 키우는 일에 더욱더 많은 시간을 할애해야 할 것이다. 태아를 위한 축복 기도, 태아와의 긴밀한 교통과 대화, 태아를 위한 하나님의 말씀 공급은 그 아이가 하나님의 축복을 받으며 형통한 삶을 살 수 있는 근거를 제공해 준다.

3) 태교에 대한 성경의 가르침

최근에는 태교가 매우 보편화되었는데, 태교란 태중의 태아를 위한 교육이라 할 수 있다.

'교육은 모본을 보이는 것'이라고 정의하는 학자들이 있는데, 이 정의는 태교에서부터 적용된다. 즉 태아에 대한 임부의 몸과 마음가짐이 바로 태교가 되는 것이다. 이렇게 말하면 혹 태아가 볼 수는 없는 교육을 어떻게 교육이라고 할 수 있느냐고 의문을 제기할 수 있겠지만 교육이란 믿음과 동일하다.

> "믿음은 바라는 것들의 실상이요 보지 못하는 것들의 증거니 선진들이 이로써 증거를 얻었느니라 믿음으로 모든 세계가 하나님의 말씀으로 지어진 줄을 우리가 아나니 보이는 것은 나타난 것으로 말미암아 된 것이 아니니라"(히 11:1~3).

이 말씀대로, 보이지 않는 것이 보이는 것보다 더 중요하다. 보이지 않는다고 태아에게 영향을 미치지 않는 것이 아니다. 엄마를 통해 외부 세계의 영향이 태아에게 간접적으로 전달되고 있다. 이렇게 볼 때, 임부의 모든 일상생활이 태교가 된다고 해도 과언이 아니다.

그렇다면 성경적 태교란 무엇인가? 하나님은 작은 생명체를 지으신 후, 어머니의 뱃속에서 크기만 자라도록 한 것이 아니라, 모든 신체 구조와 기능이 점점 분화, 통합되면서 자라도록 지으셨다.

만약 자궁 속의 태아가 아무런 위협을 받지 않도록 완벽하게 지어 놓으셨다면 여호와의 사자로 하여금 마노아의 아내에게 잉태 중에 삼가야 할 것을 말씀하시지 않았을 것이다.

모체는 모체 외부로부터 건강과 안전에 관한 여러 가지 영향을 직·간접으로 받기 때문에 태아의 건강 발달에 미치는 영향은 매우 넓고, 그 요인도 다양하다고 할 수 있다. 그래서 만약 태교를 잘못하면 아기의 생김새가 온전하지 못하고, 유산·난산하기 쉬우며, 태어난 후에도 질병치레가 잦다고 한다.

아마도 하나님께서 태아의 신체가 점점 하나님의 형상을 닮아 가도록 지으신 것은 그만큼 생명에 대한 소중함과 겸허한 태도를 가르쳐 주기 위한 것이 아닐까 생각한다. 태교에 대한 성경의 가르침은 마노아 부부에게 나타난 사자의 말에 다음과 같이 나타나있다.

"소라 땅에 단 지파의 가족 중 마노아라 이름하는 자가 있더라 그 아내가 잉태하지 못하므로 생산치 못하더니 … 이제 잉태하여 아들을 낳으리니 그러므로 너는 삼가서 포도주와 독주를 마시지 말지며 무릇 부정한 것을 먹지 말지니라"(삿 13:2~4).

"여호와의 사자가 마노아에게 이르시되 내가 여인에게 말한 것들을 그가 다 삼가서 포도나무의 소산을 먹지 말며 포도주와 독주를 마시지 말며 무릇 부정한 것을 먹지 말아서 내가 그에게 명한 것을 다 지킬 것이니라"(삿 13:13~14).

마노아 부부에게 거듭거듭 말씀하시는 것이 무엇인가? 술을 먹지 말고, 부정한 것을 먹지 말라는 것이다. 바로 섭생에 대한 주의로서 포도주와 같이 구체적으로 지정하고 있지는 않지만, 여호와의 사자가 말한 것들을 다 삼갈 것을 강조하고 있다.

잉태 후의 태도에 대해서는 여호와의 사자도 삼가 금할 것을 권고하였지만, 마노아 부부도 태교의 중요성을 인식하고는 낳을 아이에게 어떻게 행하여야 할 것인지를 묻고 있다. 이 시대를 사는 오늘의 부모, 그리고 부모 될 자들이 본 받아야 할 자세가 아닐 수 없다. 이 말씀에 주목하여 좀 더 자세히 살펴보자(이소희, 1995:pp. 139~142).

| '기도하여'

군대에 갈 때는 한 번 기도하고, 바다에 나갈 때는 두 번 기도하고, 결혼할 때는 세 번 기도하라는 말이 있다. 덧붙여서 부모가 되기 위해서는 네 번 기도하라고 말하고 싶다.

건강하고 총명한 아기를 낳아 하나님께 영광 돌리는 자녀로 양육하기 위해서는 먼저 부모의 기도가 필요하다.

"한나가 마음이 괴로워서 여호와께 기도하고 통곡하며 서원하여 가로되 만군의 여호와여 만일 주의 여종의 고통을 돌아보시고 나를 생각하시고 주의 여종을 잊지 아니하사 아들을 주시면 내가 그의 평생에 그를 여호와께 드리고 삭도를 그 머리에 대지 아니하겠나이다 그가 여호와 앞에 오래 기도하는 동안에 엘리가 그의 입을 주목한즉 한나가 속으로 말하매 입술만 동하고 음성은 들리지 아니하므로 엘리는 그가 취한

줄로 생각한지라 엘리가 그에게 이르되 네가 언제까지 취하여 있겠느냐 포도주를 끊으라 한나가 대답하여 가로되 나의 주여 그렇지 아니하나이다 나는 마음이 슬픈 여자라 포도주나 독주를 마신 것이 아니요 여호와 앞에 나의 심정을 통한 것뿐이오니"(삼상 1:10~15).

한나는 술 취한 여자라고 오인을 받을 만큼 아기를 갖기 위해 오래오래 기도했다. 그리고 하나님의 아들로 키울 것을 서원했다.

바로 아기를 하나님의 기업으로 받음에 있어서 처음에 해야 할 일은 청지기로서의 사명을 다하기 위해 기도하여야 한다는 것이다.

결혼을 인륜지대사라고 한다면 출생 또한 인륜지대사라고 할 수 있다. 중국의 한나라 대덕(大德)이 쓴 『대대예기』(大戴禮記)의 '보부편'(保傳篇)'에 보면, 태교하는 방법을 구슬판에 새기고 황금 상자에 넣어, 임금님의 조상을 모시는 사당에 두어서 후세에 모본이 되도록 한다고 쓰여 있다.

하나님 보시기에 좋은 부모가 되는 기도를 오랫동안 해 본 적이 있는가? 하나님께 영광 돌릴 수 있는 역사가 반드시 일어날 것이며, 언젠가 그 기도의 응답으로 아름다운 간증을 하게 될 것이라 확신한다(이소희, 1995: pp. 142~143).

| '주여 구하옵나니'

"그때에 이스라엘에 왕이 없으므로 사람이 각각 그 소견에 옳은 대로 행하였더라"(삿 21:25).

부모인 우리들의 생각은 바르지 못할 수 있기 때문에 자신의 소견대로 행해서는 안 된다. 그러면 어떻게 해야 하는가?

"모든 성경은 하나님의 감동으로 된 것으로 교훈과 책망과 바르게 함과 의로 교육하기에 유익하니 이는 하나님의 사람으로 온전케 하며 모든 선한 일을 행하기에 온전케 하려 함이니라"(딤후 3:16~17).

교훈과 책망과 바르게 함과 의로 교육하기에 유익한 것은 다름 아닌 성경이다. 그러므로 부모라는 이름으로 부모의 생각대로 기를 것이 아니라 마노아 부부처럼 부모에게 자녀를 위임해 주신, 주인 되신 하나님의 말씀에 따라 길러야 하며, 따라서 늘 하나님께 묻는 자세를 지녀야 한다. 그러면 마노아 부부에게 하신 것처럼 삼가야 할 것을 말씀해 주실 것이다(이소희, 1995: pp. 143~144).

| '우리가'

흔히들 자녀 양육은 어머니 혼자만의 소관이자 책임인 것처럼 여기지만, 면면히 이어져 온 가족생활사에 관한 또는 아버지가 자녀의 성장 발달에 미치는 영향에 관한 많은 연구들을 살펴보면 꼭 그렇지만은 않다는 것을 알 수 있다. 『아버지도 부모인가?』라는 책이 나와 있는데, 왜 이러한 제목의 책이 출간되었겠는가?

그러나 우리는 가끔 이런 말을 하는 아버지들을 주위에서 보게 된다. 자신이 성공할 수 있었던 것은 아내가 자식을 잘 양육해 주었기 때문이라고 말이다. 그런 말을 들으면 그 집에 당장 달려가서 그 자녀들에게 아버지를 존경하느냐고 묻고 싶어진다. 아마도 그 자녀들은 어머니를 애틋한 마음으로 존경할지는 모르지만 아버지에 대해서는 그렇지 않을 것이다.

하나님이 자녀에게 아버지와 어머니를 주신 것은 함께 양육하도록 하기 위해서이다.

　과부에게 있어서 가장 치욕스런 말 중에 하나는 그 자녀가 '애비 없는 후레자식'이라는 소리를 듣는 것이다. 그것은 그만큼 자녀 양육에서 아버지가 차지하는 비중이 크기 때문이다. 조선 영조 시대 사주당 이씨가 쓴 『태교신기』 제1장에 보면, 기(氣)와 질(質)은 부모에게서 받으므로 이 기와 질이 한편으로 치우치면 차차로 본성을 가리워 사람다운 사람이 되지 못하니 부모가 생육에 대해 숙고하고 조심해야 한다고 쓰여 있다. 이런 까닭으로 스승이 10년을 잘 가르쳐도 어미가 열 달을 뱃속에서 가르침만 못 하며, 어미가 10달을 뱃속에서 가르침이 아비가 하룻밤 부부 교합할 때 정심(正心)함만 못 하다고 하였다. 이 얼마나 엄청난 말인가?

　마노아 부부의 경우를 다시 한 번 보자. 여호와의 사자로부터 잉태하리라는 말을 들은 마노아의 아내는 혼자 마음에 두지 아니하고 곧장 남편에게 달려가 그녀가 들은 엄청난 사실을 전했다. 그 말은 들은 남편 마노아도 아내의 말을 듣자마자 앞으로 낳을 아이를 어떻게 기를 것인지에 대해서 부부가 함께 기도하면서 물었다.

　요즈음 결혼준비학교 프로그램이 여러 교회에 확산되고 있다. 물론 거기에는 결혼을 앞둔 예비 신랑과 신부가 함께 참여해야 한다는 전제 조건이 붙어 있다. 왜 예비 신랑과 신부를 함께 참여시키겠는가? 여기서 우리는 부모 교육의 중요성을 인식해야 할 것이다.

　　"그들이 아침에 일찍이 일어나 여호와 앞에 경배하고 돌아가서 라마의 자기 집에 이르니라 엘가나가 그 아내 한나와 동침하매 여호와께서 그를 생각하신지라 한나가 잉태하고 때가 이르매 아들을 낳아 사무엘이라 이름하였으니 이는 내가 여호와께 구하였다 함이더라"(삼상

1:19~20).

마노아 부부뿐만 아니라, 엘가나와 한나 부부도 잉태에 앞서 부부가 함께 여호와께 경배하였다. 그 다음, 하나님께서는 태를 열어 한나의 기도에 응답해 주셨다.

자녀 양육은 잉태 전후를 막론하고 부부가 합심해서 해야 하는 것임을 이들에게서 배울 수 있다(이소희, 1995:pp. 144~145).

'낳을 아이에게'

이 말씀은 요즘 흔히 말하는 '예비부모교육'의 중요성을 일찍이 보여 준 뜻 깊은 말이다. 즉 이 말씀은 자녀를 하나님으로부터 받은 다음에 하나님의 말씀에 따라 자녀를 양육하는 것이 아니고, 낳기 전부터 어떻게 길러야 할 것인가를 생각하고 준비해야 됨을 말해 주고 있다.

『태교신기』제1장에 보면, 아비가 낳는 것과 어미가 가르치는 것과 스승이 가르치는 것의 3가지가 합하여야 좋은 인간으로 양육할 수 있는데, 명의(名醫)가 병들기 전에 예방책을 쓰는 것이 최선이듯이 생육도 아기 낳기 전에 미리 가르치라고 했다.

마노아 부부가 한 말을 상고해 보면 '낳은 아이'가 아니고, '낳을 아이' 임을 주목할 수 있다(이소희, 1995:pp. 145~146).

'어떻게 행할 것을'

"자식은 여호와의 주신 기업이요 태의 열매는 그의 상급이로다"(시 127:3).

이 말씀을 숙고한다면 부모가 자식을 기르기에 앞서 어떠한 마음 자세를 지녀야 할까? 두말할 필요 없이 하나님께 영광 돌릴 수 있도록 잘 길러야 할 것이며, 이를 통해 하나님으로부터 칭찬받는 종이 되어야 할 것이며, 자녀로부터도 존경받는 부모가 되어야 할 것이다.

유명한 설교가 무디(Moody)는 "나는 내가 모든 사람들에게 존경을 받지 못한다고 하더라도 결코 불행을 느끼지 않을 것이다. 그러나 내 자식에게 존경을 받지 못한다면 나는 가장 불행한 사람이 될 것이다."라고 말했다.

무디의 말은 '그 부모를 보면 그 자식을 안다'는 말에 합당한 것이다. 이는 인간 발달에 관한 이론 중, 인간이 관찰과 모방을 통하여 인생을 배워 나간다는 사회학습이론의 핵심이기도 하다.

좋은 본보기가 될 수 있는 부모여야 하며, 이렇게 되기 위해서 어떻게 행하여야 할지 '하나님 앞에서(Coram Deo)' 묻는 자세를 지녀야 할 것이다(이소희, 1995:pp. 146~147).

| '가르치게 하소서'

요즈음 평생 교육이라는 말이 많이 등장하고 있는데 실제로 많은 사람들이 이 개념을 통해 많은 것들을 배우고 있다.

"그러면 다른 사람을 가르치는 네가 네 자신을 가르치지 아니하느냐"(롬 2:21).

이 말씀처럼 부모 된 자는 자녀를 잘 가르치기 위해서 하나님을 경외하는 온유한 자세로 스스로에 대해 가르치기를 게을리해서는 안 된다. 우리는 너무나 부족한 고로 어떻게 가르쳐야 할지를 구하여야 한다. 가르침에 대한 예로써 찬송가 421장 2절을 살펴보자.

"아무것도 모르니 나를 가르치소서
어찌해야 좋을지 나를 가르치소서
어찌해야 좋을지 나를 가르치소서"

이렇게 가르침을 간구하고, 실행하지 않으면 어떻게 될까?

"또 누구든지 나를 믿는 이 소자 중 하나를 실족케 하면 차라리 연자 맷돌을 그 목에 달리우고 바다에 던지움이 나으리라"(막 9:42).

하나님의 자녀를 실족케 하는 것은 우둔함이 아니라 죄라 할 수 있다. 부모 역할의 특성과 함께 자녀의 성장 발달 특성에 대해 배움으로써 어떻게 기를 것인지를 미리 계획하고 준비한다면, 앞서 언급한 부모 됨의 어려움을 보다 쉽게 극복할 수 있다고 본다. 물론 이 가르침의 교과서는 하나님, 예수님의 말씀이며, 성령의 인도하심을 기본 전제로 하는 현대 아동양육의 이론과 실제에 대한 지식과 기술일 것이다(이소희, 1995:p. 147).

(6) 태아발달과 부모의 역할
1) 아동발달과 태아복지

아동기에서 가장 필요한 기본적인 욕구인 식욕, 갈증, 호흡, 수면, 휴식, 배설, 고통회피 등과 같은 인간 본능의 생리적 욕구가 충족된다 하더라도 이것만으로는 건전하게 성장발달하지는 못할 것이다. 동시에 인격적 욕구(personality needs)라 할 수 있는 정신적, 심리적, 인간적 욕구가 충족되어야 하기 때문이다. 즉 모든 아동들은 가정에서

나 사회에서 각기 인간다운 애정을 얻고 싶어하며, 또래 집단에 끼고 싶어하고, 자립하고 싶어하고, 인정받고 싶어하며, 새로운 경험을 얻고 싶어하는 인격적 욕구가 강하게 일어나는 시기에 있는 것이다. 따라서 아동은 생리적 욕구 충족뿐만 아니라 인격적 욕구의 충족을 강하게 갈망하는 존재라고 할 수 있다(이대근, 2001:p. 40). 이와 함께 아동은 영적인 존재이며 영적 욕구가 있기 때문에 그것을 누릴 권리가 있다.

일반적으로 아동이라 함은 성인이라는 말에 대응해서 사용되고 있으며, 심신(心身)의 성장 발달기에 있는 자, 다시 말하면 한 사람이 성인이 될 때까지의 미성숙, 미완전한 상태에 있는 자를 말한다. 그러나 생활의 다양성으로 인해 신체적, 정신적 측면의 성숙이 반드시 병행되지는 않으므로 그 어느 부면에 중점을 두고 생각해야 하는가 하는 문제가 있다. 심리학자는 기초적으로 정신저인 측면을 중시한다. 그리고 정신과에서는 신체적 발달, 정신적 발달, 사회성의 발달을 종합적으로 판단한다. 또 법률은 종합적 판단을 기초로 하면서도 성숙, 미성숙의 경계를 정할 때는 가장 편리한 연령 기준을 채택하고 있다. 아동을 몇 살까지로 보아야 하는가의 경계 설정에 대해서는 여러 가지 견해가 있으며 결코 일치하지 않는다(이대근, 2001: p. 12).

아동은 인간의 전 생애 중에서 여러 발달 단계를 거쳐서 성장 발달하며, 생리적 욕구와 인격적 욕구, 영적 욕구를 동시에 가지고 있으므로 이것이 함께 충족되어야 한다.

아동이 인간성을 회복하고 그들이 전인적인 하나님의 사람으로 성장하기 위해서는 생리적인 인간으로서의 성장 발달 과정보다 오히려 사회적·영적 성장 발달 과정이 중시되어야 한다. 이것은 곧 태내기의 태교의 중요성을 말해 준다.

　전술한 바와 같이 아동교육은 태중에서부터 시작해야 한다. 인간 교육은 어릴수록 중요하기 때문에 아동의 문제와 그들의 복지를 꾀하는 일은 아기가 출생하기 전부터 태아의 복지적 차원의 문제로 생각해야 한다는 것이다. 발육의 가능성이 가장 풍부하고 성장이 급속도로 진행되는 태아기일수록 환경의 영향을 많이 받고 교육의 효과도 크기 때문이다. 반면에 좋지 못한 태중 환경과 태교의 영향도 후년에 가서 돌이킬 수 없는 크나큰 손상을 준다. 이것은 아동의 신체적, 심리적, 정신적, 사회적, 영적인 측면에 상당한 영향을 미친다.

　따라서 태교에 큰 정성을 기울여야 한다는 것은 신체적 차원에서부터 영적인 차원에의 관심과 정성이며, 이것은 곧 아동의 복지에 대해 심혈을 기울이는 것과 같다. 결과적으로 아동의 삶이 질적으로 향상되고 온전한 영혼으로 거듭나 살아가도록 돕기 위한 것이다. 아울러 아동복지적 측면에서 태아의 복지적 차원의 개입이 우선 실천되어야 하는데 이것은 아동복지의 증진을 모색하는 효과적이고 능률적인 방법이다.

　무엇보다도 중요한 것은 태아와 아동복지와의 상관관계를 규정하는 일인데, 이것은 아동의 복지에 대한 개입이 영아 및 유아기 이전의 '태아기' 부터 이루어져야 한다는 것을 전제로 해야 한다. 태아를 하나의 인격체로 보고 그들의 기본적 욕구와 함께 그들의 영적 권리를 존중하여 태중에서부터 전인적인 하나님의 사람으로 성장하도록 가족 및 사회는 보다 큰 관심을 기울여야 한다.

　이러한 성경적 이념들을 태교에 반영하는 일차적인 역할은 부모에 의해 수행된다. 인격 주체로서의 태아, 사회적 존재로서의 태아, 환경주체로서의 태아, 영적 주체로서의 태아에 대한 관점을 갖고 그들이 태중에서부터 순수한 영혼으로 건강하게 발달하도록 도와야 하며, 동시에 깨끗한 신앙 환경에서 순수하게 자랄 수 있도록 해야 하는데 이것이 곧 부모의 역할이다.

2) 태아와 부모의 역할

건강하고 똑똑한 아기를 낳고 싶은 것은 모든 부모의 소망이다. 그러나 이러한 소망만으로 자신이 원하는 아기를 낳을 수는 없다. 임신 중에 끊임없이 태아와 이야기를 나누고, 알맞은 운동, 충분한 영양을 제공해 주는 등의 부단한 노력이 필요하다.

따라서 부모는 임신이 확인되었다면 하루 빨리 태교를 위한 좋은 환경 만들기에 세심한 주의를 기울여야 한다. 일체의 약 복용을 중단하고, 술이나 담배, 커피 등 자극성 있는 기호품을 즐기던 사람도 이러한 것들을 끊으려는 노력을 해야 한다. 또 임신 기간 동안 건강한 생활을 유지하기 위해서는 일상생활을 규칙적으로 하는 것이 중요하며 기상이나 취침 시간, 식사 시간이 일정한지 체크하고, 무리하지 않도록 주의해야 한다.

이외에 임신이 확인되는 순간부터 출산까지의 기간 동안 태아를 위해서 무엇을 해야 하는지, 어떤 준비가 필요한지, 어떤 것들을 먹고 어떻게 생활해야 되는지에 대한 구체적인 계획들을 세워 실천하는 것이 필요하다.

태아는 어머니 뱃속에 있을 때부터 마음의 성장을 하게 된다. 따라서 뱃속에서부터 부모의 사랑을 듬뿍 받고 성경 말씀을 들으며 자란 아기들은 정서적, 영적으로 안정되며 풍부한 감정과 순수한 영혼을 갖게 된다. 따라서 부모는 신체적, 정신적, 심리적, 영적 측면의 태교를 통해 예쁜 아기가 탄생하기를 소원해야 한다. 특히 태아가 하나님이 자신을 사랑하고 있음을 부모의 기도와 말씀을 통해서 느끼도록 태교를 해 나가는 것이 중요하다.

아기를 가진 부모의 마음은 모두 한결같아 건강하고 지혜롭고 예쁜 아기가 태어나기를 바란다. 이미 과학적으로도 증명된 바와 같이, 아가는 어머니 뱃속에서 많은 것을 듣고 느끼며 배운다. 부모가 주고 싶은 무한한 것들을 아기도 받기 원한다.

아기에게 사랑과 지혜와 용기를 주고 싶은 부모, 그리고 부모에게 아름다움과 슬기를 주고 싶은 아기를 위해 다음으로 ①임신 전(前)에 부부가 해야 할 일, ②남편의 역할을 알아보자. 아울러 『태교 탈무드』라는 책의 내용 중 '유대인들의 생활 속 태교'[29]를 통해 성경과 함께 하는 태교의 필요성과 이를 위한 부모의 역할에 주는 시사점이 무엇인지 살펴보겠다.

---

29) 유대 민족은 2,000여 년 동안 나라 없이 떠돌아 다녀야 했고, 또 나치 독일에 의해 숱한 고난과 희생을 치러야 했던 민족이기도 하다. 이처럼 유대인들은 어느 민족보다 많은 역경을 겪었지만 결코 좌절하거나 절망하지 않았다. 오히려 세계 각국으로 뻗어나가 정치, 경제, 사회, 문화의 모든 면에서 커다란 영향력을 발휘했다. 이러한 유대 민족의 저력의 바탕은 바로 세 살 때부터 『탈무드』를 가르쳤던 교육에 있다. 어떠한 상황에서도 교육만은 멈추지 않았던 유대인들의 지혜가 지금의 그들을 있게 한 것이다. 그러한 관점에서 이 책에서 소개하는 유대인 교육의 지침서가 되었던 『탈무드』를 다시 엮은 『태교 탈무드』는 우리가 성경과 함께 하는 태교법을 이해하는 데 도움이 될 것이며, 태아의 영적인 성숙을 위한 부모의 역할과 자세를 알게 해 줄 것이다.

| 임신 전(前)에 부부가 해야 할 일

❶ 건강한 신체

우선 임신을 하기에 걸림돌이 되는 건강 상태는 아닌지 점검해야 한다. 혈압이 높다든지, 당뇨병이라든지, 신장염으로 고생을 하고 있는 여성은 아기를 갖기 전에 먼저 자신의 건강부터 검진하여야 한다.

건강에 이상이 없는 여성이 아기를 낳기 원할 때에는 자신의 건강을 위한 적당한 운동과 영양 공급이 필요하다. 신체 기관은 모두 정상인데 허약해서 임신이 안 되는 사람도 있다. 이러한 경우는 영양가 있는 음식을 먹으면서 임신하기에 알맞은 건강을 갖추는 것이 필요하다. 임신을 하면 자신과 아기 모두 임부의 건강에 의존하게 된다는 사실을 알아야 한다. 산부인과 의사들은 임신을 준비하는 부인들에게 필요한 비타민 등을 처방해서 주기도 한다. 주치의와 긴밀하게 의논하면서 건강한 임신을 준비하기 바란다(윤남옥, 1999:pp. 38~39).

❷ 정결한 신체와 정신

지금까지는 자신의 몸을 함부로 다루어 왔을지라도 이제부터 당신의 신체는 또 다른 생명이 존재할 장소를 제공해야 한다. 당신의 몸이 아기에게는 생명을 보전하는 공기와도 같고, 영양이요, 공원이요, 수영장이요, 놀이터가 되는 것이다. 아기도 신선한 공기와 건강한 음식을 원하고 있다. 당신이 담배를 피운다면 아기의 온 생명이 걸려 있는 그 작은 공간은 담배 연기로 자욱해질 것이다.

인체에 해로운 술을 지나치게 마시면 태아도 함께 술을 마시는 꼴이 되어 건강하지 못한 몸으로 태어날 확률이 높다. 그러므로 당신이 임산부라면 음주에 대해 심각하게 고려해야 한다.

당신은 이제 혼자가 아니다. 또 다른 생명을 보존해야 할 중요한 생명의 태로서 사명을 잘 감당해야 한다. 새로운 생명을 위해 당신의 태는 신선한 공기로 가득 차 있어야 한다. 새로운 생명에게는 몸에 좋은 영양 공급이 이루어져야 한다.

임신한 중에 혼외정사를 한다든지 음란하고 불결한 성생활을 하는 부부나 미혼모들이 많다. 이제 당신의 몸은 새로 태어날 생명을 위해 '그린벨트 지역'이 되어야 한다. 책임 있는 존재, 성결한 존재로 다시 태어나야 한다. 이러한 준비가 없이는 생명을 선물로 받을 수 없다. 하늘로부터 오는 생명의 선물을 거룩하고 정결한 몸으로 받아야 한다(윤남옥, 1999:pp. 39~40).

❸ 정신적, 경제적 측면의 부모 될 준비

이제 당신은 한 생명의 부모가 되어야 하므로, 자신이 부모를 떠나 정신적, 경제적으로 독립된 가정을 이루었는지 살펴보아야 한다.

십대들이 임신을 할 경우, 이러한 문제가 가장 큰 스트레스로 다가온다. 마치 어린아이가 아기를 임신하고 깊은 스트레스와 고통을 당하는 것과 같다. 어린아이들은 스트레스나 책임감을 감당하지 못한다. 그래서 이러한 심각한 문제에 부딪히게 되면 이를 감당하지 못해 우울증에 빠지거나 급기야는 자살을 하는 경우도 있다.

그러므로 책임을 감당할 수 있는 준비가 되었는지 살펴보고, 만일 이러한 준비가 미비하다면 자녀 양육 준비 세미나 또는 부부 생활 세미나 등을 찾아가 이러한 준비를 갖춰 나가기 바란다(윤남옥, 1999:pp. 40~41).

❹ 영적인 건강

윤남옥은, 자녀를 갖기 전에 부부가 함께 해야 할 것으로 영적인 준비가 있다고 말하고 있다. 그것은 가계를 타고 내려오는 저주를 차단하는 일이다. 당신의 가정이 3, 4대를 내려오면서 믿음을 지킨 가정이라면 문제가 그렇게 심각하지는 않겠지만 1세대 믿음이라든지 아니면 2세대 믿음이라고 한다면 아직도 당신의 가정을 지배하고 있는 저주의 문제가 있을 것이다.

또한 윤남옥은, 사탄이 자신에게 헌신한 가족을 대대로 지배하고 있다고 하면서 당신의 가정에도 조상으로부터 내려오는 저주가 부분적으로 영향을 미치고 있다고 말하고 있다. 저주는 질병, 저능아, 지진아, 기형아, 죽음, 가난, 이별, 사별, 불임, 객사, 요절, 폭력, 분노, 우울증 등으로 나타난다. 물론 이러한 모든 일들이 꼭 저주의 결과인 것만은 아니다. 하지만 세상은 이미 아담으로 인해 저주 아래에 있기 때문에 악한 일들이 세상에서 주인 노릇을 하고 있다. 그러나 그리스도께서 이러한 저주 아래 있는 인류를 구원해 주셨다.

이제 우리는 우리가 누려야 할 행복과 부요를 찾아볼 필요가 있다. 건강과 자유를 찾아야 한다. 빼앗기거나 속아서는 안 된다. 그리스도 안에서 누릴 수 있는 모든 복이 임하고 있음에도 불구하고 그 죄의 열매가 우리들의 가정을 파괴하고 있다.

아버지가 지독한 술주정뱅이였다고 한다면 그 자녀들은 신체적, 정신적으로 술주정뱅이 아버지의 영향 아래에 있게 된다. 그로부터 자유로울 수가 없다. 그리고 믿음의 가정에서 자라난 아이들에 비해 술주정뱅이가 될 확률이 더 높다. 자녀들은 보고 배운 것을 그대로 답습하는 경우가 많기 때문이다.

이제 임신을 하기 원하는 부부들은 이러한 문제를 해결하는 기도가 필요하다. 우리는 주님이 우리에게 예비하신 모든 부요(富饒)와 복(福)을 구해야 한다. 만약 조상 중에 우상을 숭배함으로써 하나님께 불순종한 가정이 있다면 이렇게 기도해 보자.

"하나님, 저희 가정을 용서하여 주옵소서. 주님이 가장 싫어하시는 우상을 숭배한 조상의 허물로 인해 저희가 기도합니다. 그 허물과 불순종으로 인해 받게 된 저주로부터 저희를 구원해 주옵소서. 저희 가정이 주님으로 인한 복의 기업을 받는 가정이 되게 하옵소서. 모든 질병으로부터 보호해 주시고, 저주로 인해 저희 가족에게 생기는 모든 질병과 가난, 이별과 사고 등을 주님의 보혈의 피로 무효화시켜 주옵소서. 이제는 저희가 온전히 주님만을 섬기고 주님의 말씀대로 살아가겠습니다. 주님의 인도하심을 받겠습니다. 저와 저희 가정은 주님만을 섬기겠습니다. 주님만을 왕으로 섬기겠습니다.

만일 어둠의 세력이 아직도 저희 가정을 지배하며 괴롭히고 있다면 주님의 이름으로 결박시켜 주시고 저희 가정에서 내쫓아 주옵소서. 이제 주님이 저희 가정의 주인이심을 사탄이 알게 하옵소서. 조상의 허물로 인해 내려오는 모든 저주를 그리스도의 이름으로 차단해 주옵소서. 저희를 이러한 저주로부터 구원하신 예수 그리스도의 이름으로 기도합니다. 아멘."

또 어떤 가정은 임신이 안 되어 기도하는 부부가 있을 것이다. 임신이 안 되는 이유에는 여러 가지가 있다. 의학적으로 증명할 수 있는 불임도 있고 의학적으로는 아무런 이상이 없음에도 임신이 안 되는 경우도 있다. 어떤 경우이든 당신은 태를 열어 주실 것에 대해 기도할 수 있다.

임신이 안 되는 가정에서는 여러 가지로 이유를 생각하면서 고민을 할 수 있다. '내가 너무 죄인이라서 하나님이 아기를 주시지 않는 걸까? 부적절한 여자인가? 왜 남이 다 갖는 아기를 나는 갖지 못하는 걸까? 하나님이 저주하신 것은 아닐까?' 하며 걱정을 하고 자기 비하에 빠지기도 한다.

"왜 나는 임신이 안 되는가?"라고 질문하지만 그 질문에 대해 대답할 수 없는 경우도 많다. 또 "왜?"라는 질문에 대해 주위 사람들이 조언을 해 줄 수도 있다. 그러나 그것이 정답인지는 아무도 모른다.

해결되지 않는 신학적인 문제 가운데 '왜 악이 존재하는가?' 라는 것이 있다. 이 문제에 답하기 위해 종교다원주의라든지 과정신학이 애써 노력하고 있다. 그러나 "왜?"에 대해 대답할 수 없는 것 자체가 신앙의 비밀이기도 하다. 우리가 모든 것을 안다고 한다면 하나님이 될 것이다. 그러므로 임신이 되지 않는 것에 대해 너무 심각하게 고민하지 말고 한나와 같이 적극적으로 구하자.

남편과 아내가 함께 아내의 배 위에 손을 얹고 날마다 기도해 보자. 태를 열어 달라고 기도하자. 사탄은 태가 열리는 것을 싫어한다. 그래서 수단과 방법을 가리지 않고 임신을 못 하도록 방해한다. 그러나 모든 능력은 주님 안에 있으며 주님이 주관하신다. 주님께 임신의 문제를 맡기며 이렇게 기도하자.

"생명 주시기를 즐거워하시는 주님, 저희에게 생육하라고 명령하신 주님, 저희 가정에 자녀를 허락하여 주옵소서. 태를 열어 주셔서 생명을 허락하여 주옵소서. 이미 모든 것이 끝난 사라의 태를 열어 주신 하나님, 한나의 태를 열어 주신 하나님, 주님께서 원하시면 태를 열어 주실 수 있음을 믿습니다. 저희 가정에 자비와 긍휼을 베푸셔서 태를 열어 주옵소서. 시편 128편에 주신 약속처럼 자손의 자손을 보며 예루살렘의 복을 누리는 가정이 되게 하옵소서. 저희 가정에 자녀를 주시는 것뿐만 아니라 그 자녀가 자녀를 보며 주님을 찬양하게 하옵소서.

만일 이토록 임신이 안 되는 이유가 사탄의 공격이라든지, 조상의 허물로 인한 저주라고 한다면 그리스도의 보혈의 능력으로 이 모든 세력을 멸해 주옵소서. 저주를 무효화시키시고 차단해 주옵소서. 저희 가정의 태를 열어 주시고 복을 내려 주옵소서. 기름 부어 주시고 모든 악한 세력이 공격하지도 만지지도 못하게 하옵소서. 사탄이 더 이상 소유권을 주장하게 않게 하시오며 온전히 주님만을 섬기며 주님만이 소유권을 주장하시는 가정이 되게 하옵소서. 예수님 이름으로 기도합니다. 아멘."(윤남옥, 1999: pp. 41~44)

❺ 주님의 때와 복의 기다림

신체적, 정신적, 경제적, 영적인 문제가 해결되었다고 한다면 이제는 주님의 시간을 기다리는 인내가 필요하다. 하나님이 우리에게 무엇을 주실 경우에는 반드시 그분의 때가 있다. 특히 하나님이 선물을 주실 때에는 더욱 그러하다. 선물을 주는 때는 주시는 분이 결정한다. 우리가 미리 그 선물을 달라고 말할 수 없다. 하나님께서 하나님의 뜻대로 나누어 주시는 것이다.

"천하에 범사가 기한이 있고 모든 목적이 이룰 때가 있나니 날 때가 있고 죽을 때가 있으며 심을 때가 있고 심은 것을 뽑을 때가 있으며" (전 3:1-2).

인생을 살다 보면 모든 것이 각기 그 적합한 때가 있다. 결혼할 때가 있고, 자녀를 낳아야 할 때가 있고, 자녀를 학교에 보내야 할 때가 있다. 인생의 다른 문제들은 자신이 결정할 수 있는 때가 있지만 생명을 주시는 것은 하나님의 주권에 속하는 문제이다. 날 때가 있고 죽을 때가 있으며 하나님이 정하시고 인도하시는 때가 있는 것이다. 우리는 하나님께 가장 좋은 시간을 구하기만 하면 된다. 하나님의 자비와 긍휼을 기다리면서 하나님께 복을 구하자. 그렇게 하면 하나님이 가장 좋은 때에 생명을 선물로 주실 것이다(윤남옥, 1999:pp. 44~45).

| 남편이 해야 할 일

남자는 생명을 낳는 동역자가 되어야 한다. 여자 혼자서 아기를 임신하는 것도 아니고 혼자서 낳는 것도 아니고 혼자서 키우는 것도 아니다. 남자, 곧 아버지도 함께 임신을 하고 함께 낳고 함께 키우게 되어 있다. 생명을 낳는 일에서 절대로 아버지가 제외될 수는 없다.

대부분의 사람들이 '아기와 깊은 관계를 갖고 있는 사람은 바로 어머니이다.' 라고 생각하지만 아기는 아버지와도 깊은 관계를 갖고 있

V. 성경에 나타난 아동복지

다. 어머니는 혼자서 존재하는 것이 아니다. 어머니는 모든 일에 아버지와 깊은 관계를 갖고 있다. 함께 근심도 나누고 함께 기쁨도 나누는 관계이다. 아기를 임신하고 힘들어하는 어머니와 함께 어려움을 나누고 어머니에게 정서적으로 가장 크게 안정을 주는 사람은 바로 아버지이다. 어머니와 아버지의 이러한 관계는 아기에게도 영향을 미친다. 그러므로 아버지도 함께 임신을 한다는 생각으로 태교에 관심을 기울여야 한다.

아버지는 생명을 낳는 데 절대적인 동역자가 되어야 한다. 우선 신체적인 변화에 동참해야 한다. 남편들은 아이를 가진 아내가 무엇을 먹고 싶다고 하면 때때로 먼 거리임에도 마다하지 않고 달려가서 먹을 것을 사 온다. 적어도 입덧을 할 때에는 맛있는 음식, 아내가 찾는 음식을 사 오는 것이 기본 상식으로 되어 있다.

어떤 부부의 이야기이다. 둘째 아이를 임신한 부부가 함께 중국식당에 갔다. 메뉴가 나왔다. 산모는 메뉴를 대강 보았는데 메뉴만 보아도 입덧이 시작될 것 같았다. 산모는 이것저것 골라 보았지만 어떤 것도 마음에 드는 것이 없었다. 메뉴에 나와 있는 것은 다 속을 느글느글하게 만들 것 같았다. 한참 시간을 끌다가 고기볶음밥을 선택했다. 사실 그것도 마음에 드는 것은 아니었다. 그런데 갑자기 남편이 불평을 했다. "음식 하나 고르는 데 웬 시간이 그렇게 걸려?" 아내가 입덧으로 고생하고 있다는 것을 몰라 주는 것이 가슴 아팠다. 자신을 함부로 대했다는 것이 마음이 아팠다. 아내는 볶음밥을 하나도 먹지 못했다. 그러자 남편은 또 이렇게 말했다. "음식을 앞에 놓고 뭐하는 거야?"

이러한 예는 어느 특정 가정에서만 일어나는 일이 아닐 것이다. 모든 가정에서 일어날 수 있다. 그러므로 누가 임신을 하게 되면 그 남편과 가족도 함께 임신을 해야 한다. 어떤 산부인과 의사가 고백하기를, 자신은 수많은 여성들의 갱년기 장애를 치료해 주는 의사였음에도 불구하고 막상 아내가 갱년기 장애로 심각하게 고통을 당하게 되자 아내를 잘 이해해 주지 못했다는 것이다. 아내가 갑자기 하지 않던 행동을 하고, 하지 않던 반응을 보여서 부부 싸움도 하고 불평을 털어놓기도 했다는 것이다. "당신, 정말 이상해. 전에는 안 그러더니 왜 그래? 사랑이 식은 거야, 뭐야? 뭐가 부족해서 그렇게 우울하게 다니는 거지? 당신을 보면 살맛이 안 나." 실컷 불평을 하고 부부 싸움을 하면서 몇 달을 보낸 뒤에야 비로소 자신의 아내가 갱년기에 들어섰다는 것을 알았다는 것이다. 자신이 갱년기에 들어서지 않으면 남의 사정을 알지 못하는 것이다. 아내가 갱년기에 들어가면 남편도 들어가야 한다. 아내가 폐경기에 들어가면 남편도 폐경기에 들어가야 한다. 아내가 월경을 하면 남편도 함께 해야 한다.

우리들은 가끔 임신한 가족의 불편함을 모르고 지나갈 때가 많다. 그것은 우리가 임신을 하지 않았기 때문이다. 그러므로 남편도 자신이 임신을 했다는 생각을 가지고 부부 관계를 유지해 나가야 한다. 그래서 그 신체의 변화에 민감하게 동참하고 도와주어야 한다.

또한 남편은 임신을 한 아내의 정서적인 변화에도 동참해야 한다. 임신을 하게 되면 모든 것에 염려가 생긴다. 아내는 아이가 건강하고 정상적인 아이일까 은근히 근심하게 된다. 그리고 아기를 낳을 때 겪게 될 진통에 대해서도 걱정이 된다. 아이를 갖게 되면 우울증에 걸리기도 하는데 산후에 찾아오는 우울증도 있다. 갑작스런 변화에 대한 감정적인 대처가 쉽게 되지 않아 걸리는 것이다.

남편도 걱정을 하게 된다. 아내가 10개월 동안 임신을 잘 견디어 내고 건강을 회복할 수 있을지 걱정을 한다. 또한 아내가 아기를 낳을 때 자신이 집에 없어서 병원에 가는 것을 도와주지 못하면 어떻게 하나 걱정을 한다. 또한 좋은 의사를 만나서 긴급할 때에 잘 대응해 줄지, 아기를 낳은 후에도 신혼 때처럼 사랑하며 자신들만의 시간을 가질 수 있을지도 걱정을 한다. 그리고 경제적인 문제는 어떻게 될지, 집이 너무 좁은 것은 아닌지, 태어난 아기가 갑자기 아프면 어떻게 할지를 걱정한다. 이러한 걱정은 부모가 되려는 사람들의 평범하고도 자연스러운 걱정이다. 이러한 두려움과 근심이 있을 때에 남편도 임신했다는 생각을 가지고 정서적인 변화에 함께 참여해 주어야만 한다. 남편이 언제나 함께하고 있음을 느끼는 것은 매우 중요하다.

임신을 한다는 것은 부부가 함께 아이를 갖는 것이다. 이것을 기억하고 남편은 아내에 대해 방관하지 않도록 주의해야 한다. 서로 사랑하고 이해하면서 이 놀랍고도 경이로운 과정에 함께 참여해야 할 것이다.

그래서 요즘은 진통할 때 하는 호흡법과 운동을 남편과 함께 하는 경우가 많이 있다. 함께 숨을 들이쉬면서 진통에도 함께 참여하는 것이다. 또한 아기를 낳을 때 아버지가 들어가도록 허용하는 병원이 있어 남편들은 아기 낳는 것을 생생하게 볼 수 있다.

생명을 낳는 작업은 정말로 경이롭고 경건한 작업이다. 그러한 장면을 보게 되면 사람을 보는 눈이 달라질 것이다. 한 사람이 세상의 빛을 보고 사는 것이 그렇게 쉽게 이루어진 것이 아니라는 사실을 깨닫게 된다. 사랑하는 남편들이여 깨어나자. 아내가 임신해서 아이를 낳고 양육할 때에도 언제나 자신을 배제하지 말자. 당신은 생명의 동역자이며 생명의 은혜의 유업을 함께 나누는 자이다. 건강한 자녀를 위해 남편도 아내와 함께 임신하고, 태교에 참여하며, 자녀를 낳고 키워야 한다. 그렇게 할 때 경이롭게 태어난 생명의 따듯함을 가슴으로 느낄 수 있을 것이다(윤남옥, 1999:pp. 48~52).

| 유대인들의 생활 속 태교

❶ 어렸을 때부터 책 읽는 아이

사람들은 유대 민족을 '책의 민족'이라고 부른다. 이것은 유대인들이 언제, 어디를 가든, 무엇을 하든 배우는 일을 가장 중요하게 여기기 때문에 나온 말이다.

유대인의 역사를 살펴봐도 공부하는 일이 가장 귀하고 존경받는 일이었음을 알 수 있다. 유대인들 역시 배움을 통해서만 위대한 성취가 가능하다고 말하고 있다.

유대인들은 아무리 가난해도 아이가 5~6세가 되면 반드시 학교에 보내서 히브리어와 토라[30]를 배우도록 한다. 부모가 없는 어린이의 경우에는 마을에서 책임을 지고 공부를 시켜 준다. 고아가 되더라도 유대인의 어린이는 마을의 어린이, 하나님의 어린이이기 때문에 마을은 그 아이의 교육에 대해서 책임을 져야

---

30) 모세 5경(Five Books of Moses) : 구약성경의 맨 앞에 있는 창세기, 출애굽기, 레위기, 민수기, 신명기 등 5종의 책을 일컫는다.
'모세 오서(五書)'라고도 하며, 또 유대교에서는 이를 율법·토라·펜타 튜크 등으로 부르기도 한다. 본래 모세가 쓴 것으로 여겨 왔기 때문에 '모세 5경'이라고 불렸는데, 지금은 많은 자료를 바탕으로 몇 사람이 편집한 것임이 밝혀졌다. 그러나 그 주인공은 모세이며, 그 정신이 전체에 일관되어 있어 '모세 5경'이라는 호칭이 그 의미를 상실하는 것은 아니다. 거의 600년이라는 긴 역사의 흐름 속에서 단계적으로 이루어져, BC 400년경에야 결집이 완성된 것으로 보고 있다.

한다고 생각한다. 그들은 기초 교육뿐만 아니라 고등 교육까지 보장받고 공부할 수 있다.

유대인에게는 가난이 공부를 할 수 없는 이유나 핑계가 될 수 없다. 유대인의 삶에서 배움은 무조건적으로 필요한 것이기 때문이다.

유대인의 교육관은 매우 철저하다. 학교에서 학생들이 실수로 책을 교실 복도에 떨어뜨리면, 그것을 주워서 책에 입술을 대고 사과를 하게 한다. 또는 책에 입을 맞춤으로써 책을 함부로 다룬 부주의에 대한 속죄를 해야 한다. 어릴 때부터 책이라는 것이 얼마만큼 귀한 것인지를 가슴에 심어 주는 것이다. 책이란 학문의 근원이자 지혜의 샘이라고 굳게 믿고 있기 때문이다.

유대인들은 네 살 때 글을 배워 다섯 살에 정식으로 토라를 읽는다. 여섯 살 때 미쉬나를 읽고 일곱 살이 되면 미드라쉬를 읽는다. 그리고 여덟 살 때 토라의 해석을 배우고, 아홉 살 때 탈무드를 연구하여 열두 살 때 학문의 기본을 끝낸다.

가정에서 이 정도의 기본 실력을 닦고 학교에 간 유대인 아이들은 학교 공부에서도 뛰어난 실력을 발휘하게 된다(허영숙, 2002:pp. 16~17).

❷ 사랑이 가득한 가정에서 자라는 아이

유대인들은 식사를 하기 전에 먼저 하나님께 감사와 축복의 기도를 드린다. 기도의 내용은 첫째, 먹고 마시는 모든 것이 하나님께 있다는 것과 둘째, 동료 친구들의 수고와 땀을 기억하며 감사하는 것이다.

식사 기도는 두 번 하는데 식사 전에 뿐 아니라 식사를 마친 뒤에도 다시 은혜의 기도를 암송한 뒤 가족들 모두가 함께 찬송을 한다. 그렇기 때문에 전통적으로 유대인들의 식사 시간 특히 저녁 식사 시간은 무척 길다. 유대인의 저녁 식사 시간은 온 가족이 하나님을 나누어 가지는 예배와 같은 의미를 가지고 있다. 구체적으로 말하면 생활 속에서 얻은 하나님의 지혜를 나누는 귀중한 시간인 것이다.

유대인들은 이 시간을 통해 가족들과 먹고 마실 수 있게 허락해 주시고, 먹을 것을 나눌 수 있게 해 주시는 하나님의 은혜에 큰 감사를 드린다. 또 하나님과 사람들의 눈에 가치 있는 존재, 부끄럽지 않은 존재가 되게 해 달라고 겸손하게 간청하는 기도를 드린다.

유대인의 전통 가운데 하나는 식사 시간에는 결코 문을 잠그지 않는 것이다. 배고픈 나그네나 손님이 언제든 들어와 함께 먹고 갈 수 있도록 문을 열어 놓고 식사를 한다. 하지만 유대인의 식사 시간에서 가장 중요한 것은 식사를 하는 그들의 모습에 사랑과 평화가 가득하다는 것이다. 유대인들은 식사 시간에 화를 내거나 다투는 일이 없는데, 그것은 식사 시간이 하늘의 은혜를 받는 기쁨의 시간이기 때문이다(허영숙, 2002:pp. 36~37).

❸ 삶의 교과서를 듣고 자라는 아이들

유대인이라면 누구나 토라를 읽는다. 토라는 유대인들의 교과서와 같은 역할을 하는데 그 내용에 대해서 자세히 살펴보면 다음과 같다.

토라는 옛날부터 전해져 오는 다섯 두루마리로 된 모세의 책이다. 토라는 배움, 지혜, 하나님의 사랑이라는 말과 같은 뜻으로 유대인들이 가장 경외하는 지와 덕을 담고 있는 그릇과 같다고 할 수 있다.

토라는 창세기, 출애굽기, 레위기, 민수기, 신명기로 구성되어 있으며 하나님의 말씀이 담겨 있다. 유대 회당을 찾아가 보면 가장 중앙에 위치한 작은 방주 상자를 볼 수 있는데, 바로 그 속에 토라가 보관되어 있다. 가죽으로 싸인 토라는 양쪽 끝부분이 두 개의 두루마리 봉대로 되어 있고, 자수가 놓인 보자기로 덮여 있으며, 장식품들은 전부 은으로 되어 있다. 두루마리를 놓은 접시 역시 은으로 된 것이다.

토라는 오랜 세월 동안 전해 내려오고 있지만 그 내용이나 토라를 기록한 언어인 히브리어는 한 번도 바뀐 적이 없다. 단, 토라의 두루마리에 기록된 것 중 두 부분이 잘못되어 있는데 이것은 예배에 사용하지 못하도록 하고 있다.

유대인들은 안식일 예배 때마다 토라의 첫 부분인 창세기부터 시작하여 모든 탈무드들을 크게 읽는다. 1월 신년 축제가 끝난 후부터 연말까지 매주 읽으면, 토라 전부를 읽을 수 있게 되어 있다. 회당의 한가운데 놓여 있는 방주에서 토라를 꺼낼 때는 예배드리는 모든 신자가 일어선다. 그리고 토라를 읽기 위해 경건한 마음으로 그 양피지를 숄 위에 놓고서 입을 맞춘다. 이것은 두루마리에 입술이 닿지 않게 하기 위해서이다.

유대인들은 토라가 인생에서 가장 위대한 것을 가르쳐 준다고 생각하기 때문에 모든 존경과 사랑을 그 위에 쏟아 바친다.

유대인은 긴 세월 동안 폭군에 의해 유랑의 생활을 하거나 학대와 박해의 수난을 당해 온 민족이다. 그러나 모든 재산과 귀중품은 다 버려도 토라만은 늘 가지고 다녔다. 유대인에게 있어 토라는 생명의 근원일 뿐만 아니라 교육의 근원이었기 때문이다.

유대인의 말에 의하면 토라는 창조보다 앞선 것이고 더 위대한 것이라고 한다. 우주의 창조가 있고 토라가 생긴 것이 아니라 세상이 창조되기 전에 이미 토라가 있었다. 즉, 유대인들에게 토라는 생명 그 자체인 것이다(허영숙, 2002:pp. 72~73).

❹ 민족 사랑을 바탕으로 한 교육

유대인들은 중세 시대부터 주위의 이민족으로부터 박해를 받아 왔다. 또, 오랫동안 온 세계에 뿔뿔이 흩어져 살았기 때문에 국가라는 것도 없다. 나라 없는 중세의 유대인들이 지금까지 살아남을 수 있었던 비결은 무엇이었을까?

첫째, 그들에게는 인내력이 있었다. 국가도 무기도 없었지만 끝까지 참고 견디는 힘이 있었던 것이다. 유대인들은 다른 나라에서 사업을 잘 하여 성공을 거두어도 그 나라 정부나 민족으로부터 박해를 받아 겨우 모아 둔 재산을 모두 빼앗기는 일이 많았다. 그래서 유대인들은 그 땅에서 다시 출발을 하거나 다른 땅을 찾아 나서서 새로운 사업을 시작하곤 했다. 그러나 경제적으로 성공을 하면 또다시 박해가 이어졌다. 그렇지만 유대인들은 포기하지 않고 언제나 다시 새로 시작했고 어려움을 참고 견뎌낸 것이다.

둘째, 꼭 이기겠다는 마음가짐이 있었다. 이것은 반드시 살아남아야 한다는 생각에서 비롯된 것이다. 유대인들은 절대로 단념하지 않고 일곱 번 쓰러지면 여덟 번 일어나는 칠전팔기의 정신을 잃지 않았다.

셋째, 자기에 대한 절대적인 믿음이 있었다. 즉, 자신의 재능에 대한 믿음과 어떠한 어려움이 와도 다시 일어설 수 있다는 자신감을 가지고 있었던 것이다.

넷째, 배움을 그치지 않았다. 사업을 하는 데 있어서 가장 중요한 것은 교육 수준이나 지적 능력이다. 중세 시대의 유럽 사람들은 대체로 교육 수준이 낮았지만, 유대인들만은 모두 글을 읽고 쓸 줄 알았으며 끊임없이 공부했다. 물론, 유대인들의 이 네 가지 장점의 바탕에는 자기 민족에 대한 사랑과 도덕심이 있었다. 그래서 유대인들은 사업을 할 때에도 유대인의 이름을 욕되게 하지 않으려고 항상 노력한다. 이런 유대인의 태도가 사람들에게 신뢰를 얻게 되면서 결국 유대인들의 사업이 번창할 수 있었던 것이다(허영숙, 2002:pp. 112~113).

❺ 패배와 실패를 되새기는 교육

사람들은 살아가면서 슬프고 부끄러웠던 일보다는 기쁘고 즐거웠던 일을 기억하고 싶어한다. 그래서 한 나라의 기념일도 전쟁에서 승리를 한 날이나 명절, 그리고 누구나 기쁘게 즐길 수 있는 날인 경우가 많다.

하지만 패배의 날을 기념일로 삼는 민족도 있다. 바로 유대 민족이다. 유대 민족은 그날을 기념일로 삼을 뿐 아니라 유대인 최대의 명절로 여기고 있다.

유대인들이 이집트에 노예로 잡혀 있다가 탈출하여 유대로 돌아온 때를 기념하는 축제일을 유월절이라고 한다.

유대인들은 이집트의 노예였다는 부끄러웠던 역사를 돌이키면서 현재에도 그 사실을 잊지 않으려고 노력한다. 그래서 유월절에는 상징적인 음식 몇 가지를 준비하고 함께 먹는다.

우선 쓴 나물을 먹는다. 이것을 먹으면서 유대인들은 패배의 쓴맛을 회상하는 것이다. 또 유대인들이 이집트에 노예로 끌려가 있을 때 먹었던, 효모가 들어 있지 않은 맛솟이라는 빵을 먹는다. 이 딱딱한 빵을 먹으면서 힘들었던 그 시절을 회상하는 것이다.

상징적인 음식 가운데는 삶은 달걀도 있다. 달걀은 삶으면 삶을수록 굳고 단단해지는 성질을 갖고 있는데, 유대인들 역시 역경에 처하면 처할수록 신념과 결의가 굳고 단단해진다는 의미로 삶은 달걀을 먹는다.

이처럼 유대인들은 유월절 식탁에 차려진 음식들을 먹으면서 그것들이 주는 교훈들을 다시 떠올린다.

그러나 무엇보다 중요한 사실은 유대인들이 그저 단순히 지난날의 노예 시절을 되돌아보는 것이 아니라 그날을 기념함으로써 미래의 교훈을 얻는다는 것이다.

지난날의 실패를 쉽게 잊어버리지 않고, 그 실패를 되새기면서 내일을 준비하는 유대 민족의 생활은 그들의 아이들에게도 훌륭한 교육이 되고 있다(허영숙, 2002:pp. 166~167).

2. 성경에 나타난 아동복지

(1) 육아 방식과 아동의 성격 발달

설리번(Sullivan)에 의하면 성격 발달에 가장 중요한 시기는 유·유아기(乳·幼兒期)이며, 부모의 영향이 가장 크다고 할 수 있기 때문에 이때 형성된 성격은 성인이 된 후에도 쉽게 변하지 않는다고 하였다. 또한 부모의 불화는 곧 자녀의 불화가 되어 그들의 내면적 갈등을 조장시키는 것이라고 하였다. 즉 부모에게 걱정이 있으면 그것이 이심전심(以心傳心)으로 자녀에게 감정이입(empathy)이 된다는 것이다(곽효문 편, 2000:p. 110).

육아 방식과 성격 발달에 관한 연구는 편의상 두 가지로 분류할 수 있는데, 첫번째는 이유(離乳), 배설(排泄) 훈련, 의존성(依存性) 등과 같은 아동의 특정한 행동과 관련된 육아 방식과 성격 발달 사이의 관계 연구이며 두 번째로는 부모-자녀 관계의 분위기와 성격 발달과의 관계에 관한 연구이다.

프로이드(Freud)는 너무 일찍 이유를 시작할 경우 아동이 더욱 불안과 적개심을 갖게 되며 소화불량, 식사거부, 손가락을 빠는 행동을 보이게 된다고 하였다. 한편 너무 늦게 이유를 하면 의존적인 성격이 되고 자기가 들은 것은 모두 다 믿는, 속기 쉬운 성격이 된다.

또한 프로이드는 배설훈련을 아주 엄격하게 할 경우 폐쇄적인 성격이 되거나 완고하고 인색해지며, 또한 권위적 인물에 복종하는 데 익숙해지면 성인이 된 후 잔인하고 파괴적이며 무질서한 성격 특징을 갖게 될 수 있다고 하였다. 반면에 배설훈련시 어머니가 부드럽게 대해 주고 칭찬을 해 주면 아동은 창조적이며 생산적인 성격을 발달시키게 된다.

한편 학습이론에 의하면 너무 일찍 엄격하고 심하게 배설훈련을 받은 아동에게는 신경과민, 정신발작, 일시적인 통제 상실 등이 유발되고 부모에 대해 공격적인 적의를 갖게 되며 심한 불안감을 일으켜 정신 신체적 증후군(psychosomatic symptom)을 얻게 되기도 한다고 하였다. 즉, 기본적인 욕구의 만족·불만족과 부모나 기타 가족과의 관계가 성격 형성의 기초가 되며 신경증의 원인은 유·유아기에 경험한 불만족, 불균형에서 유래한다고 하였다. 가정은 인생 최초의 자연스러운 교육의 장으로서 이곳에서 기본적인 생활 습관을 습득하게 되며 동시에 하나의 사회생활의 장으로서 이를 통해 성격의 기본 구조를 형성하게 되며, 태도와 가치관의 형성에도 커다란 영향을 받게 된다. 육아법이 성격에 미치는 영향에 관한 연구는 많이 수행되어 왔다. 그러나 이들 연구들은 일치된 결과를 보고하고 있지는 않으며 대체로 일반적인 경향을 제시하고 있을 뿐이다.

따라서 아동복지의 발전을 위해서는 아동의 건전한 발달에 필요한 부모 역할의 중요성을 강조하고 이를 위한 방법론이 구체적으로 제시되어야 한다. 아울러 아동의 성격발달은 가정에서의 육아 방식과 밀접한 관계를 가지고 있다는 점에서 아동에 대한 개입과 함께 부모 및 가정에 대한 개입이 통합적으로 이루어져야 할 것이다.

(2) 성경 속의 아동복지
1) 아동에 대한 종교적 이해
전통적인 유대-그리스도교적 관점에서는 가정에서 태어나는 어린아이를 '하나님의 자녀'로서 이해하고 있다. 한 가정에서 태어나는 어린아이는 그 가정과 부모에게 주신 하나님의 선물로서 고귀한 신적 축복과 유산으로 이해된다. 그러므로 한 가정에서 어린아이를 가지지 못하거나 혹은 자녀를 잉태하지 못하는 어머니는 신의 저주(詛呪)를 받은 존재로 간주되는 치명적인 수치를 느껴야 했다. 반면에 어린아이가 태어난 가정은 신의 축복과 은혜를 받은 것으로 여겨져 모든 사람들의 선망의 대상이 되었다.

이와 같은 전통과 관습으로 인해 어린아이의 양육과 교훈에 절대적 책임과 의무를 갖게 되었다. 어린아이는 그 가정과 부모에 소속된 개체가 아닌 하나님의 선물이기 때문에, 부모는 맡겨진 생명을 하나님의 말씀과 훈계로서 양육하고 돌보는 역할을 감당해야 하는 것이다. 따라서 각 가정과 부모는 어린아이의 생명과 인격을 존중하며, 그가 '하나님의 자녀'로서 성장하여 자신의 책임과 사명을 잘 수행하도록 돌보아야 한다.[31]

| 유대교적 이해

구약성경의 내용에는 그 당시 유대인의 가정에 태어난 어린아이에 대한 사회적 이해와 성장에 관한 구체적인 내용이 제시되어 있다. 가

---

[31] 아동은 종교적 존재이기 때문에, 모든 아동은 예배에의 고유한 욕구를 지니고 있다. 인간만이 예배할 수 있고, 또한 모든 인간은 예배한다. 인간이 본래적으로 예배에의 욕구를 지니고 있다는 사실은 그리스도인의 삶 속에, 그의 학교나 가정에 세속적인 부분이 없음을 뜻한다. 아동은 전적으로 종교적인 존재이며, 또한 크리스천인 아동에게 있어서, 그의 모든 삶은 창조주 하나님께로 향하는 종교적 경험이다.
아동은 자율적인 존재가 아니다. 그는 독립적이지 않고 의존적이다. 그는 무한정적이지 않고 한정적이다. 그는 창조주 하나님의 피조물이다. 이것은 중요한 특징이다. 왜냐 하면, 이것은 행동주의적, 인본주의적 아동관과 성경적 아동관 사이의 주된 차이점으로서 앞의 두 견해는 문제의 답을 인간에게서 찾으나, 마지막의 견

정에는 기본적으로 하나님의 뜻이 어린아이들에게 전달되고 알려지는 분위기가 형성되어 있었다. 가정은 가정을 구성하고 있는 부모와 자녀들이 서로 얼굴을 대면하는(face to face) 분위기에서 교육과 종교의 매개체가 되어 왔다. 이와 같은 가정환경은 어린아이들이 앞으로의 사회생활을 영위하며 경험하게 되는 삶의 보금자리가 된다. 따라서 "보금자리가 없는 사람을 어떻게 신뢰할 수 있겠는가?"라는 일차적 질문을 제기함으로써 어린아이들이 성장하는 가정 분위기의 중요성을 이해하게 될 뿐만 아니라, 그들의 인격 형성의 과정을 이해할 수 있게 된다.

구약성경에 의하면, 한 가정에서 어린아이의 출생은 하나님의 축복과 은총이다. 왜냐 하면, 어린아이는 하나님의 선하신 뜻의 징표가 되었기 때문이다. 그러므로 "한 가정에서 어린아이가 없다면 그 가정과 부모는 죽은 것과 동일하게 취급될 수 있다."는 속담이 있다. 어린아이를 출산한 아내는 하나님께서 사람에게 주신 축복 중 가장 고귀한 것을 받은 존재였고(시 128:3~4), 반면에 수태하지 못하는 여인은 그녀 자신과 남편에게 슬픔을 주는 존재가 되었다(창 30:15).

한편, 태어난 어린아이들은 그의 아버지를 공경해야 한다는 기대와 수용을 함께 가지게 되었다. 구약성경에서는 부모를 공경해야 한다는 계명들이 수없이 언급되어 있으며,[32] 이와 같은 부모를 향한 자

해는 그것을 하나님에게서 찾기 때문이다(정희영 편, 1990; pp. 19~21). 따라서 아동 문제의 해결은 하나님에게서 찾아 그들이 독특한 존재(재능, 성격, 특징)로 창조됨을 인식하여 그들이 하나님의 형상(인간의 직무와 역할과 인간의 본성)을 소유하도록 해야 한다.

32) 출애굽기 20장 12절; 레위기 19장 3절; 신명기 5장 16절; 잠언 1장 8~9절, 6장 20~22절, 15장 5절, 19장 26절, 20장 20절, 28장 24절, 30장 17절; 말라기 1장 6절을 참조하시오.

녀의 공경이 개인의 인격과 사회 구조의 기본적인 요소들로 간주되었다. 그리고 한 가정에서 태어난 어린아이들은 가정의 모든 활동과 교육에 적극적으로 참여하면서 성장하였다.

그 당시 시대적 상황에서 유대인들은 반유목민의 생활을 영위하였기 때문에 가정교육은 신앙교육과 함께 실제 생활에 필요한 직업교육에도 중점을 두었다. 예를 들면, 남자아이들은 가축을 돌보고, 사냥하고, 화살을 쏘는 법, 그리고 목동 생활에 필수적인 돌팔매질을 배웠다. 한편, 여자아이들은 맷돌로 곡식을 찧고, 반죽과 빵을 굽고, 우유를 짜고, 버터를 만들고, 요리하고, 실을 잣고, 직조(織造)하고, 바느질하며, 염색하는 법을 배웠다.

그리고 한 가정이 일정한 곳에서 영구히 정착하게 될 때, 남녀 아이들은 함께 밭갈기, 씨뿌리기, 추수하기, 이삭줍기, 포도나무 돌보기, 포도즙 만들기, 목수일 하기, 양치기, 토기 만들기, 피혁 만들기 등을 배우게 되었다. 이와 같은 직업 교육은 종교·신앙적인 의미를 포함하고 있었을 뿐만 아니라, 앞으로 마을 공동체나 사회에서 생존하기 위한 필수적인 직업 교육이었다.

전통적으로 유대인의 가정에서 아버지가 남자아이에게 특별한 기술과 기능을 가르치는 것은 종교적인 의무와 실천을 제시하는 일과 함께 매우 중요한 책임과 의무를 수행하는 일이 되었다. 유대인의 교훈서인 탈무드에는 "아들에게 특수한 기능을 가르치지 않는 사람은 그에게 강도질하는 법을 가르치는 사람이다."라는 속담이 기록되어 있다. 그러므로 성장하는 어린아이들이 갖추어야 할 일상적 직업에 대한 공통된 필연성은 그들에게 사회적 책무(責務)를 부여하는 일이며 하나님의 뜻에 일치하는 행위가 되었다. 이러한 의미에서 유대 민족들이 지키고 있는 십계명(The Ten Commandments)은 넷째 계명에 6일간은 노동을 하고 하루를 쉬는 날, 즉 안식일로 정하여 그 중요성을 강조하며 준수하여 왔다.

그 당시에는 성장하는 과정에 있는 어린아이들의 모든 행동과 태도에 하나님의 뜻이 담겨 있다고 생각하였다. 어린아이들이 성장 과정에서 터득하게 되는 올바른 행동과 태도는 하나님을 향한 부모들의 행동과 태도들을 본받아 모방할 수 있었다. 즉, 부모들의 생각과 경건한 신앙적 태도를 통하여 어린아이들이 하나님에 대한 생활의 도(道)를 배울 수 있었다. 어릴 때부터 형성하게 되는 하나님에 대한 경건한 신앙과 풍부한 상상력은 부모를 중심으로 하는 가정생활에서부터 생겨났으며 바로 여기에서 가정생활의 특징을 이해할 수 있다.

한편, 유대인들은 어린아이들의 특성과 성장에 관계되어 있는 의식들을 준수해 왔다. 실제로, 사내아이가 태어났을 때는, 탄생 후 8일째 되는 날에 할례식을 거행하고 그 즉시 이름을 짓는 의식이 있었다.[33] 할례식에 의해서 부모는 어린아이들의 성장뿐만 아니라, 그 아이들을 '계약의 자녀'로, 그리고 신앙 가정의 한 일원으로 인정하는 의무와 책임을 공개적으로 맡게 되었다. 또한, 남자아이가 태어난 지 40일이 되는 날 어머니는 하나님께 새끼양을 바치는 제사를 행하게 된다. 그 이후 이 아이가 자라서 젖을 떼게 될 때는, 이 일을 축하하는 이유식을 성대하게 거행하였다.[34] 이와 같은 의식들을 통해서 부모와 주위 사람들은 한 어린아이가 성장하는 모든 일들을 축하하고, 나아가서 하나님과의 관계성 속에서 양육하게 되는 책임을 함께 공유하

---

33) 누가복음 1장 19절, 2장 21절을 참조하시오.
34) 창세기 21장 8절; 사무엘상 1장 22~25절을 참조하시오.

게 되었다.

　유대인들에게 있어서 어린아이들을 위한 교육은 국가의 의미, 즉 번영과 위기와 깊은 관계가 있었다. 국가의 번영과 안정은 어린아이들과 청소년들의 올바른 교육에 달려 있었으며, 국가의 위기와 패망은 교육의 실패와 직접적인 관계가 있었다. 유대인들 중에는 "학교에 다니는 아이들이 없는 도시는 곧 멸망할 것이다."라는 속담이 있다. 실제로, 이스라엘의 성도(聖都)였던 예루살렘은 어린아이들이 학교에 다니는 것을 허용하지 않았기 때문에, 다시 말하여 학교의 교사(敎師)들이 부족하였기 때문에 멸망하였다는 말이 전해진다. 그러므로 온 세계와 각 나라들은 학교에 다니는 어린아이들의 숨소리에 의하여 존재하게 된다고 인식하게 되었다(이숙종, 1997:pp. 18~22).

| 교육 신학적 이해

　첫째, 현대 교육신학의 개척자인 미국의 호레이스 부슈넬(Horace Bushnell)은 1861년에 발표한 그의 저서 *Christian Nurture*에서 어린아이를 '영적 가능성(spiritual possibility)'의 존재로 이해하고 있다. 영적 가능성의 존재란, 영적으로 새롭게 갱신될 수 있는 가능적 존재를 의미한다. 다시 말하면, 어린아이는 죄의 속성을 지닌 존재이거나 선한 속성만을 지닌 존재가 아니라, 그 내면에 거룩한 원칙(holy principle)을 소유하고 있는 존재라는 것을 의미한다. 따라서 어린아이는 계속적인 영적 자극과 개발을 통해서 성장할 수 있다는 것이다.

　영적 가능성이 있는 존재로서의 어린아이는 계속적인 훈련과 교육에 의해 형성되는 속성 혹은 질(qualities)을 소유하고 있다. 이것은 어린아이들이 세상에서 생활할 때 실패와 성공의 이중적 경험 속에서도 훈련과 교육에 의해 계속 성장할 수 있다는 것을 의미하며, 부단하게 자신들을 준비해 가는 능력과 힘이 잠재되어 있다는 것을 나타낸다. 어린아이는 성장의 과정 속에서 자신의 가능성과 잠재력을 실현해 가며 계속적으로 새로운 생활과 경험을 하게 된다. 그리고 영적 가능성이 있는 존재로서의 어린아이는 그의 주위에서 볼 수 있는 모든 환경에 항상 개방된 존재라고 말할 수 있다. 영적인 혹은 정신적인 개방의 상태 속에서 어린아이의 인격과 성격이 점차적으로 형성되기 시작한다. 여기에서 어린아이를 위한 교육과 훈련의 중요성이 대두된다. 교육은 결국 어린아이가 자신을 공개하는 개방 상태에서 일어나는 사건이며, 내면 세계에서 새로운 가능성과 잠재력을 이끌어내는 중요한 행위이다.

이와 같은 교육적 행위가 발생하는 자리(場)는 가정의 정신(spirit of the house)에서 출발한다. 교육적 행위가 발생하는 어린아이와 가정 사이에는 창조적 분위기라는 변증적 관계가 성립한다. 그리고 가정의 창조적 분위기에서 형성된 역동적 관계는 결국 어린아이를 새롭게 하는 성장의 공간이 될 수 있다. 어린아이의 영적 가능성을 개발할 수 있는 가정은 자율적인 참여의 분위기와, 자연스럽게 행동하고 성장할 수 있는 창조적 분위기를 조성해 줄 수 있다. 여기에서 어린아이의 새로운 영적·정신적 성장의 가능성을 발견할 수 있다.

둘째, 현대의 교육학자인 코에(George A. Coe)는, 어린아이를 생성 과정에 있는 '가능적 인격'으로 이해하고 있다. 여기에서 어린아이는 전적으로 타락한 존재나 완성된 존재가 아닌, 선과 악이 혼합되어 있는 존재를 의미한다. 그렇다면, 어린아이의 인격의 변화는 내재하고 있는 하나님의 일을 통하여 발생하는 것이다. 하나님은 어린아이의 삶의 원리를 이루어 나가실 뿐만 아니라, 친히 '교육자'로서 어린아이의 성장과 양육을 돕고 계시다.

코에는 인간 이해의 구조, 다시 말하여 어린아이의 전 인격을 세 가지 차원으로 설명하고 있다. 어린아이 이해의 첫번째 차원은 심리학적 접근이다. 그러나 어린아이의 이해를 위한 심리적 현상은 한 가지 기능에 의해서 발생하는 것이 아니라, 전인적 관계성, 즉, 지(知), 정(情), 의(意)의 종합적인 현상으로 보아야 한다. 어린아이를 이해하는 둘째 차원은 윤리적 존재로 보는 견해이다. 어린아이의 삶의 문제, 그리고 삶 속에서 이상(理想)과 선(善)이 추구되고 있다는 사실로 볼 때 인간은 한마디로 윤리적 존재이다. 그리고 어린아이 이해의 세 번째 차원은 종교적 존재라는 것이다. 인간에게 있어서 자기 자신과의 조화와 통일(심리적 접근)도, 그리고 자기 자신과 이웃, 사회와의 관계(윤리적 접근)도 필수적인 것이지만, 인간 존재의 궁극적인 근거와 원리가 되는 신과의 관계를 통해서 전인적 삶의 완성이 가능해질 수 있다.

어린아이를 전적으로 타락한 존재로 보거나, 육체만을 가진 존재, 혹은 영혼만 있는 존재로 보는 것은 옳지 않다. 어린아이는 하나의 통일되고 조화된 인격을 가진 존재이다. 그러므로 인격이란 어떤 고착된 결정론적(決定論的) 상태를 의미하는 것이 아니고, 오히려 전인적인 선택의 행위이며, 항상 '되어 가는(becoming)' 것이라고 할 수 있다. 여기에서 선택이란 어린아이의 진화적 생성과 성장을 가능하게 하는 전인적인 행위인 것이다.

어린아이의 종교적 이해에서, 우리는 어린아이가 인간적인 의도(意圖)와 임의(任意)와 선택(選擇)에 의하여 탄생하거나 성장되어

가는 존재가 아니라 신적인 뜻과 은총에 의하여 창조된 무한(無限)한 가능적 인격체(人格體)라는 사실을 알 수 있다. 어린아이의 인격에는 인간이 이해할 수 없는 영적(靈的) 속성이 내재되어 있기 때문에 영적인 성장이 가능하며, 그리고 영적인 성장과 함께 육체적, 심리적, 정신적인 완전성을 이룰 수 있다. 영적 존재로서의 어린아이를 위한 돌봄과 교육은 신적인 소명(召命)이며 인간적 책임과 노력을 함께 수반하여 수행해야 할 것이다(이숙종 외, 1997:pp. 22~24).

2) 전통적 아동관과 현대적 아동관

아동관은 일반적으로 다음과 같이 두 가지로 구분할 수 있다.

첫째, 전통적 아동관은 아동을 성인의 소유 혹은 성인의 축소판으로 보고 성인에 의해 이끌어져야 하는, 독립된 자기 세계를 갖지 못한 미성숙한 존재로 보는 것을 말한다. 둘째, 현대적 아동관은 아동을 독립된 개체로 보고, 무한한 가능성을 가지고 있으며, 자기 나름대로의 세계관에 따라 자율적으로 행동할 수 있는 능력을 가진 능동적인 존재로 보는 것을 말한다.

오늘날 아동학의 연구 성과에 의하면, 현대적 아동관을 지닌 부모에게 양육되고 교육받은 아동은 전통적 아동관을 지닌 부모에게서 자라는 아동보다 더 건강하고 건전하게 성장하며, 또한 사회적 성취를 더 쉽게 이룬다(이소희, 1999:pp. 125~126).[35]

---

35) 아동관과 유사한 관점에서 중요한 것으로 교육관이 있는데, 김영찬(1976)의 '부모를 중심으로 한 교육관'의 정의를 원용하면, 교육관이란 부모가 지니고 있는 교육에 대한 관점으로서 교육 목적과 내용, 방법 그리고 교육자와 피교육자를 보는 표준 또는 거기에 부여하는 의미의 체계라 정의할 수 있다. 이 교육관도 아동관처럼 성인 중심적 교육관과 아동 중심적 교육관의 두 가지로 크게 구분할 수 있다. 전통적 아동관은 성인 중심적인 교육관에 그리고 현대적인 아동관은 아동 중심적

V. 성경에 나타난 아동복지

3) 성경에 나타난 아동관

아동관의 개념과 의의에서 언급한 바와 같이 어떠한 아동관을 지니고 있는가는 아동 양육의 실제에서 지침으로 작용하므로 매우 중요하다. 그런데 여기에서 그리스도인 부모의 경우 더 중요한 것이 있다. 그것은 소위 말하는 전통적 아동관과 현대적 아동관에서 시대와 사회를 초월할 수 있고, 그 나름대로 보기에 좋은 아동관을 취사 선택해서는 안 된다는 것이다. 즉, "이스라엘에 왕이 없으므로 사람이 각각 그 소견에 옳은 대로 행하였더라"(삿 21:25)는 식으로 되어서는 안 된다. 이렇게 된다면 기독교적 아동 발달과 양육이 될 수도 없고 될 필요도 없는 것이다. 다음은 루소가 『에밀』(1762)에서 제시하고 있는 인간의 속성이다.

"신은 만물을 선하게 만든다. 그러나 인간의 손이 닿으면 타락하고

인 교육관에 주로 반영되어 여러 가지 교육 활동으로 나타나고 있다. 오늘날은 아동 중심적 교육관을 바람직한 교육관으로 보고 지향하고 있는 편이다. 그것은 이러한 교육이 더 높은 교육적 성취와 함께 전인 교육이 더 효과적으로 이루어질 수 있다고 보기 때문이다. 많은 연구 결과가 이를 입증해 주고 있다. 이를 표로 요약·제시하면 다음과 같다(이소희, 1999: pp. 126~127).

	아동 중심 교육관	성인 중심 교육관
인간성	· 출생시부터 능력 있는 인간 · 스스로 성취할 수 있는 인간	· 환경에 의해 형성되는 인간 · 타인에 의해 성취하는 인간
목표	· 자아 실현의 인간 · 조화로운 인성 발달 · 자기 표현자 · 현재 상태 중심의 교육 과정 · 아동의 자유와 솔선성 · 과정 중심	· 지식의 소유자 · 특수 능력의 소유자 · 질서에 대한 순종 · 유산 중심의 교육 과정 · 통제와 성인의 안내 · 결과 중시
방향	· 자율성 · 상호작용과 적응 중시 · 아동의 흥미 중심 · 후원자·계발자로서의 교사	· 규율 · 교과목 중시 · 체계화된 내용 중심 · 지도자·형성자로서의 교사

만다. 인간은 이쪽 땅에서 저쪽 땅의 산물을 거두려 하고, 이 나무에서 저 나무의 열매가 맺게 하려 한다. 인간은 기형의 괴물을 좋아한다. 인간은 자연이 만든 그대로에 만족하지 않는다. 인간은 승마와 같이 반드시 자기 기호에 맞게 길들여야 하고, 정원에 있는 나무와 같이 주인의 취향에 따라 다듬어야 직성이 풀린다."

바로 이 속성이 자녀 양육에 적용된다면 리처드 푸게트(Richard Fugate, 보이스사 역, 1989)가 지적한 대로 "오늘날 여러 유형의 육아법이 있고 자녀 교육을 위한 책들이 많지만, 성경적인 입장을 취하지 않고 자유 개방적인 입장이나 세속적인 길을 따르다가는 자녀 교육을 망치게 되고 결과적으로 자녀의 장래를 망치는 결과"가 되기 쉬울 것이다.

중요한 것은, 성경에서는 아동을 어떻게 보고 있는가를 살펴 성경적으로 자녀를 양육해야 하는 것이다. 성경에 나타난 아동관은 일반적으로 알고 있는 아동관과는 몇 가지 점에서 매우 뚜렷한 차이가 있다(이소희, 1999: pp. 126~128).

| 생명의 근원이 하나님인 아동

왜 사람들은 뿌리를 찾는가? 그것은 삶의 출발이기 때문이며, 삶의 출발지가 갖는 의미는 그 삶의 방향을 제시하는 중요한 좌표가 되기 때문이다.

일반적인 아동관과 성경에 나타난 아동관의 분명한 차이는 아동의 근원에 대한 것이다. 한마디로 말하면 아동의 근원은 부모가 아니고 "하나님이 자기 형상 곧 하나님의 형상대로 사람을 창조하시되 남자와 여자를 창조하시고"(창 1:27)의 말씀처럼 하나님이시다. 세간에

회자되는 말과 같이 부모가 낳았다고 해서 부모의 것이 아니다.

이를 부모 될 사람들이 새겨야 하는 이유는 창조주이신 하나님을 기억하고 창조주와 피조물인 부모, 자녀의 관계에서 질서를 세워야 하기 때문이다.[36] 궁극적으로 이 창조 질서는 하나님을 영광되게 하고 부모와 자녀를 복되게 한다. 다시 말하면 "아담이 그 아내 하와와 동침하매 하와가 잉태하여 가인을 낳고 이르되 내가 여호와로 말미암아 득남하였다 하니라"(창 4:1)라는 말씀에서 보듯이 하나님이 지으신 첫 사람인 아담과 하와 부부는 가인을 낳은 다음 '여호와로 말미암아'라고 말했다. 물론 하나님께서는 친히 "이 백성은 내가 나를 위하여 지었나니 나의 찬송을 부르게 하려 함이니라"(사 43:21)고 말씀하시어 바로 아동의 근원이 하나님이라는 사실을 확인시켜 주신다. 바꿔 말하면 아동은 피조물이며, 이 사실은 근원이신 창조자 하나님께 그의 생이 의탁되었음을 뜻하는 것이다. 그러기에 아동은 창조자이신 하나님의 뜻에 따라 살아야 하고 또 그렇게 될 수 있도록 양육되어야 함을 뜻한다(이소희, 1999:pp. 128~129).

| 죄성을 지녔으나 새로운 피조물이 될 수 있는 아동

일반적인 아동관과 성경에 나타난 아동관의 또 다른 차이는 아동

---

[36] 어떠한 부모라도 자녀를 양육함에 있어서 나름대로의 아동관을 지니고 양육하기 마련이고 그리스도인 부모도 예외가 아니다. 여기에서 아동관이란 그 사회의 구성원들, 즉 부모와 교사를 비롯한 성인들이 가지고 있는 아동에 대한 공통적인 생각을 말한다. 중요한 것은 부모가 어떠한 아동관을 지녔느냐에 따라 그 자녀의 실제 양육에 지대한 영향을 미친다는 사실이다. 그리스도인 부모들은 자기 자녀들을 기독교적으로 양육하도록 부름 받았다. 부모들은 자신의 자녀들을 주 안에서 양육시켜야 한다. 왜냐 하면 하나님은 그들에게 그것을 요구하시며, 또한 그것은 순종의 행위이기 때문이다. 그리고 순종하여 주 안에서 양육하기 위해서는 하나님의 은혜로 인하여 어린이란 누구이며, 어디에서 왔으며, 왜 존재하는가, 그리고 어디로 갈 것인지를 알아야 한다. 부모의 마음가짐과 행동은 이러한 이해에서 비롯되기 때문이다.

의 본성에 관한 것이다. 한마디로 말하면 아동은 죄성(罪性)을 지녔다는 것이다. 사실 인간이 악한가 또는 선한가에 대한 문제는 공자의 성선설, 순자의 성악설 등과 같이 아주 오래 전부터 논쟁의 대상이 되어 왔다. 왜 이렇게 인간의 본성에 대해 논쟁하는가? 그것은 두말할 나위 없이 인간이 지닌 본성을 아는 것이 인간관계의 기초가 되기 때문이다. 특히 이것은 부모, 자녀 관계의 이해와 아동 양육의 실제에서 매우 중요하다. 만약 아동이 선하다면 선함에 대한 신뢰를 가지고 아동에게 자유와 자율을 최대한 부여하려고 할 것이나, 악하다면 더 통제적으로 양육해야 한다고 볼 수 있기 때문이다.

"하나님이 그 지으신 모든 것을 보시니 보시기에 심히 좋았더라"(창 1:31)는 말씀에서 알 수 있는 바와 같이, 인간은 처음에 선(善)하게 창조되었지만 아담과 하와가 범죄한 이후 그들의 후손인 모든 인간 존재는 죄성을 지니게 되었다. 놀랄 만한 사실은 하나님께서 사람을 지으신 것을 한탄하실 정도로 사람들의 죄성이 컸다는 것이다. "여호와께서 사람의 죄악이 세상에 관영함과 그 마음의 생각의 모든 계획이 항상 악할 뿐임을 보시고 땅 위에 사람 지으셨음을 한탄하사 마음에 근심하시고 가라사대 나의 창조한 사람을 내가 지면에서 쓸어버리되 사람으로부터 육축과 기는 것과 공중의 새까지 그리하리니 이는 내가 그것을 지었음을 한탄함이니라 하시니라"(창 6:5~8)고 말씀하셨을 뿐만 아니라, "모든 사람이 죄를 범하였으매 하나님의 영광에 이르지 못하더니"(롬 3:23)라고 말씀하실 정도로 모든 사람의 죄성이 컸고 부패했다. 또한 다윗은 "내가 죄악 중에서 출생하였음이여 모친이 죄 중에 나를 잉태하였나이다"(시 51:5)라고 고백하고 있다.

그래서 1970~1980년대의 종교적 근본주의자(fundamentalist)들

V. 성경에 나타난 아동복지

은 아동의 죄성과 양육의 필요성에 대해 다음과 같이 직설적으로 표현하고 있다(Stedam, 1976). 즉, "아동들이 일생을 두고 지도를 받아야 하는 이유는 우리 모두가 타락한 존재라는 근본적인 사실에 있음을 알아야 한다. … 우리의 자녀들에게는 통제하지 않으면 결국 스스로를 파멸시킬 충동이 존재한다. … 특정 아동만이 아니라 모든 아동들이 비행을 저지를 수 있게 태어났다."고 하였다.

그리고 동일한 종교적 관점에서 암스트롱(Amstrong, 1970)은 "쾌락을 주는 것은 재빨리 배우는데 이는 그 본성인 타락하는 힘을 만족시키는 것이다."라고 말했다.

그러나 하나님께서는 노아에게 다시 은혜를 주시면서(창 6:8) "내가 다시는 사람으로 인하여 땅을 저주하지 아니하리니 이는 사람의 마음의 계획하는 바가 어려서부터 악함이라 내가 전에 행한 것같이 모든 생물을 멸하지 아니하리니"(창 8:21)라고 말씀하시고, 무지개를 구름 사이에 두시고 언약하시면서(창 9:16) 이 땅의 삶을 다시 허락하셨다. 이것이 바로 은총인 것이다.

그럼에도 우리 인간은 어려서부터 악한 생각을 하고 그로 인한 뭇 죄를 지으며 살고 있다. 이런 죄인에게 하나님은 어떻게 하셨는가? 사랑과 긍휼이 풍성하신 하나님은 "너희가 그 은혜를 인하여 믿음으로 말미암아 구원을 얻었나니 이것이 너희에게서 난 것이 아니요 하나님의 선물이라 행위에서 난 것이 아니니 이는 누구든지 자랑치 못하게 함이니라"(엡 2:8~9)고 말씀하시며 구원 역사를 허락하셨고, 갑작스럽게든(행 9장) 점진적으로든(딤후 1:5, 3:15; 사 49:1~6) 회심하는 모든 이들에게도 똑같은 구원의 은혜를 주셨다. 즉 "그런즉 누구든지 그리스도 안에 있으면 새로운 피조물이라 이전 것은 지나갔으니 보라 새것이 되었도다"(고후 5:17)라고 말씀하시며 우리의 죄가 진홍같이 붉을지라도 눈같이 희게 만들어 주신 것이다(사 1:18).

이러한 말씀에 비추어 볼 때 부모는 아동이 죄성을 지니고 있으나 하나님의 은혜로 말미암아 새로운 피조물이 될 수 있다는 생각을 확고히 하고 자녀의 죄성이 완전(absolute) 부패에 이르지 않도록 하기 위해 성경적 관점으로 애정적이면서도 통제적인 양육을 해야 한다.

또한 선택의 자유를 지닌 책임 있는 피조물로서 아동이 성령의 감동을 받아 믿음의 분량대로(롬 12:3) 하나님의 뜻에 합당한 삶을 살 수 있도록 지속적으로 기독교적인 환경을 조성해 줄 필요가 있다. 물론 이러한 환경의 조성에는 성령의 적극적인 임재를 바라는 기도와 체계적이고도 지속적인 말씀 교육이 모두 포함된다(이소희, 1999:pp. 129~131).

하나님의 영광을 위해 태어난 아동

"왜 사는가?" 하는 삶의 목적은 그 삶을 지배할 만큼 큰 힘을 지니고 있다. 특히 연약하여 보호와 안내를 필요로 하는 아동에게 있어서는 보호와 안내의 책임을 맡은 부모가 생각하는 삶의 목적 여하에 따라 그 삶이 다르게 채색될 가능성이 매우 농후하다.

"왜 사는가?"에 대한 질문은 인간이라면 누구든지 가져 볼 수 있는 것이다. 사실 이 땅의 사람들은 바닷가의 모래알과 하늘의 별처럼 많으므로 "왜 사는가?"에 대한 대답 또한 그 숫자만큼 많고 다양할 것이다.

성경에서 말하는 인간의 삶의 목적은 무엇인가? 그것은 너무나도 분명하다. 즉 개인을 위해서도 아니요, 가문이나 사회를 위해서도 아닌, 하나님에게서 받은 선물들을 가지고(the gifts of God), 하나님의 영광(for God)을 위한 삶을 사는 것이다. 다시 말하면 하나님의 영광을 위해 사는 삶을 통하여 결과적으로 자신의, 가문의, 사회의 영광에 이르도록 하나님께서 선하게 인도하실 것이라는 점을 믿고 사는 것이다.

그런데 이러한 은혜를 입기 위해서는 '먼저 하나님의 영광을 위해'라고 하는 순서적 이해가 매우 중요하다. 물론 이러한 목적도 성경에 분명하게 나타나 있다. "만물이 다 그로 말미암고 그를 위하여 창조되었고"(골 1:16) "이 백성은 내가 나를 위하여 지었나니 나의 찬송을 부르게 하려 함이니라"(사 43:21) "내 아들들을 원방에서 이끌며 내 딸들을 땅 끝에서 오게 하라 무릇 내 이름으로 일컫는 자 곧 내가 내 영광을 위하여 창조한 자를 오게 하라 그들을 내가 지었고 만들었느니라"(사 43:6~7)는 말씀들이다.

따라서 부모 될 사람과 부모 된 사람은 설익은 '효(孝)'를 내세워 자녀로 하여금 부모를 위해, 부모가 원하는 방향으로 살도록 양육해서는 안 되며, 오직 하나님의 영광을 위해 살도록 인도해야 한다. 그래서 아동이 스스로 "나로 말미암아 영광을 하나님께 돌리니라"(갈 1:24)는 고백을 할 수 있도록 양육해야 한다.

이것은 너무나도 어려운 과제로서 오직 하나님의 은혜 아래서 이루어질 수 있는 것이므로 더욱더 마음과 정성을 모아 하나님께로 향한 양육이 되도록 노력하여야 한다. "이는 만물이 주에게서 나오고 주로 말미암고 주에게로 돌아감이라 영광이 그에게 세세에 있으리로다 아멘"(롬 11:36)이라는 말씀에서 보듯이, 우리 인간을 포함한 모든 만물은 주의 영광을 위해 창조되었다. 그 영광이 세세에 있도록 우리의 삶을 이끌어가고, 이를 통해 모든 만물이 찬송을 부르게 되는 날을 꿈꾸며 비전을 성취해야 한다(이소희, 1999: pp. 132~133).

▮ 온 천하보다 귀한 아동

아동은 하나님의 형상으로 창조된 생명이다. 하나님에 의해 창조되었다는 사실만으로도 아동은 최고의 가치를 지녔다고 할 수 있다. 하나님의 형상으로 창조된 피조물은 '사람' 밖에 없기 때문이다. 그리고 바로 이 생명을 가진 사람의 가치에 대해 예수님께서는 "사람이 만일 온 천하를 얻고도 제 목숨을 잃으면 무엇이 유익하리요 사람이 무엇을 주고 제 목숨을 바꾸겠느냐"(마 16:26)라고 말씀하시면서 사람이 천하보다 더 중요하다는 하나님의 관점을 전달하신다. 더 구체적인 예를 들어 보자. "공중의 새를 보라 심지도 않고 거두지도 않고 창고에 모아들이지도 아니하되 너희 천부께서 기르시나니 너희는 이것들보다 귀하지 아니하냐"(마 6:26) "사람이 양보다 얼마나 더 귀하냐"(마 12:12)는 등의 말씀에서, 하나님은 당신께서 창조하신 그 어느 동물보다도 인간을 더 귀하게 생각하신다는 것을 확인할 수 있다. 이것은 논리적으로도 타당한 가치 기준이다. 하나님이 인간으로 하여금 뭇 동물을 다스리게 하셨으므로(창 1:26) 적어도 인간이 동물보다는 더 나아야 하기 때문이다. 그래서 "그들의 귀를 열어 교훈을 듣게 하시며 명하여 죄악에서 돌아오게 하시나니 만일 그들이 청종하여 섬기면 형통한 날을 보내며 즐거이 해를 지낼 것이요"(욥 36:10~11)라는 말씀에서 읽을 수 있듯이 하나님은 뭇 동물을 다스릴 수 있도록 우리를 교육하시고 더 지혜를 주고 계신다.

따라서 그리스도인 부모는 자녀가 그 어느 자산보다 귀함을 인식하여 소중히 여기고 양육하지 않으면 안 된다. "○○새끼보다 못한 놈"이라며 언어적, 신체적 학대를 하는 것은 하나님의 창조하신 뜻을 가리는 것이다(이소희, 1999: pp. 133~134).

(3) 아동복지 발달을 위한 성경적 교훈
1) 하나님의 형상으로 본 아동

하나님의 형상[37]은 부분적인 속성에 있지 않고 전 인간의 구조를 나타낸다. 하나님의 형상을 창조주와 인간 간의 상응 관계(대면성)로 보는 베스터만(Westermann)도 인간 존재 그 자체, 즉 모든 인간을 하나님의 형상으로 본다. 이것은 인간 존재 안에 있는 것도 아니고 인간 존재를 벗어나는 것도 아니다. 하나님의 형상을 따라 창조되었다는 것은 인간 이해의 측면에 있어서 본질(구조)적 측면과 기능적 측면을 분리하는 것이 아니라, 인간의 전체성(全體性)을 포함하는 것이다. 그러므로 인간의 구조성과 기능성을 함께 포함하여야 한다. 기능과 구조는 하나님의 형상의 근본적인 두 가지 측면이라고 할 수 있다. 본질적인 측면에서 볼 때 하나님의 형상이란 인간이 맺고 있는 다양한 관계성과 소명들 속에서 인간으로서 마땅히 감당해야 할 것을 행하도록 기능하게 하는 모든 은사들과 재능들이 총체적으로 인간에

---

37) 성경은 아동에 대해서 결코 발달론적인 관점으로 평가하고 있지 않다. 아동이 점차로 어른이 되어 가고, 그리하여 의젓한 아버지, 성숙한 어머니가 됨으로써만 비로소 하나님의 형상이 되어 가는 것은 아니라는 것이다. 이 사실은 "아담이 130세에 자기 모양, 즉 자기 형상과 같은 아들을 낳아서 셋이라는 이름으로 불렀다"(창 5:3)는 말씀으로부터 간접적으로 유추될 수 있다. 즉 하나님의 형상이 성장을 통하여 점차로 형성되는 것이 아니라 출생을 통하여 자녀에게 중재된다는 사실을 간접적으로 암시하고 있다. 왜냐 하면 자기의 형상과 같은 아들을 낳은 아담은 바로 하나님의 형상이기 때문이다. 이처럼 성경은 인간의 본질, 존엄성 혹은 가치를 결코 발달이나 발전, 성장이나 진보 혹은 진화의 관점으로부터 판단하고 있지 않음을 볼 수 있다. 아동은 어른이 되기 이전에도 이미 그 자체로서 '하나님의 형상'이다.

게 부여된 상태를 지칭한다. 기능적인 측면에서 말하는 하나님의 형상은 인간을 향한 하나님의 뜻과 조화를 이루어 활동하는 인간의 올바른 기능성을 의미한다.

  인간은 본질과 기능면에서 분리할 수 없는 전체적 존재이다. 어떤 한 부분을 강조하는 대가로 다른 한 부분을 약화하거나 멸시하는 것은 인간을 전체로 보지 못하게 한다. 본질과 기능은 인간을 드러내는 두 측면이고, 인간을 바라보는 두 관점일 뿐이다. 그러므로 이 둘은 결코 분리해서 볼 수 있는 것이 아니다. 인간은 전체(全體)와 전인(全人)으로서, 그리고 인류의 공동체성(共同體性) 안에서 하나님의 형상대로, 그리고 하나님의 형상을 향하도록 창조되었다.

  그렇다면 인간이 하나님의 형상으로서 전인성을 갖고 있다는 것은 무엇을 의미하는가? 인간이 정신이라는 것은 우리가 그 무엇을 지향하고 그것을 향해 개방한다는 것을 의미하며, 인간이 육체라는 것은 인간이 이 세계와 관계를 맺고 있다는 것을 의미한다. 인간은 정신과 육체로서 그 무엇과 관계 맺는 존재이다. 그리고 인간의 공동체성도 타자의 관계를 전제로 하지 않는다면 아무런 의미가 없다.

  그러므로 인간은 혼자로서는 인간일 수 없으며, 관계 안에 있을 때만 인간이다. 그래서 하나님의 형상의 진정한 의미와 본질도 '관계 안에 있는 인간'의 모습에서만 가장 잘 살펴볼 수 있다고 여겨진다. 만약 우리가 하나님의 형상을 그 어떤 특정한 대상으로만 한정하거나 환원할 수가 없다면, 인간을 관계의 그물 안에서만, 그리고 관계의 그물로서만 분명하게 볼 수 있다고 말할 수 있다. 어떤 의미에서는 우리는 인간이 그 무엇이라기보다는 차라리 그 무엇과의 관계라고 말할 수 있다. 그러기에 하나님의 형상으로서의 인간의 본질과 기능도 그가 맺는 관계 안에서만 올바로 이해될 수 있을 것이다(이신건, 1998:pp. 186~188).

바로 이 점을 통해 우리는 특히 아동에 대한 신학적 관점과 성경적 의미의 아동복지의 내용을 재조명해 보고자 한다.

첫째, 인간 창조에 관한 본문은 일차적으로 인간 자체를 말하기보다는 인간 창조의 사건을 말한다. 하나님은 모든 인간을 자신과 상응하도록, 다시 말하면 창조와 피조물 사이에서 무엇인가 일어날 수 있도록 창조하셨다.[38]

그런 의미에서 하나님의 형상은 인간(人間)학적 개념이기 이전에 신(神)학적 개념이다. 그것은 창조되는 사람에 관해 말하기 전에 자기의 형상을 스스로 만들고 그것과 특별한 관계를 맺으시는 하나님에 관해 먼저 말한다. 즉 하나님의 형상은 '사람과 관계를 맺으시는 하나님'을 먼저 말하며, 그 다음에야 비로소 '하나님과 관계를 맺는 인간'을 말한다. 하나님은 땅 위에 있는 자신의 형상을 통해 영광을 받으시는 방식으로 인간과 관계를 맺으신다. 사람의 본질은 사람과 하나님의 이러한 관계에 있다고 할 수 있다. 그러므로 사람이 갖는 하나님의 형상은 사람이 자신의 편에서 하나님과 상응하는 바로 거기에 있다. 하나님의 영광을 자신의 모습 속에서 빛나게 하는 하나님의 대리자, 하나님의 대칭(반사), 하나님의 영광인 것이다. 이런 의미에서 인간이 하나님의 형상이라는 것은 인간이 하나님에 대해 책임 있는 인간, 하나님을 사랑하고, 신뢰하고, 복종하며, 예배하는 인간, 하나님께 기도하고, 감사하며, 반응하는 인간, 하나님과 교제하는 인간이

---

[38] 창조주 하나님이 자신과 마주보는 대상, 그분이 말씀하실 수 있는 대상, 말씀에 귀 기울이는 대상을 창조하셨다는 데에 하나님의 형상의 일차적 본질이 있다.

라는 사실을 말한다.

그렇다면 아동은 얼마나 하나님의 형상을 반사하고 있는가? 아동은 어른보다 더 순수하게, 더 심원하게 하나님을 알 수 있고 찬양할 수 있다. 왜냐 하면 하나님은 자신을 지혜롭고 총명한 자들에게는 감추시고 아동과 같은 자에게는 나타내 보이시기 때문이다(마 11:25; 눅 10:21). 아동은 하나님의 기적을 깨달을 수 있고 찬양할 수 있으며 하나님은 아동과 젖먹이들의 입에서 나오는 찬미를 온전하게 하셨다(마 21:16). 예수는 참으로 아동을 모델로 삼아서 진정한 경건을 가르치지 않았는가? 위선과 속임, 연극과 계산이 없이, 온 가슴으로 세계와 하나님을 포용할 줄 아는 아동은 그 어떤 인간보다도 더 진실하게 하나님을 사랑하고 경배한다. 그래서 참으로 하나님의 참 모습을 더 많이 반영하게 되며, 나아가 전인적인 하나님의 사람으로 살아갈 수 있다(이신건, 1998:pp. 188~190).

둘째, 하나님의 형상이 존재하고 실현되는 또 다른 관계는 사람들의 성적인 차이와 사귐에 있다. 인간이 남자와 여자라는 두 성(性)을 갖는 존재로 창조되었다는 것은 중요한 역할을 한다. 인간의 규정은 우리가 성(性)을 가진 존재라는 것을 떠나서는 생각할 수 없다. 인간은 '사회적 존재'이다. 인간은 그 어떤 존재보다 더 분명하게 사회적인 존재, 사귐으로 결정된 존재이다. 이 사귐은 하나님 자신과 상응한다. 왜냐 하면 하나님은 이 사귐의 속성으로 자기와 상응하도록 인간을 지으셨기 때문이다. 하나님이 자신을 가리킬 때 '우리'라는 복수로 표현하시는 것은 하나님 안에도 구별과 통일성이 있음을 지시한다. 이것은 자신 안에서 풍부한 사귐의 관계를 맺는 하나님을 지시한다. 하나님 안의 이 구별과 통일성은 인간들의 사회적 삶을 결정한다. 하나님은 남자와 여자, 부모와 자녀의 삶의 사귐을 규정하는 삼위일체적 하나님이다.

　만약 하나님의 형상으로 창조된 인간의 본래적 규정이 인간의 사회적 관계 안에서도 실현된다면, 아동은 그 어느 누구보다도 사회적 관계를 매우 필요로 하고, 또 그 속에서 성장하며 자신을 실현해 나가는 존재라고 할 수 있다. 비록 어른이 아동보다 더 포괄적인 관계의 그물 안에서 살아간다고 하더라도, 아동은 다른 사람에 대해 어른보다 더 개방적이고 유연한 관계를 맺는다. 그는 세계를 향해 어른보다 더 열려 있는 존재이다. 그런 만큼 그는 어른보다 더 사회적이다. 비록 아동은 매우 한정된 영역 안에서 살아가는 매우 작은 사회인이지만, 그의 마음 안에 자리 잡은 사회는 온 우주만큼 넓다. 인간은 어른이 되면 될수록 자신의 세계를 더욱더 분명히 한정짓고, 그래서 더욱더 좁혀 나간다. 그에 반해서 아동은 상상과 꿈을 통해, 신화와 이야기를 통해 더 넓은 세계에 접촉한다. 세계를 대립이나 대적의 관계로 파악하기 좋아하는 어른에 비해 아동은 온 우주를 친구 삼기를 즐겨한다. 아동은 쉽게 화내는 만큼 쉽게 용서할 줄도 안다. 아동은 얼마나 자유롭고도 사랑스럽게 만물과 더불어 뛰놀고 노래할 줄 아는 존재인가?(이신건, 1998:pp. 190~191). 하나님의 형상인 아동의 존재로서의 가치와 권리는 존중되어야 하며, 그것은 하나님 안에서부터 시작되어야 한다.

　셋째, 하나님은 자신의 형상대로 창조된 인간에게 만물의 통치권을 부여하신다. 나는 만물의 통치권이 하나님의 형상에 '별도로 첨가된' 부차적 결과가 아니라 하나님의 형상의 본질적 요소라고 생각한다. 인간은 만물의 통치자를 이 땅에서 대리하는 존재이다. 그렇지만 인간에게 위임된 세계 통치권의 성격이 인간과 자연에 대한 무조건적이고 무차별적인 지배와 착취에 있을 수 없다. 인간에게 부여된 만물의 통치권은 만물의 주인인 하나님의 청지기로서 책임 있게 관리하고 보호하는 것을 의미한다. 이것은 섬기는 자세의 지배와 보존을 의미하는 것이며, 무조건적인 착취와 일방적인 남용을 의미하지 않는다. 땅 위에 있는 사람의 지배는 하나님을 위한 하인들의 지배이며, 하나님을 위한 땅의 지배이다. 그러므로 세계 지배가 환경을 오염시키고 파괴하여 하나님의 형상인 인간까지 파괴하도록 하는 것이어서는 안 된다. 테크노피아(기술이라는 새로운 유토피아)가 인간을 노예로 만들어서는 안 되며, 사람을 남자와 여자, 어른과 어린이로 나누고 인류를 여러 계급으로 나누어 한 쪽이 다른 쪽을 지배하는 일을 조장해서도 안 된다.

한편으로 아동은 어른보다 이 세상을 더 잘 지배하지 못한다. 아니, 아동은 세계를 제대로 관리하지 못하며 보호하는 데도 서투르다. 차라리 아동은 어른보다 더 철저히 자신을 세계의 일부로 느낀다. 그는 세계를 지배하려고도 하지 않으며, 오히려 이 세계는 그에게 친구요 장난감이다. 세계 지배는 그가 자라면서 배워야 할 기술이요 지혜이다. 이런 면에서 생각할 때 아동은 분명히 어른에 비해 하나님의 형상을 온전히 반영하지 못하며, 또 이를 실현하지도 못한다고 평가할 수 있다.

그러나 만약 우리가 세계를 자신의 이익을 위해서 이용하고 지배해야 할 대상이나 인간을 둘러싸고 있는 환경으로만 이해하지 않고, 하나님의 영광에 함께 참여할 동료 피조물로 이해한다면, 그리고 우리가 인간과 다른 피조물들을 하나의 큰 유기체적 생명 공동체로 인식한다면, 어른보다 아동이 오히려 이 세계를 더 잘 이해하고 있다고 말할 수 있을 것이다. 그래서 아동은 어른보다 더 뜨겁게 이 세계를 사랑하고, 어른보다 더 탁월하게 모든 피조물의 사귐을 증언하는 메시아적 전령(傳令)이 아니겠는가? 그는 낙원에서 자연과 더불어 뛰노는 완성된 인간의 모델, 완전한 구원의 표상(表象)이 아니겠는가? 그래서 아동은 어른보다 더 분명히 하나님의 형상을 반영하고 있지 않겠는가?(이신건, 1998:pp. 191~193).

이와 같이 하나님의 형상을 분명하게 반영하고 있는 아동은 그들의 건전한 성장을 위해 아동이 처한 문제를 해결하고 욕구를 충족할 권리가 있으며, 가족과 지역 사회와 교회 그리고 국가는 이를 해결하고 충족시켜야 할 의무가 있다. 그러므로 아동의 다양하고 복합적인 문제와 욕구에 관여할 때 우선으로 고려할 사항은 하나님의 피조물로서의 아동임을 인식하는 것이다. 그리고 또한 그들의 신체적, 정신적, 심리적, 사회적 안녕을 위한 노력이 요청된다. 이것은 곧 아동의 인간성 회복을 통하여 그들의 진정한 복지를 책임지는 것이다.

이처럼 그리스도론적인 관점에서 본다면, 인간은 태초에 단지 하나님의 형상을 따라 창조되었을 뿐만 아니라, 그리스도 안에서 하나님의 형상을 향하도록, 또한 그리스도를 본받도록 창조되었다. 중요한 것은, 인간은 태어나면서부터 동등한 천부적 인권, 즉 하나님의 형상이라는 은혜를 누리고 있기는 하지만, 그리스도의 장성한 분량, 그리스도의 온전한 형상이 되기까지 끊임없이 노력하여야 한다는 점이다. 그렇기 때문에 하나님의 영광의 광채, 그 본체의 형상인 아동 또한 온전한 형상이 되도록 부모와 아동복지 관계자들의 우선적인 관심과 원조가 필요하다.

2) 아동의 권리와 영적 자아

인간의 기원에 대해 창세기 1장 27절은 분명하게 진술한다. "하나님이 자기 형상, 곧 하나님의 형상대로 사람을 창조하시되 남자와 여자를 창조하시고." 이 말씀은 어른들이 아동을 바라보아야 할 태도에 대하여 몇 가지 의미를 설명한다. 다시 말해 창세기 1장 27절은 아동이 하나님의 형상대로 창조되었음을 의미한다. 그러나 창세기 2장 7절은 인간의 종교적 본성을 설명해 주는 또 하나의 사실을 기록하고 있는데, 아동도 예외는 아니다.

"여호와 하나님이 흙으로 사람을 지으시고 생기를 그 코에 불어넣으시니 사람이 생령이 된지라." 하나님께서 사람 속에 생기를 불어넣으시고 그에게 생명을 주셨다. 얼마나 의미 깊은 문장인가? 인간이 아니라 하나님이 친히 생명을 주셨고, 하나님께서 인간을 생령으로 만드셨다. 인간은 우연에 의해서가 아니라 계획에 따라 창조되었고, 또한 주권적인 하나님에 의해 생명의 불꽃을 부여받았다. 아동은 하나님께서 주신 생기로 계속 숨쉬고 있으며, 전적으로 종교적인 존재이다.

아동이 전적으로 종교적인 존재라고 하는 견해는 세속 학계(世俗學界)에서는 받아들여지지 않는다. 기껏해야 아동은 부분적으로만 종교성을 갖고 있다고, 즉 그의 생명의 한 부분이 영적인 면에 의해서 작용되고 있다고 인정할 뿐이다. 이 이론 속에 논리적으로 내포되어 있는 뜻은 이러하다. 즉, 어느 날 하루 혹은 한 주간 동안은 영적인 일에 바치고, 나머지 시간은 자기 자신을 위해 사용하거나 세속적 일을 자유스럽게 한다는 것이다. 소유나 행동에 대해서도 똑같이 말할 수 있다. 오직 어떤 특정한 소유물이나 행동만이 하나님께 속해 있고, 나머지는 자기가 하고 싶은 대로 할 수 있도록 인간에게 속해 있다. 이러한 성(聖)-속(俗)의 이분법(二分法)은 잘못된 이분법이며, 그리스도인을 이름뿐인 신자로 만든다.

아동 개개인은 전적으로 종교적인 존재로서 각 아동의 사상과 언어 및 행동은 종교적 의미를 지니고 있다. 그는 그의 창조주에 대해서 감사와 순종으로 응답한다. 그렇지 않으면 본질상 그는 다른 신을 숭배하게 된다. 이것은 아동의 영적 자아의 본질적 방향이자 그들의 권리이다.

아동은 종교적 존재이기 때문에 모든 아동은 예배에 대한 고유한 욕구를 지니고 있다. 인간만이 예배할 수 있고, 또한 모든 인간은 예배한다. 인류학자들이 말하는 바에 의하면, 참 하나님을 경배하거나 아니면 인간을 경배하거나 간에 모든 사회는 창조의 한 부분을 예배해 왔다고 한다.

그들은 인간의 고유한 본성에 속하는 예배의 필요를 느껴 왔다. 인간은 이러한 욕망을 가진 존재로 창조되었고, 또한 하나님을 경배하면서 그 욕망을 행사하도록 창조되었다. 고전도전서 10장 31절은 "…너희가 … 무엇을 하든지 다 하나님의 영광을 위해서 하라"고 명한다.

인간이 본래적으로 예배에의 욕구를 지니고 있다는 사실은 그리스도인의 삶 속에, 그의 학교나 가정에 세속적인 부분이 없음을 뜻한다. 기독교 학교는 세속적 교과 과정에다가 단순히 성경 공부만 덧붙이는 학교가 아니다. 오히려 모든 교과를 공부할 때 참되고 실제적인 것들의 근원으로 하나님을 인식해야 할 것이다. 이 사실은 크리스천의 가정에서도 마찬가지이다. 모든 행위와 인간 관계는 예수 그리스도의 주권하에 있다. 이 진리에 대한 아동의 반응은 예배적인 반응이 된다. 아동은 전적으로 종교적인 존재이며, 또한 크리스천 아동에게 있어서, 그의 모든 삶은 창조주 하나님께로 향하는 종교적 경험인 것이다.

아동은 하나님의 형상으로 태어나 가치와 존엄성을 가지고 있다. 따라서 그는 반응적인 존재로 인식되어야 하며, 이 메시지는 아동의 삶에서 중요한 사람에 의해 전해져야 한다. 이런 중요한 사람들은 학교와 가정에서 개방성과 관용적 태도로 아동에게 성장할 수 있는 환경을 만들어 주어야 할 것이다.

아동은 하나의 영적 '존재'이다. 그러므로 그는 자기인식과 자기 용납을 행해야만 하며, 영적 권리 또한 행할 수 있다. 이렇게 하나의 존재로서의 아동의 가치와 존엄, 그리고 권리가 인정될 때 그들도 책임적인 행동을 하게 된다(정희영 편, 1990:pp. 19~21).

3) 성장체로서의 아동과 신학

어린이는 존엄성과 가치를 지닌 '존재(beings)'일 뿐 아니라 또한 '성장체(becomings)'이다. 아동은 '존재하는' 인간이자 '성장하는' 인간이다. 그들은 성장의 잠재성을 갖고 있고, 또한 성장 동기를 갖고 있다. 선택의 자유를 지닌 존재로서, 부름받고 반응할 수 있는 존재로서, 그리고 욕망, 흥미, 목표, 재능 그리고 능력을 가진 존재로서 인간은 동작을 행동화하려 한다. 구속받지 않은 인간은 이러한 요구에 있어서 자기중심적이지만, 구속받은 자는 하나님 중심적이다.

아동의 행위는 부모의 행동에 의해 동기화되거나 혹은 그의 환경에 의해 미리 결정되는 것이 아니다. 또한 아동은 징벌에의 두려움 때문에 움직여지는 존재로 창조되지 않았다. 이러한 형태의 동기들이 아동의 행동에 영향을 줄 수 있는 것은 사실이지만, 아동은 자유로운 선택력을 가지고 있기 때문에 그러한 것들이 행동의 전적인 동기가 되지는 못한다.

오히려 아동의 행위는 미래를 향하며, 목표 지향적이며, 목적을 지닌 구조 안에서 이해된다. 그는 자신을 위하여 자신이 도달하려는 목표를 세워 놓는다. 그는 그의 행위에서 방향과 목표를 가지고 있다. 그는 희생물도 꼭두각시도 아니다. 그는 성장, 성취 및 현실화를 추구한다. 이것이 그가 창조된 방식이다.

태초에 하나님은 인간에게 큰 가능성을 가진 자연을 주셨다. 즉, 완전히 개발되지 않은 피조물을 인간에게 주신 것이다. 하나님은 또한 인간에게 큰 잠재력을 주셨다. 그는 피조물과 더불어 그 잠재력을 개발하게 되어 있다. 그것이 성장과 발달의 과정이다(창 1:28, 2:15). 인간은 반응할 수 있는 직무와 능력을 부여받았으며, 따라서 인간은 성장과 발전의 직무가 수행되는 방법에 있어서 책임을 지니게 된다(마 25:14~30).

하나님은 인간을 창조자가 되게 하셨다. 욥기 10장 8~9절에 의하면, 하나님은 흙을 뭉치듯이 인간을 지으셨다고 한다. 하나님의 형상을 지닌 인간은 그의 환경에 반응함으로써 최고의 도공(陶工)이신 하나님을 흉내내며, 사건과 사물들을 다루며, 그리고 그가 부딪히는 여러 현실에서 능력의 수준을 발달시키려 한다.

이 능력(과정)의 동기는 인간 존재의 본래적인 부분이며, 문화적 사명을 성취하려는 목적으로 인간에게 주어진 특성이다. 그러나 인간에게는 또한 성취(결과)의 동기라는 특성이 있다. 창세기 1장에서, 하나님은 그의 창조물을 보시며 계속해서 "좋다"고 말씀하신다. 인간도 역시 자기 손으로 만든 생산품을 보면서 만족감과 성취감이라는 기쁜 감정을 얻게 된다.

어떤 사람들은 만드는 과정을 만들어진 생산품보다 더 많이 혹은 그만큼 좋아한다. 또 어떤 사람들은 생산품을 더 좋아한다. 그러나 생산이 없는 과정을 좋아하는 사람은 드물다. 사람은 목적, 목표 그리고 끝맺음을 원한다. 완성이라는 의미를 위해서는 시작과 마찬가지로 마지막도 경험되어야 한다. 바울은 과정과 결과에 대해 여러 곳에 쓰면서 이 사실을 깨달았다.

"우리가 선을 행하되 낙심하지 말지니 피곤하지 아니하면 때가 이르매 거두리라"(갈 6:9).

"내가 이미 얻었다 함도 아니요 온전히 이루었다 함도 아니라 오직 내가 그리스도 예수께 잡힌 바 된 그것을 잡으려고 좇아가노라 형제들아 나는 아직 내가 잡은 줄로 여기지 아니하고 오직 한 일 즉 뒤에 있는 것은 잊어버리고 앞에 있는 것을 잡으려고 푯대를 향하여 그리스도 예수 안에서 하나님이 위에서 부르신 부름의 상을 위하여 좇아가노라"(빌 3:12~14).

"내가 선한 싸움을 싸우고 나의 달려갈 길을 마치고 믿음을 지켰으니 이제 후로는 나를 위하여 의의 면류관이 예비되었으므로 주 곧 의로우신 재판장이 그날에 내게 주실 것이니 내게만 아니라 주의 나타나심을 사모하는 모든 자에게니라"(딤후 4:7~8).

인간에게는 추구해야 할 목표가 필요하다. 그 목표가 성취될 수도 있고, 혹은 때때로 지쳐 포기될 수도 있다. 만들어지는 과정에서 사람이 참여하지 않은 채 이루어진 결과나 목표는 인간에 의해 발달되고 만들어진 것보다 더 많은 가치를 지닐 수는 없다. 능력(과정)의 동기와 성취(결과)의 동기는 부모 및 교사들이 아동을 지도하는 방법을 찾는 데 있어서 중요한 의미를 지닌다. 하나님께서 주신 아동의 본성과 직무, 이 둘은 인정되어야 하며 작용되어야 한다.

인간은 또한 호기심 많은 존재이다. 전지(全知)하신 하나님을 반영하는 인간은 앎에 대한 생득적인 욕망과 그 능력을 소유하고 있다. 그는 자기 본성에 대한 호기심, 즉 그것을 탐구하고 발견하려는 욕구를 가지고 태어났다. 사탄이 시험하여 타락으로 이끈 것도 이 생득적 특성에 의한 것이다. 창세기 3장 5~6절은 알고 싶어하고 지혜로워지고 싶어하는 욕망에 대해 말한다. 하와는 알고 싶어했지만, 그것은 잘못된 욕구 때문이었다. 그녀의 지식에의 추구는 하나님같이 되려고 하는 목적을 가지고 있었다.

능력과 성취에 대한 생득적 욕구를 지닌 창조자로서, 그리고 진리를 발견하며 밝히려 하는 욕구를 가진 인식자로서, 인간의 이러한 특성들은 하나님의 형상을 지닌 모든 아동들에게 동기 추진의 역할을 한다. 가정과 학교에서 정당하고 확실한 교훈과 학습이 이루어지기 위해서는 교육의 방법과 내용에서 이런 요인이 인식되어야 한다. 그러므로 성경적 교훈에는 아동과 피조물 속에서 발견되는 하나님의 진리의 정당성이 포함되어야 한다(정희영 편, 1990: pp. 69~72).

아브라함 매슬로(Abraham Maslow)는 성장 동기 분야에 큰 공헌을 하였는데, 그는 신자와 불신자 모두에게 도움이 되는 하나의 모델을 개발했다. 즉, 매슬로는 욕구의 체계를 통하여 그의 동기 이론을 체계화시켰는데 그 내용은 다음과 같다.

```
    ↑    7. 미적욕구
         6. 알고 이해하려는 욕구        고차원의 욕구
         5. 자기 실현에의 욕구
         ─────────────────────────────────────
         4. 존경받으려는 욕구
         3. 사랑과 재산에 대한 욕구
         2. 안전에의 욕구              결핍에서 오는 욕구
         1. 육체적 욕구
```

〈그림 5-1〉 Maslow의 욕구 체계론

매슬로에 의하면, 모든 인간은 육체적 욕구라고 하는 첫 단계로부터 시작하여 자기실현이라고 하는 '고차원의 욕구'로 향한다. 인간은 다음 단계를 향하기 전에 먼저 각 단계의 욕구를 충족시켜야 한다. 처음의 네 단계는 결핍에서 오는 욕구라고 하며, 마지막 세 단계는 고차원의 욕구라고 부른다. 인간은 그의 결핍에서 오는 욕구를 충족시키기 위해서 다른 사람들에게 의존한다. 그러나 매슬로의 말에 의하면 고차원의 욕구는 자신에 의해서만 채워질 수 있다. 만약, 아동이 두려움과 사랑받지 못함과 무가치함을 느낀다면 그는 자기실현에 이를 수 없게 된다는 것이다. 매슬로의 욕구 체계론은 많은 진리를 내포하고 있다. 그리스도께서 병든 자를 고치고 굶주린 자를 먹이신 것같이 아동의 육체적 욕구와 안전에의 욕구에 관심이 표명되어야 한다. 따라서 가정 및 학교에서는 아이가 두려움을 느끼며 집단으로부터 따돌림당하거나, 혹은 호감을 얻지 못한다면, 쉽게 공부에 집중할 수 없다는 사실을 인식해야 할 것이다. 그러나 학생과 사물에 대해서 성경적 견해를 얻기 원하는 부모와 교육자는 인본주의자보다 유리한 점을 가지고 있다. 그는 자신의 자녀 혹은 학생들에 대해서 하나님이

주시는 통찰력과, 인간과 세계 사이에 본래부터 있던 관계를 밝혀 내려고 하는 통찰력을 갖고 있다.

인본주의자는 '자기인식'과 '집단의 회원 됨'을 동기의 강한 요인으로 본다. 그리고 인간을 자기실현적 존재인 '성장체'로 본다. 그리스도인도 그러하다. 이러한 일치점이 있다면, 차이점은 어디에 있는가?

인격적인 하나님을 알지 못하고 그를 거부하고 부인하는 구속받지 못한 인간은 실로 자기실현, 욕구 성취 및 집단에 대한 소속감 등의 목표에 의해 동기가 이루어진다. 그의 방향의 근원과 목표 그 자체는 자기중심적이다. 구속받은 자는 자기의 방향 설정과 존재 이유를 위해 하나님을 본다. 매슬로의 욕구 체계론은 자기실현이냐 아니면 방종이냐 하는 질문을 제기할 수 있다. 이 둘 사이에는 본질적 차이점이 있다. 그것은 도덕적, 영적 욕구를 다루지는 못한다. 인간의 봉사적 목표를 위한 욕망을 제외하고 있다는 점에서 이 체계론은 이기적이다. 이 욕구 체계론이 하나님과 자기 동료를 섬기려는 '욕구'를 위해 기꺼이 자기를 희생한 여러 세기의 기독교 순교자들을 어떻게 설명할 수 있겠는가?

모든 인간이 그들의 현재 상태와 현재 성취 저편에 어떤 운명이 있다고 생각하는 것은 그들이 자유로워지기를 원하고, 또 완전해지기를 원하기 때문인 것 같다. 그러나 대부분의 사람들은 하나님으로부터 분리되어 끝없이 성취를 추구하는 것의 공허함을 알지 못한다. 오히려 인간은 성취하지 못한 자신의 나태와 환경을 정복하지 못한 무능력을 비난받게 될 것이다.

오직 회개의 경험을 통해서만 인간은 자신이 추구하던 자유와 완전을 발견할 수 있는 것이다. 다시 말해, 인간은 회개를 통해서만 자기가 이룩하려 했던 자기실현에 이를 수 있을 것이다. 구속받고 회개한 인간은 창조주와 좋은 관계를 이루는 삶을 살게 된다. 그는 자신이 어디에서 왔으며, 현재 어디에 있으며, 앞으로 어디로 갈지를 안다. 본질적으로 이것이 강한 동기가 된다.

요약해 보면, 인간 행위에 대한 바른 동기는 하나님으로부터 온다. 아동은 성경적인 방법으로 자신과 자신의 세계를 인식해야 한다. 이와 같이 진리대로 행하려고 하는 마음과 힘도, 성령께서 하나님의 영광을 위하여 아동의 내면에서 역사할 때 하나님이 주시는 것이다(정희영 편, 1990: pp. 72~75).

(4) 아동복지의 새로운 패러다임
1) 아동발달과 성경적 양육

성경적 양육의 첫 부분은 교육(instruction)이다. 이러한 교육은 주로 부모의 책임이지만(창 18:19; 엡 6:4; 딤전 3:4~5), 아동의 세계는 가정을 넘어서기 때문에 교사를 비롯한 어른들이 그 책임을 분담하고 있다.

교육은 아동이 태어날 때부터 시작된다. 사무엘의 어머니 한나의 기도는 크리스천 부모들이 자녀에 대해 지녀야 할 자세를 보여 준다.

"만군의 여호와여 만일 주의 여종의 고통을 돌아보시고 나를 생각하시고 주의 여종을 잊지 아니하사 아들을 주시면 내가 그의 평생에 그를 여호와께 드리고 삭도를 그 머리에 대지 아니하겠나이다"(삼상 1:11).

자녀는 하나님의 선물이며, 성경적 양육 과정을 통하여 그들을 하나님께 되돌려 드려야 한다. 아동의 출생으로부터 시작되는 이 과정은 먼저 교육이라는 형태를 취한다.

잠언 22장 6절은 크리스천 성인들에게 이렇게 명한다.

"마땅히 행할 길을 아이에게 가르치라 그리하면 늙어도 그것을 떠나지 아니하리라"(잠 22:6).

이 구절은 "바른 길로 아동을 인도하라. 그리하면 늙어서도 그 길에서 벗어나지 아니하리라."는 교훈으로 바꿔 말할 수 있다. 이 비유는 아동이 여행의 바른 출발을 하기 위해서는 어른과 함께 가야만 한다는 비유이다. 여행 중 때때로 아동은 자신을 어른의 인도에 맡길 것이다.

히브리어 '차낙(chanak)'은 잠언 22장 6절에서 사용되는데, 이 말은 '어린이를 가르치다' 라는 의미로 해석된다. 이 단어는 집이나(신 20:5) 솔로몬 성전의 낙성식에서도(왕상 8:63; 대하 7:5) 사용된다. 이 동사의 명사형은 '차눅카(chanukkah)'인데, 이것은 하나님의 단(민 7:10, 84, 88), 성전(잠 30장) 그리고 예루살렘 성곽의 봉헌(느 12:27~30)에 관한 말이다. 마지막 구절에서는 그것이 정화(淨化)와 관련되어 있다. 그러므로 잠언 22장 6절에서의 '차낙'의 용법에는 봉헌과 정화가 함축되어 있다. 아동은 하나님 앞에서 정결케 됨으로 하나님께 자신을 봉헌한다는 의미를 배워야 한다.

크리스천 성인들은 이러한 인도나 교육을 적극적으로 주도해야 한다. 그들은 아동들의 손을 잡고 그들을 인도해야 할 뿐 아니라 결국은 아동 스스로가 그 길을 가도록 가르쳐야 한다. 그 목표는 자기훈련(self-discipline)이며, 그리스도 중심의 훈련(Christ-discipline)이다. 교사들과 부모들은 아동이 성장의 각 단계에 따라 책임 있게 행할 만큼의 선택의 자유를 허락함으로써 그들이 스스로 일하도록 해야 한다. 이런 방법을 통하여 아동은 자신이나 다른 사람들에 대해 의존하기보다는 예수 그리스도를 의존하는 것을 배우게 될 것이다.

성경적 교육은 임의적인 것이 아니라 성경의 규범에 근거한 것이다. 디모데후서 3장 14~17절에서 바울은 디모데에게 이렇게 가르친다.

> "…그러나 너는 배우고 확신한 일에 거하라 네가 뉘게서 배운 것을 알며 또 네가 어려서부터 성경을 알았나니 성경은 능히 너로 하여금 그리스도 예수 안에 있는 믿음으로 말미암아 구원에 이르는 지혜가 있게 하느니라 모든 성경은 하나님의 감동으로 된 것으로 교훈과 책망과 바르게 함과 의로 교육하기에 유익하니 이는 하나님의 사람으로 온전케 하며 모든 선한 일을 행하기에 온전케 하려 함이니라"(딤후 3:14~17).

개인의 행위에 대한 성경의 규범은 성경 전반에 걸쳐 발견된다. 아동들은 에베소서 6장 14~18절에 기록된 '하나님의 전신갑주'를 입는 법을 배워야 한다.

> "그런즉 서서 진리로 너희 허리띠를 띠고 의의 흉배를 붙이고 평안의 복음의 예비한 것으로 신을 신고 모든 것 위에 믿음의 방패를 가지고 이로써 능히 악한 자의 모든 화전을 소멸하고 구원의 투구와 성령의 검 곧 하나님의 말씀을 가지라 모든 기도와 간구로 하되 무시로 성령 안에서 기도하고 이를 위하여 깨어 기도하기를 항상 힘쓰며 여러 성도를 위하여 구하고"(엡 6:14~18).

아동들은 이렇게 교육을 받아 갈라디아서 5장 22~23절에서 기록한 바와 같이 '사랑, 희락, 화평, 오래 참음, 자비, 양선, 충성, 온유, 절제' 등의 성령의 열매들을 맺을 수 있어야 한다. 이러한 것들은 성경적 가르침과 부모됨의 목적이다. 아동들은 이러한 기독교적 성숙에 이르러야 한다.

또한 로마서 12장 1~2절에 나오는 바울의 도전이 항상 어린이들에게 주어져야 한다.

"그러므로 형제들아 내가 하나님의 모든 자비하심으로 너희를 권하노니 너희 몸을 하나님이 기뻐하시는 거룩한 산 제사로 드리라 이는 너희의 드릴 영적 예배니라 너희는 이 세대를 본받지 말고 오직 마음을 새롭게 함으로 변화를 받아 하나님의 선하시고 기뻐하시고 온전하신 뜻이 무엇인지 분별하도록 하라."

요컨대, 성경적 양육의 첫 부분인 교육은 주로 부모들의 책임이지만, 아동들은 기독교 공동체 내에 있는 다른 사람들의 도움을 받아야 한다. 부모들은 자녀들의 어린 시기에 이 교육을 시작해야 하며, 교육의 기초는 하나님의 말씀인 성경에 두어야 한다. 이러한 교육의 목적은 성령의 능력으로 인하여 그리스도를 통해 하나님께 삶을 드리는 것이다(정희영 편, 1990:pp. 104~108). 따라서 본 장의 남은 부분은 주제를 더 연장시켜, 예방적 양육과 교정적 양육, 치료적 상담이라는 관점에서 성경적 양육을 다루어 보겠다.

| 예방적 양육

성경적 양육이나 훈육의 첫 부분이 되는 성경적 교육은 잘 짜여진 프로그램을 통해서뿐만 아니라, 흔히 있는 가르침을 통해서도 어린이들에게 주어진다. 가정이나 학교의 분위기는 입으로 하는 말보다 더 많은 것을 아동에게 '가르친다.' 부모나 교사나 동년배 집단의 모범은 언어적인 명령보다 더 좋은 방향 제시와 길잡이가 된다. 그리스도인의 생생한 생활방식은 매일의 행위에서 성경의 진리와 하나님의 사랑을 생생하게 증거하며 추상적인 것들을 구체화하는 것이다.

'체득되어야 할' 기독교적 양육의 형태는 네 가지 중요한 방식을 통해서 이루어질 수 있다. 아동들은 자기 인식(自己認識)과 자기 용납(自己容納)을 통해 기쁨을 경험할 수 있다. 아동들은 다른 사람들과 더불어 함께 일하는 것을 배움으로써 공동체의 사랑을 경험할 수 있다. 그리고 조직 속에서 일함으로써 아동들은 안정감을 경험할 수 있다. 가정이나 학교에서 이러한 모든 면들을 준비하게 되면, 성경과 잘 조화되는 행동 양식을 이끌어 내는 데 많은 도움이 될 것이다(정희영 편, 1990:pp. 140~141).

이와 같이 성경적 양육이나 훈육은 하나님에 관한 사실들을 가르침으로써 시작된다. 이 교육은 공적이기도 하며 비공적이기도 하다. 아동이 받는 여러 가지 교육은 일반적으로 여러 가지가 있다. 그는 자기 주위에 있는 여러 사람들과 여러 활동들을 관찰함으로써 그것을 단지 '몸에 익히게' 된다. 그러나 성경적 교육은 더 공적이어야 하며, 더 잘 짜여진 다양한 것이어야 한다. 이러한 형태의 기독교 교육은 기독교적 가정과 교회 및 기독교 학교에서 이루어져야 하며, 이것들은 각각 다른 사람을 돕기 위해 존재하고 있다(전 4:12).

아동에게 헌신과 적극적인 반응을 요구하는 이런 형태의 교육은 용납될 수 없거나 잘못된 행동이 생겨나지 않도록 학교와 가정의 분위기를 만들어 내는 그 이상의 일이다. 아동들은 그들에게 기대되는 일이 무엇인지를 알아야 하며, 또한 그때만이 그들의 행위에 대하여 책임을 질 수 있게 된다(정희영 편, 1990:pp. 159~160).

| 교정적 양육

성경적 양육이나 훈육은 교육으로 시작하여 교정으로 끝맺는다. 그러나 이러한 교정이 이루어지기 전에 분명한 성경적 권위관(權威觀)을 가지는 것이 좋다. 권위는 하나님께로부터 주어지며, 그것은 인간에 의해 바른 방법으로 행사되어야 한다. 권위는 지배권을 가짐으로써 또한 봉사함으로써 행사된다. 권위가 바른 기능을 하기 위해서는 자유와 공경 및 순종 등의 개념들이 이해되어야 한다.

교정은 처벌과는 구분된다. 교정은 행동의 변화를 기대하는 것이자 개혁적인 것이다. 처벌은 형벌적이며, 과거 행위에 대한 벌칙이다. 그리스도는 아동에 대한 처벌을 금했다. 처벌은 하나님에 의해서만 바르게 행사될 수 있다.

교정에는 여러 가지 방법이 있는데, 어떤 것은 매우 단순하며 어떤 것은 복잡하다. 자기 교정(自己矯正)은 이상적인 것이며, 행동 교정을 위해 논리적 귀결을 사용하는 것이 고려되어야 한다. 논리적 귀결의 외적 적용은 크리스천 부모나 교사들에 의해 사용될 수 있는 또 하나의 가장 바람직한 교정 형태처럼 보인다. 신체적 징계는 한정된 장소 외에는 금지되어야 한다.

모든 교정 행위는 친절함이라는 골격 속에서 이루어져야 하며, 일관성 있고 분명하고 공정해야 한다. 그것은 사랑으로 이루어져야 한다(정희영 편, 1990:pp. 206~207).

| 치료적 상담

성경적 교정(원상으로 회복시키려는 행위)에는 성경적 상담(원상으로 회복시키려는 의사 교환)이 항상 보완되어야 한다. 상담의 분량은 반드시 상황과 아동에 의존하게 된다. 상담의 목표는 화해와 회복이다. 아동은 관계의 치료를 경험하게 되며, 또한 하나님께서 자신에게 부여하신 새로운 장소와 임무를 받아들이게 된다. 이러한 목표들은 다음 세 단계의 훈계 과정에 의해 이루어지게 된다.

첫째, 아동으로 하여금 자신의 잘못된 행동을 인식하도록 하기 위해서는 권면이 있어야 한다.

둘째, 죄의 고백이 있어야 하는데, 여기에는 가치 판단과 뉘우침 및 죄 용서가 포함된다.

셋째, 서약이 있어야 하는데, 이것은 정보 수립과 선택 결정 및 행동 계획의 수립과 그 이행 등을 포함한다.

다시 말해 이 과정은 진정한 사랑과 용납 및 존중심 속에서 이루어져야 한다. 아동이 교사를 의지하도록 하려면 이러한 관계가 아동에게 반드시 느껴져야 한다. 상담이란 충고하는 행위가 아니다. 상담은 아동으로 하여금 그의 미래의 마음가짐과 행동이 어떠해야 하는지를 깨닫도록 하고, 또 그것에 대한 개인적이고 책임 있는 결정을 내리도록 도와주는 일이다.

상담의 과정은 유행하는 교과서에 따라 이루어져서는 안 된다. 인생과 사람은 전혀 단정할 수 없는 성질의 것이다. 상담 과정의 자세한 항목들은 상황과 사람에 따라 각기 다를 것이다. 그렇지만 성경적 상담의 목표와 하나님의 뜻이 이루어지기 위해서는 어른들이 알아야 할 몇 가지 일정한 원리들이 있다(정희영 편, 1990:pp. 238~239).

2) 아동과 성경 중심 예방 교육

인간은 가장 인간다운 인간으로 변화되어 성인으로서의 독립된 생활을 온전히 하기 위해 공부를 한다. 즉, 한 개인으로서 사탄의 손에서 해방 받고 하나님을 만나서 하나님과 교제하며, 하나님의 계획 속에 서서 성공적으로 살아갈 수 있기 위해서는 교육을 받아야 한다.

이러한 교육에 앞서 인간에 대한 새로운 차원의 이해가 필요하다. 이미 크리스천 가정에서는 '하나님은 인간을 하나님과의 관계 속에서 서로 사랑하며 이 땅을 다스려 나가도록 창조하심'을 인식하고 있을 것이다.

인간은 영적인 존재이며, 인간의 본질에 대해서 가장 정확하게 말해 주고 있는 것은 다름 아닌 성경이다. 오직 성경만이 인간에 대해 정확하게 말해 주고 있다.

창조주 하나님은 인간을 창조하실 때, 육체를 가져서 동물적인 속성을 지니고 있을 뿐만 아니라 영혼을 가져서 하나님의 속성도 지닌 인격적인 존재로 계획하셨다(최현두, 1999:p. 129). 또한 육체와 영혼 사이에 긴밀한 상호작용이 이루어지는 구조를 부여하셨다. 이 사실을 정확하게 알고 있어야만 인간 행동에 대한 이해, 즉 아동에 대한 이해가 올바르게 이루어질 수 있을 것이다.

성경적 아동 이해

❶ 육체와 영혼을 가진 존재로서의 아동

하나님은 아동에게 다른 동물과 마찬가지로 육체를 지니게 하셨고 육체적 구조를 주셨다. 그래서 배가 고픈 상태가 될 때에 배고픔을 해소하고자 하는 욕구가 생겨나는 것이다. 이것은 하나님의 선하신 뜻 속에 창조된 인간의 한 모습이다.

다른 한편, 하나님은 아동을 육체만 가진 동물과 같은 존재로 만들지 않으시고 하나님의 형상을 따라 영을 가진 영적인 존재로 만드셨다. 그래서 하나님을 만나고자 하는 영의 근원적인 욕구가 있는 것이다.

또한 아동의 육체는 영에 의해 영향을 받는 구조임을 기억해야 한다. 아동의 영이 건강한 상태에서는 아동의 저항력이 완벽해서 어떠한 질병도 이겨내지만, 영이 죽고 병들면 육체의 저항력도 약해져서 많은 질병 속에 시달리게 된다.

이러한 아동에 대한 정확한 이해 속에서 아동 행동을 관찰한다면 놀라운 발견을 하게 된다. 지금까지 많은 연구들에 의해서 이루어진 결과물들에 대한 해석은 새롭게 이루어져야 한다. 객관적인 사실들은 분명히 인정해야 되지만, 그것은 부분적인 진리일 뿐이며 성경적으로 다시 해석되어야 한다(최현두, 1999: pp. 129~130).

❷ 하나님 혹은 사탄의 통치 속에 있는 아동

사탄은 하나님을 대적한 존재로서 아동 세계를 뒤엎어서 엉망으로 만들어 놓았다. 여기에서 아동의 모든 문제가 발생한 것이다. 이것을 해결할 수 있는 유일한 길은 '예수 그리스도'이다. 이 사실을 정확하게 믿고 있어야 아동 행동을 정확하게 이해할 수 있다. 예수 그리스도를 영접하고 하나님의 자녀가 될 때에 사탄의 통치에서 해방되고 세상을 이길 능력을 공급받아서 승리할 수 있는 것이다.

이러한 아동에 대한 성경적인 이해가 충분히 이루어지고 아동의 행동을 바라볼 때에 비로소 정확한 진단이 가능하고 해결책이 정확하게 나오는 것이다(최현두, 1999:pp. 130~131).

| 아동발달과 교육

인간의 발달에서 발견할 수 있는 몇 가지 규칙이 있다. 즉 발달은 연속적이며 점진적인 과정이라는 것, 발달은 성숙과 학습의 상호작용에 의해 이루어진다는 것, 발달에는 일정한 방향과 순서가 있다는 것, 발달은 전체적 반응으로부터 특수한 부분 반응으로 분화·발달한다는 것, 나이가 많아짐에 따라 발달 경향의 예언이 점점 어려워진다는 것, 발달에는 개인차가 있다는 것 등이다. 또한 교수-학습 상황에서 발견되는 것들도 있다.

이러한 모든 발견들을 인정하되 우리는 이것을 성경적으로 정확히 해석해야 한다. 아동의 발달 규칙 또한 하나님이 제정하신 것임을 알고, 모든 발달 과정에서 하나님이 간섭하신다는 것을 신뢰해야 한다.

❶ 아동발달과 하나님의 창조 법칙

정자와 난자가 수정되어 10개월 동안 어머니 뱃속에서 자라다가 완전한 인간으로 태어나서 시간의 흐름과 함께 여러 가지 기능들이 발달해 가는 모든 과정들은 바로 창조의 질서이다. 하나님이 인간을 그렇게 창조하셨다.

태어나자마자 벌떡 일어나서 "어머니, 낳아 주시느라 고생 많이 하셨습니다." 하고 인사할 수 있는 사람은 없다. 태어난 후에도 긴 시간을 어머니 품속에서 성장하며, 뒤집고 기고 앉고 걸음마하는 것을 배우게 된다. 이것은 '자연히 그렇다, 당연한 것이다.'라고 생각할 문제가 아니라 하나님께서 그렇게 창조하신 것임을 알아야 한다.

그러므로 모든 인간의 성장 과정 속에서 나타나는 원리들은 하나님의 선하신 뜻을 좇아 이루어진 발달의 법칙들이며, 아동의 발달 또한 그러하다. 학습의 과정에서 나타나는 모든 발달 현상도 마찬가지이다. 따라서 아동의 모든 특성들은 하나님의 창조 법칙으로 인한 것임을 인식해야 한다.

한편, 성장에 있어서의 부적응 현상들이 죄의 문제나 사탄의 문제와 관련이 되어 있다는 사실을 기억해야 한다. 죄로 인한 아동의 타락성과 그 결과의 심각성을 절대로 놓쳐서는 안 되며, 그 배후 조종자인 사탄에 대한 깊은 인식이 있어야 한다.

하나님께서 처음에 인간 속에 완벽한 자체 성장력을 주셨지만, 죄로 인해서 큰 타격을 입었다. 또한 이 성장력이 사탄의 손에 완전히 장악되면 심각한 부적응 현상이 나타나게 된다(최현두, 1999:pp. 132~133).

❷ 성령의 일하심의 온전한 의지

성령의 일하심이 멈추어지면 어떤 사람도 성장이 멈추어지게 된다는 사실을 알아야 한다. 교육의 모든 상황 속에서 성령의 일하심을 인식해야 한다. 하나님의 은총과 긍휼 없이는 사실상 어떠한 행동의 변화도 불가능하다는 것을 확인해야 한다.

사실 하나님은 하나님의 백성뿐만 아니라 모든 사람에게 태양의 빛과 구름과 비를 주신다. 호흡할 수 있는 공기를 모든 사람에게 주신다. 이 모든 것이 하나님의 크신 은총이다. 하나님께서 이 은총을 멈추시면 전 인류는 멸망하게 된다.

하나님은 인간이 성장할 수 있도록 인간 자체 내에 성장력을 이미 제공하셨다. 그러나 만약 하나님의 은총이 멈추어져서 이 성장력이 마비되면 인간의 성장은 정지되는 것이다.

우리가 물을 주고 가지치기도 하지만, 결과적으로는 오직 성령의 일하심을 통해서만 성장하게 된다. 이 사실을 확실히 믿을 때에 우리는 성령의 일하심을 의지하고 기도할 수 있는 것이다 (최현두, 1999:p. 133).

아동과 성경 중심 예방교육

교육은 주로 두 가지 방법, 즉 언어와 행위를 통해 이루어지게 된다. 이 둘은 모두 꼭 필요한 것이며, 하나는 다른 하나와 반드시 일치해야 한다. 때때로 우리는 "그의 행동이 너무 야단스러워서 그가 말하는 것을 알아들을 수가 없다."는 말을 듣는다.

언어의 교육은 신명기 6장 4~9절에 나오는 하나님의 명령이다.

> "이스라엘아 들으라 우리 하나님 여호와는 오직 하나인 여호와시니 너는 마음을 다하고 성품을 다하고 힘을 다하여 네 하나님 여호와를 사랑하라 오늘날 내가 너에게 명하는 이 말씀을 너는 마음에 새기고 네 자녀에게 부지런히 가르치며 집에 앉았을 때에든지 길에 행할 때에든지 이 말씀을 강론할 것이며 너는 또 그것을 네 손목에 매어 기호를 삼으며 네 미간에 붙여 표를 삼고 또 네 집 문설주와 바깥 문에 기록할지니라" (신 6:4~9).

크리스천 성인들은 그들의 자녀들을 매우 분명한 말로써 교육해야 한다. 그러나 이 교육은 하나님께서 그의 말씀과 창조를 통해 계시하신 것과 같은 자연스런 방식으로 이루어져야 하고, 하나님께서 그의 자녀들에게 원하시는 행위대로 이루어져야 하며, 또한 하나님께서 그들에게 주신 명령을 아동들이 사랑하면서 순종하도록 하는 일로 이루어져야 한다. 이러한 언어적인 상호 작용은 어른이나 아동 개개인에게 있어서 깊은 의미가 있다. 그것은 추상적이거나 이질적인 것일 수 없다. 그것은 하나님과 매일 동행하는 일과, 그의 약속을 신뢰하는 일의 열매이어야 한다. 이런 형태의 언어적 교육은 먹고 마시는 행위처럼 자연스러워야 한다.

크리스천의 삶의 경험은 경험이 풍부한 여행가가 이제 막 여행을 시작하는 어린이나 젊은 사람과 더불어 그 경험을 나누는 것과 같다. 성경적으로 바른 가르침이 주어져야 하며, '여행의 매력과 함정'도 모두 지적되어야 한다.

그러나 크리스천 성인들의 생활 자세가 성경적 방향과 일치하지 않는다면 세상의 모든 언어적 교육은 무의미해진다. 결국 아동이 자신들의 것으로 받아들이는 가치 체계와 생활 자세는 그들 부모의 것을 반영하며, 여러 해 동안 부모로부터 경험한 사실을 반영한다. 만약 행동과 말 중 어느 하나를 따르라고 한다면 일반적으로 행동을 선택할 것이다. 그 까닭은 행동이란 사람의 진정한 가치 체계를 나타내기 때문이다(마 21:28~31상). 이것은 크리스천 성인들에게는 기회라고 하는 무거운 짐이 된다.

성인들이 얻을 수 있는 최고의 교수 도구(敎授道具)는 특정한 개념을 설명해 줄 수 있는 능력이다. 아동들로 하여금 어떤 일이 이루어지는 방법을 보게 하며, 그들이 그것을 하도록 격려받게 될 때 가르침-배움의 가장 큰 부분이 이루어지게 된다. 그러나 때때로 어떤 개념이 말과 추상적 형태로만 나타날 때 학습상의 문제가 야기된다.

요약해 보면, 교육은 말과 모범이라는 두 가지 형태를 이루어야 한다. 그리스도는 그의 삶으로 이것을 설명하고 제자들에게 실행하셨다. 그는 하나의 가시적(可視的)본보기가 되셨다(마 9:35). 그분은 제자들에게 말로써 가르치셨으며(마 10, 28:19~20), 복음 전파와 병 고치는 일을 위해 그들을 파송하셨다. 그리고 하늘에 계시는 아버지께로 다시 돌아가심으로 자신의 육체적 임재를 거두셨다. 그것은 성경적 양육[39]에서 필수적인 부분인 교육의 한 형태이다.

교사들과 부모들은 예수 그리스도의 생애를 모방해야 한다. 그러면 아동들은 그 교사들과 부모의 삶의 형태를 모방할 수 있을 것이다(고전 11:1).

아동으로 하여금 그들의 행위에 대해 개인적 책임감을 느끼며, 또한 문제되는 부분을 피할 수 있게 하기 위해서는 이러한 교육을 통한 방향 제시와 인도가 반드시 있어야 한다. 이런 형식의 교육은 '예방적' 양육이다. 왜냐 하면, 문제들이 발생하기 전에 그것을 해결하기 때문이다(정희영, 1990:pp. 108~110).[40]

---

39) 성경 중심 교육 과정이 갖추어야 할 특성 : ①총체적 특성-성경 중심으로 이루어져야 한다. 창조론의 관점으로 조명되어야 한다. 끊임없는 개정이 필요하다. ②목적 관련 특성-영적 능력을 기르는 것이어야 한다. 지적 능력을 기르는 것이어야 한다. 체력을 기르는 것이어야 한다. 사회성을 기르는 것이어야 한다. ③내용 관련 특성-영적, 정신적, 물질적 측면이 모두 다루어져야 한다. 탐구된 학문 자료를 성경 중심의 창조론적 관점에서 올바르게 활용해야 한다. ④방법 관련 특성-인간의 발달 및 학습 법칙이 고려되어야 한다. 개인차가 고려되어야 한다(최현두, 1999: pp. 135~136).

40) 성경적 양육에 있어 '체득되어야 할 것'으로 학교나 가정에서는 최소한의 네 가지 요소를 반드시 갖추어야 한다. 그것은 그리스도의 이름을 요구하는 기쁨, 사랑, 존경심 그리고 안정감이다. 이러한 요소들은 다음과 같은 방식으로 설명될 것이다. ①자각적(自覺的) 행위로 인한 기쁨 개발, ②함께 일하는 것을 배움으로 인한 지역 사회에 대한 사랑 개발, ③개별적으로 일하는 것을 배움으로 인한 존중심 개발, ④조직체 속에서 일하는 것을 배움으로 인한 안정감 개발이다(정희영, 1990: pp. 110~111).
아울러 '가르쳐야 할 성경적 양육'에 있어서 우선 바른 내용을 가르쳐야 한다. 그

(5) 건강한 아동 성장을 위한 부모 역할

카두신(A. Kaudshin)은 아동복지의 문제를 부모와 아동 사이의 관계에 있어서 역할 수행의 기능 장애라는 관점에서 파악하고 있다. 즉 사회적 역할로서의 부모와 자녀 사이의 권리와 의무 관계에 차질이 생길 때 아동 문제가 나타난다고 보고 있다. 이렇게 볼 때 아동에 대한 부모의 역할이 중심을 이루기 때문에 아동의 역할은 필연적으로 제한적일 수밖에 없다(곽효문 편, 2000:p. 108).

아동 문제에 대한 아동 자신의 역할은 매우 제한적이고, 아동의 개인적 결함은 지엽적인 것이어서 아동만을 대상으로 하는 것은 문제의 해결에 도움이 되지 못한다. 즉 아동의 문제는 아동에 대한 부모의 역할이 상실되었거나, 무능력해졌거나, 역할의 수행을 기피하거나, 또는 역할 갈등으로 인하여 혼란을 일으켜 그 기능을 발휘하지 못할 때, 그리고 부모의 역할이 충분히 발휘될 수 있도록 지역사회의 자원이 제공되지 못할 때 발생하게 된다.

따라서 가족복지와 아동복지는 분리될 수 없으며, 가정의 문제가

것은 ①교과 과정은 그리스도와 피조 세계 안에 있는 통일성을 반영해야 한다(골 1:12~20). ②교과 과정은 개념적 골격을 통해 구성되어야 한다. ③교과 과정은 목적 지향적이어야 한다. 이와 함께 바른 방법으로 가르침이 필요하다. 즉, 교수 방법은 아동의 본성과 피조된 실체의 본성을 모두 조화 있게 나타내야만 한다. 교육의 방법, 교육의 대상 및 내용과 일관성을 지녀야 한다. 또한 교사와 부모는 무엇보다 권위 있게 아동을 가르칠 수 있어야 한다. 이것은 하나님, 자기 자신, 자기의 아동들 그리고 모든 피조물에 대하여 성경적으로 바른 관점과 바른 관계를 가지는 것을 전제로 한다. 이것은 하나의 거대한 질서이며 전 생애적인 임무이다. 그러나 그것은 분투해야 할 일이며, 크리스천 교사와 부모들이 책임져야 할 부분이다. 이와 관련하여 교사와 부모가 행해야 할 몇 가지 일들은 ①조직적 방법을 사용하라. ②목적을 설명하라. ③실체를 바르게 보여 주어라. ④진리에 대한 지식은 아동의 반응을 요한다. 이러한 역할을 충분히 발휘해야 한다. 이처럼 성경적 아동 교육의 방법들은 권위가 있어야 하며, 아동의 본성과 창조된 실체의 본질을 모두 조화 있게 반영해야 한다(정희영, 1990: pp. 145~156).

해결되어야 아동의 문제도 해결될 수 있기 때문에 부모의 역할을 조성하는 사회적 조직을 유지하고 부모가 가지는 환경적 긴장을 완화시킬 수 있도록 아동 문제의 발생을 예방하는 가족복지의 측면, 즉 부모의 교육적 측면에서 접근하는 것이 바람직할 것이다.

  다시 말해 부모에게 자녀에 대한 책임감을 일깨우고 역할 수행을 촉구하는 계몽과 교육이 필요하다. 자녀에 대한 지나친 기대와 보호, 간섭, 편견 등 아동 문제의 원인이 되는 그릇된 부모의 가치관과 태도, 행동 특성을 수정하기 위한 부모 교육이 필요하다.

  문제아 뒤에는 반드시 문제의 부모가 있다. 아동들에 대해 강압적이고 몰이해적인 부모는 아동들의 성격 발달에 있어서 오히려 부모가 없는 경우보다 더 큰 해악을 가져온다고 많은 학자들은 주장한다.

  아동들은 문제 장면에 부딪치면 자칫 악(惡)에 물들기 쉽고 따라서 순간적으로 반사회적 행동을 할 가능성도 있는데, 그렇게 되는 근본을 따져 보면 어렸을 때부터 성격 형성 내지는 적응기제의 과정에서 어떤 결함을 쌓아 온 결과임을 알 수 있다. 따라서 아무리 환경이 나쁘더라도 아동에게 이를 극복할 능력이 있다면 모든 아동 문제, 청소년 문제, 사회 문제는 한층 감소된다고 할 수 있는데, 이 능력은 어릴 때의 성격에 가장 큰 영향을 받고 어릴 때의 성격이 형성되는 것은 부모 역할의 영향을 가장 많이 받는다. 따라서 부모는 아동이 인격적인 존재로 성장할 수 있도록 바람직한 역할을 수행해 나가야 하며, 건강한 아동발달을 위한 성경적 의미의 아동복지 사업이 실천될 때 아동의 욕구는 완전히 충족될 수 있다.

  이와 같은 관점을 더 연결시켜 기독교 가정의 기독교 윤리학적인 관점에서 부모와 자녀 관계를 정립해 보기로 하자.

부모와 자녀 관계는 하나님께서 맺어 주신 제도이기 때문에 사람이 인위적으로 바꿀 수 없는 관계이다. 부모와 자녀 관계는 선생과 도제(徒弟)의 관계라고 할 수 있다. 도제는 '제자' 또는 '직업에 필요한 지식, 기능을 습득하기 위하여 남의 밑에서 노무에 종사하는 어린 직공'으로 이해되는데, 자녀들은 부모에 대하여 도제라고 할 수 있고, 부모는 자녀들에 대하여 선생이라고 할 수 있다는 말이다. 자녀들은 모든 행동 규범과 가치관을 부모로부터 배워 가고 효과 있게 형성해 간다. 자녀들은 부모로부터 가장 큰 영향을 받는다. 그러므로 부모는 자녀들에 대하여 큰 책임이 있다.

오늘날과 같이 모든 것이 급속도로 변해가고 새로운 첨단 지식이 쏟아져 나오는 때에, 부모들이 그것을 다 습득한다는 것은 불가능하고 전공 분야별로 엄청나게 다른 지식들을 전수하려는 무리한 노력은 별로 효과를 거두지 못할 것이다. 그러나 부모들이 확실하게 신뢰할 수 있는 것은 삶의 지혜이다. 지혜는 경험을 통해서 확인된 것이기도 하지만 하나님께서 세월과 함께 주신 은혜의 결과라고 할 수 있다. 이것은 부모가 자녀들에게 줄 수 있는 귀한 것이다. 자녀들이 쏟아져 나오는 첨단 기술을 습득했다고 하여 쉽게 부모를 무시하거나 그들의 지혜를 들으려 하지 않는다면 그것은 큰 오산이라고 하겠다. 삶의 지혜는 기계적이지도 않고 어떤 공식처럼 나타낼 수 있는 것도 아니며, 물건처럼 쉽게 건네줄 수 있는 것도 아니다. 이것은 삶의 관계에서 습득되고 전수되고 터득되는 것이다.

부모는 자녀들을 위하여 지혜가 전수되도록 분위기를 조성해야 하고 기회를 마련해야 한다. 부모는 갑작스럽게 환경을 변화시키거나, 자녀와의 관계가 정상적이지 않거나, 배우자를 도외시하고 자신에게

만 '변칙적'으로 자녀들을 묶어 두는 일이 없도록 최선을 다하여야 한다. 그렇지 않으면 사회의 질서이자 하나님께서 주신 것으로서의 가정의 의미를 상실하게 되고 균형도 잃게 된다. 가정이 작은 훈련의 공동체가 될 수 있다는 것을 우리는 이미 알고 있으며, 동시에 사회의 기초 단위를 형성한다는 것도 알고 있다. 이것을 위해 부모는 그 의미를 확인하고 그에 맞는 분위기를 조성하도록 노력해야 한다는 것이다.

부모는 선생으로서 자녀들에게 올바른 행위의 모형이 되어 주어야 하고, 건전한 가치관을 형성하도록 돕는 인도자가 되어야 한다. 부모는 행위의 결단자로서 부지중에 수많은 모형을 보여 주고 있으며, 그들의 가치관과 가치 판단은 자녀들에게 그대로 반영되고 있다. 그러므로 부모는 건전한 가치관을 가져야 하고, 자녀들이 그것을 이어받도록 잘 인도해야 한다.

기독교윤리학에서의 가치는 하나님을 중심으로 하는 판단을 통해 얻어지기 때문에 인간의 측면에서 보면 매우 상대적이라고 할 수 있지만, 사사로운 판단에 의하여 좌우되지 않도록 그리스도인들에게 일정한 표준을 제시한다. 부모는 행위의 모범을 보여 주는 동시에 아이가 스스로 가치를 판단하는 습관을 가질 수 있도록 도와주어야 한다. 성경은 하나님과의 관계에서 얻은 최고의 가치를 생명이라고 말한다. 그래서 성경은 우리의 생명을 영원히 보존하도록 권고하고 있다. 부모가 하나님께 기준을 두고 판단한다면 그것은 생명과 연관된다고 할 수 있다. 부모는 자녀로 하여금 생명의 가치를 알게 하여 새로운 세계를 향하여 가는 귀한 뜻을 알도록 해야 한다.

부모는 자녀들에게 규범 형성을 가르쳐야 한다. 규범은 한 집단의 행위 모형, 표준, 행위의 방향까지 포함하는 것으로서 행위 주제와 깊은 관계가 있다. 이 점에서 규범은 주지(主旨, motif)와 연관성이 있는데, 이 두 개념이 같은 뜻으로 사용될 때도 있지만 규범이 '모형'과 거의 동일시된다는 점에서 차이가 있다. 하여간 부모는 자녀가 행위를 하는 데 모형이 될 수 있고, 그 모형을 형성하는 인도자로서 역할을 할 수 있다. 이것은 자녀들이 사회의 구성원으로서 살아가는 것을 가정에서 미리 경험하게 하고, 그것을 삶의 정신력과 연결시켜 나가게 하는 것이다. 자녀들은 부모로부터 이 귀한 유산을 받아 삶을 규모 있게 살아가야 할 것이다(맹용길, 1992:pp. 155~157).

3. 성경에 나타난 부모의 책임과 가정생활

초대 교회에서 자녀들의 성경적 양육은 대리자가 대행할 수 없는 부모들의 기본적인 의무였다. 4세기 초에 성 크리소스톰(St. John Chrysostom)은 「부모들의 자녀 양육을 위한 바른 길에 관하여」(*On the Right Way for Parents to Bring up Their Children*)라는 논문을 저술하였다. 1세기에서 15세기에 이르는 동안 자녀 양육을 경시하는 부모들을 비난하며, 그들에게 하나님께서 부여하신 책임을 감당할 것을 권면하는 많은 문서들이 출판되었다. 부모들이 종종 자신들의 책무를 소홀히 하였기 때문에 다른 여러 가지 방법들이 강구되었으나, 자녀들이 가정에서 부모로부터 받는 교육이 모든 것 중에서 가장 중요하다는 확신은 지금까지 남아 있다.

15세기에 에라스무스(Erasmus)는 가정생활, 부모의 모범, 그리고 자녀들을 위한 부모의 종교적, 도덕적 교훈의 중요성을 강조하였다. 그는 가정이 기독교적 모든 교훈의 기반을 마련할 책임이 있다고 믿고 있었다. 16세기에 토머스 엘리엇 경(Sir Thomas Eliot)은 교육에 관한 최초의 저서에서 자녀들의 어릴 때의 중요성을 강조하며, 자녀들은 태어날 때부터 부모들의 모범과 가정 환경에 의하여 축복을 받거나 혹은 저주받게 된다고 언급하였다. 마르틴 루터(Martin Luther)는 자녀교육에서 부모의 역할을 강조하였고, 그리고 아버지들은 최소한 일주일에 한 번씩 자녀들에게 종교적 교훈을 하도록 촉구하였다. 그는 다음과 같이 언급하였다.

"(부모들은) 하나님, 기독교, 세계, 자신들 그리고 자녀들을 위하여 자녀들을 잘 양육하는 일보다 더욱 훌륭하고 더욱 유익한 일을 수행할 수 없다는 것을 알아야 한다. … 자녀들의 올바른 교육과 비교될 만큼 가치 있는 어떠한 것도 있을 수 없다. 왜냐 하면 그것이 하늘나라에 이르는 지름길이기 때문이다."

루터는 자녀들을 종교적으로 교훈할 수 없는 사람들은 결혼하지 말아야 할 것을 거듭 주장하였다.

"어떠한 사람도 그가 참된 기독교인들을 양육할 수 있도록 … 자녀들을 가르칠 수 없다면, 아버지가 되어서도 안 된다."

루터에게 있어서 종교 교육은 부모의 첫째 의무였다.

존 칼뱅(John Calvin)은 종종 자녀들의 종교 교육을 위한 부모들의 책임에 관하여 설교하였다. 칼뱅은 자녀들이 계약 안에 속하여 세례를 받을 자격을 갖추게 되는 것은 다만 부모들을 통해야만 가능하다고 설명하였다. 그러므로 당시에는 부모의 일상적 행위와 자녀들의 양육을 감독하는 것이 목회자들의 의무였다. 17세기 코메니우스(John Comenius)는 기독교 가정은 자녀들의 종교적 성품을 형성하는 일차적 매체임을 주장하였다.

자녀들의 양육에 대한 부모의 책임성 문제는 영국과 뉴잉글랜드의 청교도들에 의하여 진지하게 제기되었다. 1642년에 매사추세츠(Massachusetts)주는 부모들이 최소한 일주일에 한 번씩 종교적 원리들을 교리문답 형식으로 가르쳐야 한다는 것을 요구하는 법을 제정하였다. 그 조항들은 만약 은혜의 계약을 받은 부모들이 자녀들도 똑같이 그것을 받아들이도록 도와주지 않는다면 그들은 계약의 조건들을 성취하지 못할 뿐만 아니라, 스스로 계약의 혜택을 상실할 것임을 지적하였다. 리처드 매튜(Richard Matthew)는 『고별의 훈계』(Farewell Exhortation)에서 교육을 받지 못한 자녀들이 심판의 날에 부모들에게 다음과 같이 언급하리라는 것을 예상하고 있다.

"우리들이 이곳에서 고통당하고 있는 모든 일은 당신들 때문이오. 당신들은 우리들에게 하나님의 모든 일들을 가르쳐야 했음에도 그렇게 하지 않았소. … 당신들은 우리의 본래적 부패와 범죄와 수단이었으므로, 당신들은 우리가 그것으로부터 해방되어야 할 어떠한 관심도 결코 보이지 않았소. … 당신들은 자녀들의 영원한 불행을 예방할 어떠한 동정과 연민도 가지고 있지 않았기에 매우 유감스러운 일이오."

18세기 루소(Rousseau)는 자녀들의 양육이 가정에서 태어날 때부터 시작되는 것이라고 보았다. 그는 부모에 의하지 않고서는 자녀에게 어떠한 악이나 선도 존재하지 않는다는 사실을 주장하였다. 페스

탈로치(Pestalozzi)에게 있어서는 가정과 식구들이 기독교적 양육의 열쇠가 되었다. 그는 "가정에서 사랑이 발견되는 곳마다 자녀들은 하나님을 알 것이다."라고 언급하였다.

19세기에 기독교 교육 역사에서 가장 중요한 선각자 중 한 사람인 호레이스 부슈넬(Horace Bushnell)은 자녀의 양육에서 가정의 결정적인 역할을 재차 강조하였다. 부슈넬은 그의 저서 『기독교적 양육』(Christian Nurture)에서 사회적 집단으로서의 가정은 부모의 정신과 성격이 필연적으로 자녀들의 생활과 성숙에 영향을 준다는 견해를 나타내었다. 부슈넬은 부모의 신앙과 자녀들의 신앙의 동등성을 주장하였다.

"모든 기독교인의 아버지와 어머니는 자녀가 세 살이 되면 자녀의 인격 형성의 절반 이상이 끝났다는 점을 이해해야 할 것이다."

그는 거듭 다음과 같이 언급하였다.

"필연적으로 자녀들은 부모의 선함과 그릇된 실수에 동화된다. 자녀들의 신앙이 결정되는 것은 부모의 본을 통해서이다."

부슈넬에 의하면, 만일 부모들이 기독교인들이 아니라면 진정한 부모로서의 성공은 불가능하다.

"무엇보다 먼저 당신들 속에 그것을 간직하고, 당신들이 살아가는 동안 그것을 가르치시오. 여러분은 다른 어떤 방법으로도 그 일을 할 수 없기 때문에 그것에 따라 살면서 가르치시오."

20세기에 조지 알베르트 코에(George Albert Coe)는 동일한 사상을 주장하였다. 그는 만일 하나님께서 자녀들의 의식과 행위에 살아있는 힘이 되신다면, 부모들은 하나님을 그들의 생활 속에서 실제적이고 현존의 실재로서 표현하여야 한다고 언급하였다. 루이스 셰릴(Lewis J. Sherrill)에게 있어서 가정은 자녀의 가장 중요한 학교였다. 그는 부모들의 현재의 위치와 하는 일에 의하여 자녀에게 하나님의 개념을 형성하는 자료가 제공된다고 말하였다.

1929년, 교황 피우스 11세(Pope Pius XI)의 희람문 "Divini Illius Magistri"는 자녀의 종교 교육에 관한 가정의 책임을 강하게 표명하였다. "부모들은 자녀의 종교적, 도덕적 교육을 관찰하여야 하는 막중한 책무를 지고 있다." 제2차 바티칸 공의회의 "기독교 교육에 관한 선언(Declaration on Christian Education)"에서 재삼 부모의 책임이 확인된다. "부모들은 자신들이 가장 첫째가는 중요한 자녀의 교육자들임을 인식하여야 한다. 그들의 역할은 매우 결정적이어서 그 무엇으로도 역할의 실패를 보상할 수 없다." 1971년의 「일반 교리 문답 지침서」(General Catechetical Directory)에서는 다음과 같이 언급한다. "믿는 사람들의 가정에서 한 사람의 생애에 도래할 미래를 위해 가장 중요한 초기의 몇 달, 몇 년의 생활은 기독교적 인격을 개발할 적절한 환경을 제공한다."(이숙종 편, 1991:pp. 107~112)

자녀들의 양육은 태중에서부터 시작되어야 한다. 부모의 양육 태도에 의해서 자녀도 올바른 인격을 형성할 수 있다. 부모로서의 책임이 우리의 기쁨을 절망으로 바꿀 수 있다. 가정생활의 압박과 부모로서의 막중한 짐은 일상생활 속에서 우리를 억누르고 있다. 우리는 가정을 작은 교회로 인식할 때만 생존할 수 있으므로 가정 안에서 성경적 양육의 책임을 감당해 내야 한다. 우리는 우리의 자녀들을 신실하게 양육하고 기독교 신앙으로 그들을 가르치기 위하여 성경을 필요로 한다. 아동에 대한 부모의 바른 양육 태도와 하나님의 은혜의 도우심과 성령의 위로가 함께할 때 그들의 미래는 희망적이다.

(1) 자녀들을 노엽게 하지 마라

"아비들아 자녀들을 격노케 하지 말지니 낙심할까 함이라"(골 3:21).

오늘날 부모들은 어떠한가? 당신이 무심코 던진 말이나 행동들로 인해 자녀들이 쉽게 상처를 받을 수 있다는 생각을 해 보았는가? 부모들은 이 때문에 자녀들이 노여워하거나 괴로워하고 심지어는 낙심하기까지 한다는 점을 예상하고 다음의 사항들을 유념해야 한다(정광욱, 1992: pp. 105~112).

1) 신체적으로 학대함

믿는 가정을 포함한 그 어떤 가정에서도 야만적인 징벌은 재고할 여지조차 없다. 물론 잘못을 바로잡기 위해서는 회초리도 필요하다. 그러나 주의해야 할 것은 자녀의 잘못에 대하여 물리적인 제재를 가하더라도 반드시 사랑하는 마음이 전제되어야 한다는 것이다. 그런데 잘못된 신체적 학대가 빈번히 일어나는 이유는 부모들이 자기의 복받치는 감정을 자녀들에게 그대로 쏟아 붓기 때문이다. 아이들에 대한 분노와 다른 사람이나 자신에 대한 증오는 분명히 별개인데도 불구하고, 종로에서 뺨 맞고 한강에 가서 눈 흘기는 식으로 흥분된 감정을 아이들에게 전가시키기 때문에 그런 불상사가 일어나는 것이다. 이런 징계는 이미 사랑의 벌이 아니다. 또한 자녀에게 그런 징계를 하는 부모는 정서적, 영적으로 심각한 문제를 안고 있는 사람이다.

2) 심리적으로 학대함

대부분의 부모들은 자녀를 야만스럽게 매질하는 행동에 대해 혐오감을 느낀다. 대신에 이들은 말로써 그와 똑같은 일을 저지르곤 한다. 어른들로부터 무시당하고 인격적으로 짓밟힐 때 아이들은 정서적으로 심한 불안을 느낀다. 이런 심리적인 학대는 아이들에게 신체적인 학대보다도 훨씬 심한 증오와 고통과 좌절을 가져다 주기도 한다. 또 정신적인 영향은 육체적인 영향보다 훨씬 더 치명적이고 지속적이다.

3) 아이들을 무시함

어떤 부모들은 사업이나 사회활동 혹은 교회생활로 너무나 바빠서 자녀들을 위해 할애할 시간이 거의 없다. 사실 이러한 무관심도 자녀들에게 일종의 분노와 고통을 유발시킬 수 있다.

특히 목회 사역을 감당하는 사람들은 다른 직업을 가진 사람들보다 이런 면에서 더 어려움을 겪는다. 다른 사람들을 섬기느라고 너무 분주하여 자기 아이들과 함께 있을 시간이 거의 없기 때문이다. 그래서 많은 선교사와 목회자의 자녀들은 자신이 부모에게 무시당한다고 생각하여 그들에 대해 분노와 적대감을 품는다. 어떤 경우에는 이 감정들이 성경과 하나님에 대한 분노로까지 확대되기도 한다.

이 현상을 이해하기는 그리 어렵지 않다. 그들은 자신이 무시당하는 이유를 바로 부모님이 '하나님을 섬기고 하나님의 말씀을 가르치기' 때문이라고 쉽게 단정하는 것이다.

따라서 자기들로부터 부모를 빼앗아간 그 상대를 미워하는 것은 자연스런 현상이다. 이런 경우, 심리적인 문제는 영적인 것으로까지 비화되기 십상이다.

4) 아이들의 입장을 이해하지 못함

부모들은 자녀의 입장을 전혀 고려하지 않은 채, 일방적으로 무슨 일을 결정하거나 상황을 판단하기가 쉽다. 이럴 때 아이들은 자신이 부모들로부터 제대로 이해받지 못한다고 느껴 분노한다. 이것은 어른들이 오해를 받을 때 화가 나는 것과 마찬가지이다.

자녀들을 이해하는 데는 노력이 필요하다. 특히 오늘날과 같이 급속도로 변화하는 시대에서는 더욱 그러하다. 요즘의 아이들은 대부분 그 나이 또래에 어른들이 겪었던 문제와는 전혀 다른 문제들로 고민하고 있다. 또 기본적인 필요는 같지만, 그것을 채우는 방법이 문화에 따라 상당히 다른 경우도 많다.

그러므로 자녀들의 말에 귀를 기울여야 한다. 어른들의 세계나 부모들의 필요에 너무 집착하느라 아이들이 무엇을 하는지, 그들의 관심이 무엇인지, 또한 그들의 진정한 문제가 무엇인지조차 모를 정도가 되어서는 안 된다. 만약 부모들이 그들을 잘 모르고 또 그들의 마음을 제대로 이해하지 못한다면 자녀들의 생활에 실제적인 도움을 줄 수가 없기 때문이다.

5) 자녀들에게 너무 많은 것을 기대함

어떤 부모들은 자녀에게 너무 높은 기대를 하여 아이의 기를 꺾어 놓기도 한다. 이것도 자녀를 분노와 좌절에 이르게 하는 요인 중의 하나가 될 수 있다. 그러나 실제적인 시각을 가지고 사람이 되어야 한다. 자녀들의 능력과 성취도는 나이에 따라 다르고 개인차도 심하다. 그러므로 모든 아이들에게 동일한 것을 기대하지 말자.

무엇보다도 부모가 어렸을 때 이루지 못했던 자신의 이기적인 욕구를 자녀를 통해서 대리 충족하려고 해서는 안 된다. 이것은 자녀의 자아 형성에 아주 치명적이다.

6) 아이들을 실적으로 평가함

이것은 많은 아이들이 가장 크게 좌절하는 요인이다. 자녀가 자신의 기대치에 도달하면 귀여워해 주고 응석을 받아 주면서, 만일 그렇지 못하면 심하게 벌을 주고 박대하는 부모들이 있다. 그런 부모 밑에서 자라는 아이는 마음속에 적의를 품게 된다. 더욱 심각한 것은 그 아이가 성장해 가면서 하나님도 자기 부모와 같이 자신을 대한다고 단정하게 되는 일이다. 그 자녀는 이렇게 생각할 것이다. "하나님은 내가 착하게 굴면 나를 받아 주고 은혜를 베풀지만, 내가 악하게 행동하면 배척하고 벌 줄 거야."

그러나 이것은 무조건적으로 사랑을 베푸시는 하나님의 모습이 아니라 부모의 모습이다. 물론 하나님은 우리를 징계한다. 그렇지만 언제나 우리의 유익을 위해 제재를 가하실 뿐 절대로 우리를 박대하지는 않으신다. 하나님은 우리가 예수 그리스도를 자신의 구주로 인정하기만 한다면 항상 우리를 받아 주시는 분이다.

7) 아이들에게 자기의 목표와 생각을 받아들이라고 강요함

부모이기 때문에 자기 자녀에 관한 한 누구보다도 가장 잘 알고 있다고 생각하며 또 그들에게 그 점을 주지시키려는 사람들이 있다. 그러나 적어도 청소년기에 접어들었거나 이 시기를 거친 자녀들이라면 직업이나 사회 관계, 심지어 신앙에 이르기까지 자발적으로 결정을 내리길 원한다. 이런 일들을 부모가 자기식대로 강요하면 오히려 부정적으로 반발만 일으킬 뿐이다.

만약 부모가 본을 보이고 진리를 가르치고, 진정으로 예수 그리스도를 닮고자 노력하는 모습을 보였다면, 자녀들은 성장하면서 절대로 부모에게서 받은 인상을 떨쳐 버리지 않을 것이다. 비록 의심하고 회의를 품는 시기가 있다 하더라도 부모의 견해와 삶의 방식 및 믿음을 그대로 수용하게 될 것이다. 부모의 생활이 하나님의 말씀을 그대로 반영하고 있다면 말이다. 단, 이것은 마음속에서 우러나오는 결단이어야 한다. 그러므로 절대로 강요하지 말아야 한다. 먼저 아이들의 말에 귀를 기울이고 그 다음에 차분히 가르쳐야 한다. 자녀들이 내부에서 일어나는 의심과 갈등 그리고 두려운 문제들을 상의해 올 때 무척 기뻐하는 표현을 해 주어야 한다. 그들이 부모에게 자기 문제를 들고 오는 것은 부모와 함께 상의하면 마음에 안정감이 생긴다는 것을 기대하는 증거이다. 이런 경우, 많은 것을 가르치려 하거나 장황하게 설명하려다가 분위기를 망치지 않도록 주의하여야 한다.

8) 부모 자신의 실수를 인정하지 않음

부모가 자녀를 교육할 때 가장 하기 어려워하는 일 가운데 하나가 바로 자녀 앞에서 자신의 실수를 그대로 인정하는 것이다. 다시 말해서 "애야, 미안하구나."라고 말하는 것을 어려워한다. 그러나 사과하거나 용서를 구하는 일을 조금도 주저하지 말아야 한다. 그렇게 한다고 해서 부모의 권위가 땅에 떨어지는 것은 아니다. 오히려 아이들에게 존경을 받게 된다. 그리고 성경의 위대한 진리를 몸소 본으로 가르치는 격이 되어 말로 가르치는 것 이상의 교육 효과를 거둘 수 있다. 그러나 만약 부모가 자신의 실수를 인정하지 않으면 아이들은 그것을 알게 되고 부모를 존경하는 마음에 큰 상처를 입기도 한다.

(2) 주 안에서 양육하라

바울은 부모가 마땅히 행하지 말아야 할 사항을 조목조목 열거하고 나서 당연히 해야 할 일을 교훈한다. 자녀들을 양육하는 데는 기본적으로 두 가지 방법이 있다. 부모가 스스로 본이 되는 일과 바른 교훈을 가르치는 일이 바로 그것이다(정광욱, 1992: pp. 112~118).

1) 본이 됨

어린아이들을 가르치는 데 있어 가장 효과적인 방법은 무엇보다 부모가 직접 본을 보이는 것이다. 부모와 좋은 관계를 가지고 있어서 부모와 함께 있을 때 편안함을 느끼고 부모를 사랑하는 자녀들은 자연스럽게 부모를 닮아간다. 특히 청소년기로 들어서는 아이들은 더욱 그렇다. 부모와 같은 방식으로 말하려 하고, 목소리도 그대로 흉내내려고 한다. 만약 부모가 큰 소리로 거칠게 말하거나 고함을 지르면, 아이들도 그와 똑같이 따라하게 된다. 만약 부모가 자녀들의 요구에 민감하고 그들을 대할 때 진실하며 이해심을 많이 보이면, 그들도 그와 같은 성품을 가지게 된다. 비결은 아주 간단하다. 만약 여러분의 자녀들이 예수 그리스도를 닮기 원한다면 그분이 제자들에게 하셨던 것처럼 여러분도 자녀들에게 좋은 본을 보이면 된다.

2) 바른 교훈

바울은 데살로니가전서에서 부모와 자녀의 관계를 비유로 들어 데살로니가 교회에서 행한 자신의 사역을 설명한다. "너희도 아는 바와 같이 우리가 너희 각 사람에게 아비가 자기 자녀에게 하듯 권면하고 위로하고 경계하노니 이는 너희를 부르사 자기 나라와 영광에 이르게 하시는 하나님께 합당히 행하게 하려 함이라"(살전 2:11~12).

여기에서 바울은 먼저 아버지가 자녀에게 어떻게 해 주어야 하는지를 제시한다. 아버지는 각 자녀를 하나의 인격체로 대우해 주며, 그들의 개인적 필요를 채워 주어야 한다고 말하고 있는 것이다. 다시 말하면, 아버지는 가정을 돌볼 뿐만 아니라 그 구성원인 자녀 한 사람 한 사람을 성의껏 보살펴 주어야 한다. 여기에는 세 가지 방법이 있다. 바울은 그 방법을 '권면'과 '위로'와 '경계'로 표현했다.

부모는 자녀들을 꾸준히 권면해야 한다. 긍정적인 말로 그들을 격려하고, 부모가 그들의 관심사에 얼마나 신경을 쓰고 있는지, 자녀들이 잘 성장하면 부모가 어느만큼 자랑스러워하는지를 보여 주고, 심지어는 그들이 어떤 문제를 일으키더라도 사랑하는 마음에는 절대로 변화가 없다는 사실을 믿을 수 있게 해 주어야 한다.

자신이 어떤 문제를 일으키지 않으면 부모의 관심을 끌지 못한다고 생각하는 아이들이 많이 있다. 그래서 심한 경우에는 관심을 받기 위해서 아픈 매질도 감수하는 아이들이 있다. 우리 자녀들에게 이런 일이 일어난다면 이 얼마나 불행한 일인가? 더군다나 이런 상황에 이르렀는데도 부모가 자녀의 심리를 전혀 파악하지 못한다면 그 얼마나 큰 비극인가?

부모가 자녀들에게 해 주어야 하는 가장 중요한 일 가운데 하나는,

그들이 신체적으로나 감정적으로 상처를 입었을 때 위로해 주는 일이다. 부모는 아이들의 아픔과 분노를 자신의 것으로 느낄 줄 알아야 한다.

자녀들은 학교에서 선생님이나 다른 아이들과의 관계에 안 좋은 일이 있어서 짜증이 나거나 상처 입은 마음으로 집에 돌아올 때가 많다. 그런데 그들이 부모로부터 듣는 첫 마디는 "너 그러면 안 돼!"라는 식의 꾸중이다. 그러나 예를 들어 어머니가 "애, 너 오늘도 많이 힘들었구나. 어디 나한테 이야기 좀 해 줄래?" 하면서 자기 아픔을 알아 준다면 분노와 상처는 쉽게 사그라질 것이다.

어른들에게도 유난히 힘든 날이 있듯이 아이들에게도 그런 날이 있기는 마찬가지이고, 그 느낌 역시 똑같다. 어른들과 마찬가지로 아이들도 자기 아픔을 알아 주는 사람이 없이 계속 꾸중만 듣게 되면 분노하게 되고, 결국에는 마음에 깊은 상처를 입어 쉽게 치유하기 힘든 상태가 된다.

부모의 책임은 아이들을 위로하고 비록 그 감정이 남을 미워하는 것일지라도 자기 심정을 그대로 표현할 수 있도록 도와주며, 또 그 문제를 바로 볼 수 있게 지도해 주는 일이다.

아이들의 감정 표출에는 나름대로 충분한 이유가 있다. 그들은 그리 세련되지 못한 세계 속에서 살고 있으며, 때로는 어른들처럼 모순과 나약함에 사로잡히기도 한다. 그래서 이것 때문에 친구들에게 비난받을 때가 자주 있다. 그러니까 아이들의 기분이 늘 명랑하지 않다고 해서 그리 걱정할 필요는 없다.

바울은 자기 사역을 되돌아보며 아버지의 관점에서 데살로니가 교인들에게 경계한다. 그는 하나님께 합당한 삶을 살도록 자녀들을 격려하는 일에 대해 이렇게 말한다.

"우리가 너희 믿는 자들을 향하여 어떻게 거룩하고 바르고 흠 없이 행한 것에 대하여 너희가 증인이요 하나님도 그러하시도다"(살전 2:10).

부모가 자녀들을 양육함에 있어 갖추어야 할 기본 자질은 생활로 직접 보여 주는 것이다. 올바르고 경건한 삶에 대한 경계는 바른 가르침과 본을 통해서만 가장 큰 효과를 거둔다. 부모는 자녀들에게 죄와 그것이 주는 위험, 그리고 그에 따른 비참한 결과에 대해서 주저하지 말고 경계하고 교훈해야 한다. 이것은 부모에게 맡겨진 교육적 책임 가운데 중요한 부분이다. 부모는 진정한 행복을 찾을 수 있는 유일한 길이 하나님의 뜻을 행하고 그분을 기쁘시게 하는 삶을 살면서 그 안에서 안식을 찾는 것뿐임을 자녀들이 깨닫도록 도와주어야 한다.[41]

(3) 좋은 부모됨

부모로서 당신은 어떤 장점을 가지고 있으며, 또 당신의 어떤 점을 개선해야 하는지 점검해야 한다. 부모로서의 책임을 다하기 위하여 당신은 자녀들에게 무엇을 가르치고 경계하며, 어떻게 위로하고 격려할 수 있는가? 남편으로서(혹은 아내로서) 자신의 강한 부분과 약한

---

41) 자녀를 양육하고 관심을 가지는 일은 부모들에게만 국한되는 책임이 아니다. 어떤 의미에서 보면 모든 신자들은 서로에 대해 '부모' 입장에 있다. 우리는 '피차에 비방하지'(약 4:11) 말고, '서로 원망하지'(약 5:9) 말아야 한다. 또 '서로 판단하지'(롬 14:13) 말고, 오히려 '피차 가르치며 권면'(골 3:16)해야 한다. '매일 피차 권면'(히 3:13)해야 하는 것이나. 우리는 모두 '서로 돌아보아 사랑과 신행을 격려'(히 10:24)해야만 하는 것이다. 이런 자세로 사람들을 대할 때 분노와 고통과 실망이 따르는 대신 화합과 일치를 이루게 된다.

부분이 무엇인지 아래의 점검표에 체크하며 생각해 보자. 그리고 이것을 가지고 서로의 마음을 나누어 보자. 자녀들을 돕는 일에 대해 부부가 함께 새롭고 구체적인 목표를 설정해 보자.

자녀를 건강하게 양육[42]하기 위해서 어떻게 도울 수 있는지를 부부 간에 상의하고 어떤 일부터 우선적으로 할 것인가를 결정해 보자.

· 자녀의 말에 귀를 기울일 줄 아는 부모이다.
· 자녀가 하는 일에 적극적인 관심을 보이는 부모이다.
· 자녀의 머리가 아닌 가슴을 대상으로 이야기할 줄 아는 부모이다.
· 자녀의 장점을 발견할 때 계속 격려해 줄 줄 아는 부모이다.
· 자녀의 아홉 가지 단점을 가려 줄 줄 아는 부모이다.
· 자녀에게 지나친 간섭을 하지 않는 절제력을 갖춘 부모이다.
· 자녀를 친밀하게 사랑으로 돌보는 부모이다.
· 자녀의 특성과 욕구를 이해할 줄 아는 부모이다.
· 자녀의 자존심을 세워 주는 부모이다.
· 자녀를 노엽게 하지 않는 부모이다.
· 자녀가 마땅히 행할 길을 제시하며 가르쳐 주는 부모이다.

---

42) 자녀들을 주님의 가르침과 훈계로 양육하면 점차적으로 그들이 창조력을 개발할 수 있게 된다. 하나님은 자녀 양육에 있어 부모에게 어떤 고정된 틀을 강요하시지 않는다. 성장하고 변화하는 과정은 자녀 양육과 훈계에 대한 부모의 자세에 끝없는 변화를 요구한다. 따라서 이 아이에게 맞는 훈계 방법이라고 해서 저 아이에게도 맞는 것은 결코 아니다. 부모는 자녀 한 명 한 명을 독립된 인격체로 대해 주어야 하고, 개개인의 독특한 요구에 맞게 응해 주어야만 한다. 아이를 훈계하는 데 있어 정도(正道)는 없다. 그러므로 어느 누구도 부모들에게 그들의 양육 방법에 대해 옳고 그름을 지적할 자격이 없다. 바람직한 자녀 양육 방법은 부모가 자녀들을 사랑하고 이해하며 그들의 요구와 성격을 잘 파악하여야 한다는 성경의 원리와 지침에 어긋나지 않으면 된다.

- 자녀의 비전을 이룩할 수 있도록 격려하는 부모이다.
- 자녀의 영을 일깨우기 위해서 날마다 말씀을 제시해 주는 부모이다.
- 자녀의 이름을 부르며 매일 기도해 주는 부모이다.
- 자녀의 행동을 끊임없이 주시하되 사랑으로 돌보아 주는 부모이다.
- 자녀가 하나님의 뜻을 분별할 수 있도록 돕는 부모이다.
- 자녀와 허심탄회한 대화의 시간을 가지는 부모이다.
- 자녀의 고민을 이해하고 자녀의 실수를 받아 주는 부모이다.
- 자녀에게 부모의 권위를 존중할 수 있도록 삶의 규범을 보여 주는 부모이다.
- 자녀가 습관적인 잘못에 빠질 때 근실히 징계하며 바른 길을 제시할 줄 아는 부모이다.
- 자녀의 재능과 은사를 소중하게 여기며 마음껏 발휘할 수 있도록 돕는 부모이다.
- 자녀 앞에서 부부로서 혹은 부모로서 모범을 보이며 서로 칭찬하는 부모이다.

(홍일권, 2000: pp. 239~240)

(4) 성경적인 가정교육 - 구약의 모델

바울은 믿는 부모에게 있어서 가장 우선되는 책임은 자녀 양육이라고 분명히 말한다. 그리고 이 과정이 어떠해야 하는지를 자신의 삶을 예로 들어 설명하고 있다(살전 2:11~12). 자녀들을 주의 교훈과 훈계로 양육하는 과정에 대해 바울이 제시한 모델은 매우 상세하며, 또한 아주 독특하다. 여기에는 인류 역사 가운데 어느 시대, 어느 장소에 살든지 간에 가정에서 부딪히게 되는 중요한 문제가 다 포함되어 있다. 또한 어떤 상황에 처해 있든지 현대를 살아가는 사람들이 성공적인 부모가 되는 데 있어서 갖춰야 할 모든 요소와 사상 그리고 실천 방안들이 담겨 있다. 이제 이 구약의 모델을 한 번 살펴보겠다. 이 안에는 부모들을 위한 다음 세 가지 교훈이 기록되어 있다(정광욱, 1992: pp. 119~131).

| 개인의 헌신

"이스라엘아 들으라"(신 6:4상).

이 말은 모세가 이스라엘 백성들에게 선포한, 간곡한 부탁과도 같은 권면이다. 이스라엘 백성들은 우상 숭배와 부도덕을 일삼았던 부모들의 죄로 인해 40년간이나 광야를 헤매야 했다. 그런데 그 지루한 방랑 생활이 이제 막 끝난 것이다. 새로운 세대는 지금 약속의 땅인 가나안에서 불과 얼마 떨어져 있지 않은 곳에 진을 치고 있다. 그들은 곧 약속의 땅으로 들어가게 될 것이다.

이런 상황에서 지도자 모세는 그들에게 하나님의 율법을 복습시키고 있다. 여기서 모세의 관심은 우선 제 1 계명에 모아지고 있다. 이스라엘 백성들은 율법의 진수를 이루는 이 계명을 이미 범하고 말았다. 여호와 하나님은 전에 시내 산에서 천둥과 같은 음성으로 이와 같이 말씀하셨다. "나는 … 너의 하나님 여호와로라 너는 나 외에는 다른 신들을 네게 있게 말지니라 너를 위하여 새긴 우상을 만들지 말고 그것들에게 절하지 말며 그것들을 섬기지 말라"(출 20:2~5).

하나님이 이렇게 분명히 우상 숭배를 금하셨음에도 불구하고 이스라엘 백성들은 금송아지에게 절하여 그분의 말씀을 어겼고, 그 결과 하나님의 준열한 진노가 그들에게 임했다. 그래서 모세는 반복해서 강조한다. "들으라 이스라엘아 우리 하나님 여호와는 오직 하나인 여호와시니"(신 6:4). 이 말은 하나님만이 절대자시며 그분 외에는 구원자가 없다는 뜻이다. 이 경고와 함께 모세는 이스라엘 백성들에게 다시는 이방 세계의 거짓 신들에게 고개를 돌리지 말라고 권면한다.

그날 모세가 선포한 메시지에는 이스라엘 백성들이 가진 신관(神觀), 곧 하나님에 관한 관념 이상의 내용이 담겨져 있다. 그 말씀 속에는 그들의 감정과 의지뿐 아니라 인간 존재 전체가 포함되어 있는 것이다. 계속해서 모세는 다음과 같이 말한다. "너는 마음을 다하고 성품을 다하고 힘을 다하여 네 하나님 여호와를 사랑하라 오늘날 네게 명하는 이 말씀을 너는 마음에 새기고"(신 6:5~6).

모세는 여기서 각 개인이 하나님께 전심전력할 것을 요구한다. 우리가 항상 하나님 앞에서 진실하려면 그분의 계명에 전적으로 동의하는 것만으로는 부족하다는 것이다. 모세가 여기서 말하는 사랑에는 절대적인 순종이 포함되어 있다. 그는 앞 절에서 이렇게 말했다. "이스라엘아 듣고 삼가 그것을 행하라"(신 6:3). 그런데 이런 종류의 순종은 반드시 감정의 본바탕인 마음에서부터 우러나와야 한다. 그리고 인격의 근원인 영혼에서 솟아나와야 한다. 여기에는 신체에서 나오는 에너지 역시 들어가야 한다. 간단히 말해서, 하나님께 전념해야만 사람은 그분 앞에서 진실할 수 있는 것이다.

이스라엘 백성들은 시내 산에서 비참한 실패를 맛보아야 했다. 그 이유는 하나님의 말씀을 지키지 않았기 때문이다. 그들은 하나님의 음성을 듣기만 했을 뿐 그분께 자신을 진정으로 드리지 않았다. 그들의 삶은 여전히 자신이 주체가 되는 삶이었다. 그들은 하나님을 심각하게 생각하지도 않았다. 욕심, 불안감, 야망을 그대로 간직하고 있었고, 그래서 옛 생활로 되돌아가고 만 것이다. 그래서 하나님이 처음에 율법을 주실 때 예상하신 대로 그들은 결국 실패하고 말았다. 우상 숭배를 금지하면서 하나님은 이렇게 말씀하신 바 있다. "나 여호와 너의 하나님은 질투하는 하나님인즉 나를 미워하는 자의 죄를 갚되 아비로부터 아들에게로 삼사 대까지 이르게 하거니와"(출 20:5).

▎성경적인 대화

개인적인 헌신에 관한 말씀에 이어 모세는 자녀들에게 어떻게 훈계해야 할 것인지를 자세하게 일러 준다. 그래야만 부모 세대에 겪은 '광야의 방랑 생활'이 자녀들 세대에 되풀이되지 않게 된다. "네 자녀에게 부지런히 가르치며 집에 앉았을 때에든지 길에 행할 때에든지 누웠을 때에든지 일어날 때에든지 이 말씀을 강론할 것이며 너는 또 그것을 네 손목에 매어 기호로 삼으며 네 미간에 붙여 표를 삼고 또 네 집 문설주와 바깥 문에 기록할지니라"(신 6:7~9).

물론 이 가르침은 비유적으로 표현되어 있지만, 이스라엘 백성들은 모세의 의중을 깨닫고 있었다. 모세는 부모가 그 자녀들에게 지극히 평범한 일상생활 속에서 아주 자연스럽게 하나님의 말씀을 전달하도록 명한 것이다. 음식을 대할 때에는 이를 주신 하나님께 감사해야 했다. 산책을 나갔을 때에는 그처럼 안전하게 발을 붙이고 살 수 있는 땅을 주신 하나님을 찬양해야 했으며, 젖과 꿀이 흐르는 가나안을 밟게 해 주겠다는 그분의 약속을 되새겨야 했다. 저녁에 휴식을 취하기 위해 누울 때는 노예생활에서 해방시켜 주신 하나님께 목소리를 높여 감사 기도를 드려야 했다. 또 아침에 일어날 때에는 아무런 압

V. 성경에 나타난 아동복지

제도 받지 않고 자유롭게 다시 새로운 하루를 맞이하게 해 주신 하나님을 기억해야 했다.

물론 앞에서 말한 헌신과 가르치는 일은 아주 밀접한 관계를 가지고 있다. 다시 말해서, 하나님의 말씀을 일상의 언어와 동작을 통해 자녀들에게 전달하는 일은 하나님의 말씀을 내 것으로 소화시켰을 때에만 가능하다. 앉았을 때든지, 걸어갈 때든지, 누워 쉴 때든지, 아니면 일어날 때든지 그 어떤 상황에서도 성경 말씀을 이야기할 수 있다는 것은 생활 방식 전체가 성경을 반영하고 있을 때만 가능하다. 모든 신체 하나 하나('손목'이나 '미간') 그리고 구조물 구석구석('문설주')에 하나님의 뜻이 스며들어 있으려면 하나님의 진리가 우선 '마음 안에' 있어야만 한다는 것이다(신 6:8~9).

| 세상적인 것을 버리자

이스라엘 백성들이 광야 생활을 했던 것은 애굽의 세상적인 체제를 새롭게 혼합하였기 때문이다. 이들은 식탁 위에 좀 더 색다른 반찬을 올리고 싶은 욕심에 애굽에서의 노예 생활을 동경하기까지 했다(민 11:5~6). 모세가 시내 산에서 하나님의 놀라운 계시를 받는 도중에도 이들은 그가 내려오기까지 참지 못하고 또다시 우상 숭배를 하고 말았다. 도무지 믿어지지 않는 일이다.

그러나 모세는 이들의 연약함을 이해했다. 그가 이들의 변덕과 불평을 40년간이나 견디며 지내온 것도 이 때문이다. 그렇지만 바로 눈앞에 있는 가나안 땅을 내다보면서 이렇게 경고한다. "너는 조심하여 네 하나님 여호와께서 … 맹세하신 땅으로 너로 들어가게 하시고 … 크고 아름다운 성을 얻게 하시며 … 아름다운 물건이 가득한 집을 얻게 하시며 … 우물을 얻게 하시며 … 포도원 감람나무를 얻게 하사 너로 배불리 먹게 하실 때에 너는 조심하여 너를 애굽 땅 종 되었던 집에서 인도하여 내신 여호와를 잊지 말고"(신 6:10~12).

하나님은 이스라엘 백성들에게 시내 산에서의 참담한 실패 이후 또 다른 기회를 주셨지만, 그들은 다시 실패하고 말았다. 이로 말미암아 이스라엘 백성들은 하나님의 심판을 받았다. 여호수아의 인도하에 가나안에 들어간 이후 그들이 어떤 생활을 했는지는 사사기에 생생하게 묘사되어 있다. 거듭되는 경고에도 불구하고 이들은 어떻게 행했는가? "여호와의 종 눈의 아들 여호수아가 죽으매 … 그 세대 사람도 다 그 열조에게로 돌아갔고 그 후에 일어난 다른 세대는 여호와를 알지 못하며 여호와께서 이스라엘을 위하여 행하신 일도 알지 못하더라 이스라엘 자손이 여호와의 목전에 악을 행하여 바알을 섬기며 …하나님 여호와를 버리고 … 여호와를 진노하시게 하였으되"(삿 2:8~14).

한 민족의 생활양식이 한 세대만에 어쩌면 이토록 달라질 수 있는가 하겠지만 이것은 사실이다. 모세는 약속의 땅 가나안에 들어가기 전에 부모들에게 미리 경고했지만, 그들은 모세의 말대로 이행하지 않았다. 그들은 하나님께 헌신하는 것과 자녀들에게 성경을 이야기해 주는 일에 방심했다. 자신과 자녀들 모두가 가나안의 죄악에 오염되도록 방치한 것이다. 몇 년 후, 이스라엘 백성들은 결국 하나님에게서 돌아서고 말았다.

| 21세기 부모들을 위한 교훈

이상에서 살펴본 구약의 모델은 모든 시대의 모든 가정이 유익한 가르침으로 배울 만하다. 우리는 우리의 삶을 이 구약의 원리와 대조하여 이해해 볼 필요가 있다. 자녀들에게 하나님의 뜻을 따라 살도록 가르치려면 단순히 말만 가지고는 안 된다. 삶 속에서 기독교 신앙의 실제를 보여 주어야 한다.

 만약 자녀들에게 하나님의 뜻을 말로만 가르치고 교회에 보내면서 부모들은 성경의 교훈에 배치되는 삶을 산다면, 이중으로 치명적인 악영향을 끼치게 된다. 세속 심리학자들도 인간의 행동이 가치 전달에 있어서 얼마나 큰 영향을 주는지를 인정한다. 수천 명의 아동들을 대상으로 성장 유형을 관찰한 영국의 심리학자 해드필드(J. A. Hadfield)는 다음과 같은 말을 했다. "우리는 아동들이 아주 자연스러운 과정을 통해서 행동의 기준과 도덕의식을 개발한다는 사실을 알고 있다. 우리가 아동들에게 도덕적 금언 한 마디 가르쳐 주지 않는다 하더라도 그들은 우리의 행동을 통해서 옳고 그름을 판별하는 도덕적, 비도덕적 기준을 개발할 것이다."

 실제로, 그리스도를 전하는 데 있어서 인품은 교리에 관한 그 어떤 논리 정연한 설명보다 훨씬 더 중요하다. 인격은 가르침에 대해서 마음을 열게 하는 기본적인 조건이기 때문이다. 이것이 바로 모세가 하나님께 대한 전심전력을 강조한 이유이기도 하다. 그러므로 부모가 여호와 하나님을 마음과 영혼과 온 힘을 다해 사랑할 때 우리의 자녀들이 부모의 말을 진지하게 받아들이게 되며, 비로소 성경적 양육이 가능해지는 것이다.

 부모는 자녀들에게 성경 말씀을 전달해야 한다. 단, 부모가 먼저 그리스도께 전적으로 헌신해서 하나님의 말씀이 부모의 존재 전체에 스며들이 있어야 한다. 그럴 때만 자녀들과 자연스러운 대화를 나눌 수 있게 된다. 이런 교육이 이루어지는 데에는 우리가 누구이든지,

무엇을 하는 사람이든지 상관없다. 그리고 공식적인 교육도 중요하지만 생활에서 자연스럽게 이루어지는 교육만큼 절대적이면서 지속적인 영향을 주는 것은 없다. 부모들은 마땅히 하나님의 진리를 자신들이 살고 있는 상황에 연결시킬 준비를 갖추고 있어야 한다. 그 상황이 어떠하든지간에 말이다. 그래서 모세는 집에 있을 때나 길을 걸어갈 때, 또한 누울 때나 일어날 때나 언제든지 하나님의 율법을 이야기하라고 이스라엘 백성들에게 가르친다. 이런 때야말로 정말 의미 있는 대화를 나눌 수 있는 적절한 기회이기 때문이다.

모세는 "부지런히 가르치라."고 권한다. 그런데 이와 같은 지속적인 대화에는 끊임없는 노력이 절실히 요청된다. 또 정신을 차려 주어진 기회를 적절히 활용하는 지혜도 필요하다.

나무숲을 지날 때, 아름다운 산을 올라갈 때 또는 들판을 지나 드라이브할 때는 하나님의 창조에 대해 이야기하기 가장 좋은 시간이다. 그리고 저녁에 아이들을 다독거려 재울 때, 새 아침을 맞이할 때만큼 하나님의 보호하심을 가르치기에 좋은 시간은 없을 것이다. 또한 맛있는 음식이 차려진 식탁보다 하나님의 계속적인 공급하심을 이야기하기 좋은 곳이 어디 있겠는가? 거기에 또 한 가지, 맛있는 식사를 준비하기 위해 사랑으로 수고하는 엄마에게 깊은 감사를 느끼게 해 줄 기회가 언제 또 있겠는가?

우리가 오염된 세상으로부터 벗어나기 위해 아무리 애를 써도 이는 헛수고일 뿐이다. 우리는 세상 속에 살고 있고, 또한 세상에 둘러싸여 있기 때문이다(고전 5:9~11). 그렇지만 세상의 영향을 입어 그의 가치 체계에 동화될 필요는 없다.

그런데 이스라엘 백성들은 바로 이런 경로를 거쳐 타락했다. 그들은 가나안에 도착하자 그곳의 신, 곧 물질주의의 신을 섬기기 시작했다. 약속의 땅에서 물질의 축복을 받고 나니 축복의 근원되시는 하나님은 곧 잊혀지고, 결국에는 '야, 드디어 학수고대하던 것을 이루게 되었다!' 라는 생각이 들었다. 불행하게도 자녀들은 부모들의 그 교만한 말을 믿었다. 교육의 결과는 두 가지 방향으로 나타난다. 즉, 하나님께로 향하게 하거나 아니면 하나님으로부터 등을 돌리게 하는 것이다. 가나안에 도착한 이후부터 더욱 짙어진 타락의 색조는 이 새로운 세대로 하여금 하나님과 멀어지게 만들었다. 일반적으로 해서는 안 될 일은 해야 될 일보다 훨씬 강한 매력을 준다. 사탄은 바로 이 점을 노린다. 세상은 보다 흥미롭고, 보다 짜릿하며, 보다 자극적인 놀이를 하도록 유혹하지만 그 마지막은 멸망과 죽음이다.

 21세기를 사는 부모로서 물질주의와 세속주의를 앞세워 물밀듯이 침투해 들어오는 세상적인 영향에 대해 경계를 늦추지 말아야 한다. 오늘날 사탄이 사용하는 도구는 텔레비전, 문학, 영화, 세속적인 학교 체제 그리고 일반적인 생활 방식이다. 그러나 무엇보다도 경계할 것은 우리 자신들의 삶을 통해서 아이들에게 유입되는 세속적 영향이다. 기억하자. 이스라엘 백성들이 완전히 파멸당하는 데는 한 세대밖에 걸리지 않았다. 만약 우리가 하나님과 세상의 이중적인 기준을 가지고 살아간다면, 우리의 자녀들은 그 중 한 가지 기준에 맞춰 생활하게 될 것이다.

(5) 가정에 대한 성경적 지침
1) 성경적 가정의 기본적인 목표와 지침
❶ 결혼하기 전에 먼저 자신이 영적으로, 정신적으로 성숙한 상태

인지를 확인할 것(롬 12:1~2).

❷ 결혼이란 남녀의 영원한 관계임을 인정할 것. 또한 이것이 하나님의 온전하신 뜻임을 인식할 것(마 19:4~6).

❸ 결혼하기 전에는 결혼 생활에 장애가 될 만한 일을 미리 피할 것.

❹ 가정의 세 가지 기본적인 목표, 즉 온 가족의 믿음, 소망, 사랑이란 영적인 목표를 달성하기 위한 구체적인 방법을 마련해 둘 것(고전 13:13).

❺ 누구나 죄성을 가지고 있음을 기억하고 하나님의 말씀에 따라 살기 위해 끊임없이 노력할 것(고전 10:13).

2) 성경적 가정의 기능과 원리

위에 제시한 내용은 이상의 기능들에 대해서 성경이 무엇을 말하는지, 또 우리가 이 기능을 수행하기 위해 적절한 형식과 조직을 어떻게 마련해야 하는지에 관해 도움을 줄 것이다.

성경은 미리 정해진 틀이나 조직 속에 우리를 구속하지 않고 자유를 준다. 우리는 적절한 형식을 개발하여 성경에서 말하는 목표에 도달하고 영적인 기능을 수행해야 할 책임이 있다.

부모들이 성경의 원리와 지침에 비추어 자신들이 원하는 바를 점검하는 일은 대단히 중요하다. 예를 들어, 아이들에 대한 요구가 지나치지 않았는가? 혹시 너무 이기적인 요구는 아닌가? 그것이 아이들을 무시한 처사는 아닌가? 지금의 생활 태도와 전혀 무관한 것은 아닌가? 부모의 사고가 아이의 생각과 동떨어져 있지는 않는가? 이

기 능	원 리
아내의 복종 (엡 5:22~23)	· 순종 · 온유하고 안정된 성령 · 가족에 대한 사랑의 자세와 헌신 · 가정을 최우선으로 생각하는 마음
사랑으로 머리 됨 (엡 5:25~33; 벧전 3:7)	· 이타심 · 겸손과 섬김의 자세 · 자기 희생 · 이해심과 가족의 심리에 민감함
자녀의 순종 (엡 6:1~3)	· 존중 · 공경
양육 (엡 6:4)	· 바른 아버지상 · 끊임없는 모범 · 자발성 · 훈계- 사랑과 인내, 연령에 따른 차이와 개인 　의 성향을 보는 능력(신 6:6; 잠 22:6)

〈표 5-1〉 성경적 가정의 기본적인 기능과 원리

성적으로 잘못 판단을 한 것은 아닌가? 지나치게 관대한 것은 아닌가? 가장 중요한 것은 부모의 태도가 다른 부모들과 판이하게 달라 어떤 문제를 일으키지는 않았나를 살펴보는 일이다. 만약 그렇다면 부모의 태도는 곧 자녀에게도 문제를 일으킬 것이다. 왜냐 하면 부모의 생활 태도가 다른 부모와 너무 다르면 아이가 자기의 환경을 극복해 내기가 어렵기 때문이다. 따라서 부모들은 자녀 양육을 위해 성경적 양육을 생활에서 어떻게 적용하는 것이 성경이 제시하는 원리와 지침에 벗어나지 않는 것인가를 반드시 점검하고, 자신들이 바라는 바를 자녀에게 주장하기 위하여 커뮤니케이션에 대한 성경적 접근법을 적절히 활용할 수 있어야 한다.

3) 가정에 대한 일반적인 지침

"오직 너희는 그리스도를 이같이 배우지 아니하였느니라 진리가 예수 안에 있는 것같이 너희가 과연 그에게서 듣고 또한 그 안에서 가르침을 받았을진대 너희는 유혹의 욕심을 따라 썩어져 가는 구습을 좇는 옛 사람을 벗어 버리고 오직 심령으로 새롭게 되어 하나님을 따라 의와 진리의 거룩함으로 지으심을 받은 새 사람을 입으라"(엡 4: 20~24).

바울은 가정과 교회에서 혹은 믿지 않는 친구들과 함께 생활하면서 주의해야 할 사항을 자세하게 일러 준다. 즉, 오랜 관습에 젖었던 옛 모습을 벗어 버리고 그리스도를 닮아 새로워져야 한다는 것이다.

- 정직 : "거짓을 버리고 각각 그 이웃으로 더불어 참된 것을 말하라"(엡 4:25).
- 자제 : "분을 내어도 죄를 짓지 말며 해가 지도록 분을 품지 말고"(엡 4:28).
- 성실 : "도적질하는 자는 더 이상 도적질하지 말고"(엡 4:28).
- 근면 : "제 손으로 수고하여 선한 일을 하라"(엡 4:28).
- 남을 위한 생활 : 일하는 목적은 "빈궁한 자들에게 구제할 것이 있기 위함"이 되어야 한다(엡 4:28).
- 신중함 : "무릇 더러운 말은 너희 입 밖에도 내지 말고"(엡 4:29).
- 관심 : "오직 덕을 세우는 데 소용되는 대로 선한 말을 하여"(엡 4:29).
- 하나님께 대해 예민함 : "하나님의 성령을 근심하게 하지 말라"(엡 4:30).

이 구체적인 권면에 이어 바울은 자신의 생각을 이렇게 요약하고 있다. "너희는 모든 악독과 노함과 분냄과 떠드는 것과 훼방하는 것을 모든 악의와 함께 버리고 서로 인자하게 하며 불쌍히 여기며 서로 용서하기를 하나님이 그리스도 안에서 너희를 용서하심과 같이 하라 그러므로 사랑을 입은 자녀같이 너희는 하나님을 본받는 자가 되고 그리스도께서 너희를 사랑하신 것같이 너희도 사랑 가운데서 행하라 그는 우리를 위하여 자신을 버리사 향기로운 제물과 생축으로 하나님께 드리셨느니라"(엡 4:31; 5:2).

4) 가정에 대한 특별 지침

교회에게 준 바울의 교훈은 가정을 향한 메시지이기도 하지만, 가족 관계에 초점을 두고 언급한 말도 몇 가지 있다. 바울은 에베소 교회 신자들에게 신앙생활 전반에 관하여 교훈하면서 이방 가정과는 다르게 기독교 가정이 가져야 할 특징을 네 가지로 간략하게 지적한다.

아내가 남편에게 : "아내들이여 자기 남편에게 복종하기를 주께 하듯 하라"(엡 5:22).
남편이 아내에게 : "남편들아 아내 사랑하기를 그리스도가 사랑하심같이 하라"(엡 5:25).
자녀가 부모에게 : "자녀들아 너희 부모를 주 안에서 순종하라"(엡 6:1)
아버지가 자녀에게 : "아비들아 너희 자녀를 노엽게 하지 말고 오직 주의 교양과 훈계로 양육하라"(엡 6:4).

바울의 의도를 확실하게 이해하기 위해서는 이 말의 전체적 문맥, 즉 성경의 문맥과 그 시대의 문화적인 상황을 살펴보는 것이 중요하다. 우리는 '복종' '사랑' '순종' 등을 개별적인 개념으로 생각해 왔다. 그 결과, 아내와 아이들은 늘 남편(혹은 아버지)의 의견과 주장을 따르는 것을 자연스러운 것으로 여기게 되었다. 이렇게 된 것은 우리가 가족 관계에 대한 편협한 시각에서 벗어나지 못한 탓이다. 반면에 성경이 가르치는 원리는 이와 다르다.

좀 더 자세하게 설명하자면, '복종'은 아내에게만 요구되고 '사랑'은 남편에게만 요구되는 덕목이 아니다. 마찬가지로 '순종'이나 '공경' 역시 자녀에게 국한되어 적용되는 것이 아니라 가족 구성원 모두에게 해당되는 것이다. 모든 가족 구성원들은 '피차 복종' 해야 한다(엡 5:21). 아내는 남편에게 복종해야 할 뿐 아니라 남편도 아내에게 복종해야 한다. 또한 모든 가족 구성원들은 '사랑'으로 행해야 한다(엡 5:2). 그리고 권위 있는 자리에 앉은 사람들에게 '복종'하고 '공경'해야 한다(살전 5:12; 히 13:17). 교회의 지도자들은 자신들로부터 가르침을 받는 사람들 위에 군림해서는 안 되며, '양무리들의 본'이 되어야 한다(벧전 5:3). 그리고 그리스도인들은 모두 서로 시험들게 하는 일을 피하고 서로 가르치며 권면해야 한다(골 3:16).

바꾸어 말하면, 가정은 작은 교회이기 때문에 부부가 서로 존중하며 사랑해야 하고, 자녀들은 부모를 공경하고 부모는 자녀들에게 관심과 자애로써 대해야 한다는 것이다. 따라서 가정 내에서 특히 부모들은 그 역할을 귀하게 여기고 자녀들을 대하는 태도와 행동을 조심하여 자녀들을 괴롭게 하거나 실망시키지 않도록 최선을 다하고 주님의 사랑으로 양육하고 교훈해야 함을 잊지 말아야 할 것이다.

Ⅵ. 기독교와 아동복지의 전망과 과제

1. 기독교와 아동복지의 전망

　20세기가 지나가고 21세기에 들어섰다. 사회학자들은 지난 20세기를 격동적인 변화의 세기라고 말한다. 전쟁과 평화, 자유와 억압, 풍요와 빈곤, 통합과 분열, 창조와 파괴 등의 극단적인 상황들이 나타난 세기였기 때문이다. 20세기의 인간 사회는 산업 기술, 정보 기술, 생명 공학, 우주 공학 등의 개발로 과학 기술의 발전과 경제적인 성장을 가져왔지만, 다른 한편으로는 과학 만능 사상과 물질주의, 개인주의를 야기시킴으로써 인간성의 상실과 1·2차 세계대전, 인종차별과 종교의 갈등, 인간 학살(유태인, 구소련, 캄보디아, 크로아티아, 코소보 등)과 자연의 파괴 등을 가져왔다.

　이제 21세기는 과연 어떤 세기가 될 것인가. 미래학자들이 말하는 것처럼 우리 인간은 새로운 지식, 기술, 능력을 가지고 지상의 낙원인 유토피아(utopia)를 건설할 수 있을 것인가? 아니면 계속되는 불안과 혼돈의 디스토피아(distopia)가 될 것인가? 만일 인류 문명이 시작된 이래로 지금까지 해결을 보지 못한 인종과 종교 간의 갈등, 지역과 국가 간의 분쟁이 그대로 계속된다면 21세기의 지구촌은 자유, 평등, 평화, 행복의 안식처가 아니라 전쟁과 기근과 질병 그리고 생태계 파괴로 인한 폐허가 될 수 있을 것이다.

　지구촌은 지금 교통(transportation), 통신(telecommunication), 무역(trade), 관광(tourism)의 4T 시대를 맞아 국제화·세계화가 계속되고 있으며, 다른 한편으로는 지역화·지방화도 진행되고 있다. 이와 같이 인류 사회는 거시적으로는 지구촌화하려는 원심력(centrifugal force)과 미시적으로는 지방화하려는 구심력(centripetal force)의 역동적인 관계 속에서 정치, 경제, 사회, 문화, 교육, 보건, 복지 등의 급격한 변화를 겪고 있다. 이러한 변화 속에 인간의 문제와 사회복지 욕구, 그리고 복지 공급 체계가 다양하게 전개될 것이다. 특히 기존 사회복지의 대상으로서 취약 계층이었던 아동들의 '삶의 질'을 높이기 위해서 보건, 의료, 주택, 환경, 여가, 교육, 문화, 복지에 관한 욕구가 증대되고 이에 대응하기 위해 정부 및 교회를 포함한 민간 차원의 다양한 복지 자원이 요구될 것이다.

이와 같은 변화로 볼 때, 앞으로의 사회에서는 경제 발전과 사회 발전이 균형적인 발전을 이루고, 나아가서는 시대의 요청으로서 경제 우선보다는 복지 우선 또는 인간 존중이 정치나 행정에 있어 중시되며 정치적 쟁점으로 등장하는 시대가 될 것이라고 전망할 수 있다. 따라서 현재 실시 중인 각종 아동복지 사업이 보다 강화되거나 또는 지금과는 다른 차원에서 여러 가지 아동복지 사업이 전개될 것으로 보인다.

이러한 시대적 상황에서 현대의 사회사업 이념과 철학적 의미가 인간의 전인적 인격성을 중시하고 있는 점을 고려할 때 아동복지의 새로운 복지 모델은 영적인 안녕(well-being)까지를 책임지는 기독교적 아동복지의 관점으로 전환되어야 한다. 그리고 아동에 대한 개입은 태아기부터 시작되어야 하며 이것이 이루어졌을 때 아동복지의 효과성은 극대화될 수 있다.

기독교적 관점의 아동복지 활동은 그리스도의 '하나님 사랑과 인간 사랑'의 정신을 계승하여 아동에 대한 봉사 및 사회복지 활동을 통해 그들의 신체적, 정신적, 심리적, 사회적, 문화적 욕구와 함께

'영적인 욕구'에 초점을 두고 이를 충족시킴으로써 아동의 건전한 성장·발달을 도모하고 인간다운 생활을 영위하도록 돕는 것이다. 이러한 아동복지의 새로운 패러다임은 사회복지계와 전문 사회사업 단체들에 대해 기독교 정신에 입각한 가치의 재정립을 요청하고 그에 따른 지식과 기술 습득의 필요성을 강조하게 된다.

따라서 아동에 대한 전인적인 발달을 지원하기 위해서는 그들의 영적 욕구를 간과해서는 안 될 것이며, 아동복지의 목표를 달성하기 위해서는 영적 태교의 중요성 또한 소홀히 할 수 없다. 그리고 기독교적 관점의 아동복지가 이루어졌을 때 아동복지는 다양한 네트워크를 형성할 수 있고 이것으로 아동 문제에 대한 실질적이고 전문적인 개입이 이루어질 수 있다. 장학사업, 소년소녀가장 돕기, 빈곤 아동 구호 등의 사회복지 활동은 이미 상당한 수혜 대상을 확보하고 있고, 일반인과 그리스도인이 함께 자원봉사자로 섬기고 있어 앞으로 교회 사회복지 활동 증진에 좋은 잠재력이 될 것으로 보인다. 따라서 교회의 사회복지 활동 증진에 영향을 주는 목회자나 사회복지 전문가 등과 협력하여 기독교적 관점의 아동복지 활동 증진을 도모할 수 있을 것이다.

이러한 협력 체계를 통해 아동복지 활동을 전개하는 데 가장 장애가 되는 재정 문제를 해결할 수 있을 것이다. 즉 교회 예산을 세울 때 사회복지 재정을 교회의 중요한 사업 항목으로 결정하여 아동복지 예산을 배정할 수 있고, 이와 같은 교회와의 협력은 교회 헌금 이외의 다른 모금 전략을 추진할 수 있는 여건을 마련해 준다.

21세기의 사회복지는 정부와 민간이 파트너가 되어 지역 주민의 기초적인 욕구를 사회적인 안전망 가운데 해결해야 할 과제를 안고 있지만, 교회에서는 여기에 포함되지 못한 사람들을 우선적으로 도와주어야 하며 아동 또한 예외는 아니다. 이러한 관점에서 기독교적 관점의 아동복지를 실천하는 것은 교회를 포함한 여러 지원체계를 확보할 수 있으며, 이것이 이루어질 때 취약 계층으로서의 아동의 복지사업이 보다 적극적으로 추진될 수 있을 것이다.

따라서 사회복지계는 아동복지 영역을 확대할 필요가 있다. 즉 태아의 복지에까지 관심을 두어 지금까지 실시해 왔던 태교의 개념 및 방법을 재검토하여야 한다. 다시 말해 아동의 복지 증진을 위해서 우선적으로 온전한 태교가 이루어져야 하며, 이를 위해서는 신체적, 정신적, 심리적 태교 외에 '영적 태교'에 관심을 두어야 한다. 동시에 영적 태교 프로그램과 아동의 실생활과 삶의 질에 관계되는 서비스를 위해 기독교적 관점에 초점을 두고 아동복지 프로그램을 개발·보급하여야 한다. 나아가 아동의 권익과 인권 옹호를 위해서도 아동·가정(부모)·학교·지역사회라는 통합적인 관점으로 접근하여, '나눔'과 '섬김'의 사랑을 통해 아동의 영적 능력, 지적 능력, 체력, 사회성 등을 증진시킴으로써 그들의 전인적인 성장·발달을 도울 수 있어야 한다.

이러한 기독교적 관점의 아동복지가 적극적으로 전개될 때 그리스도의 사랑을 바탕으로 한 통합 복지와 복지 자원의 다원화 및 효율화를 이룰 수 있으며 아동복지의 새로운 복지 모델이 효과적으로 수립될 것이다.

2. 기독교와 아동 복지의 과제

어느 사회에서나 가정은 자녀들을 돌보고, 교육시키며, 그들의 성격을 형성하고, 도덕심과 가치 의식을 개발시켜 준다. 아동들은 가정에서 처음으로 타인과 유대를 맺게 되고 말을 배우고 문화적 가치와 규범을 배우게 된다. 부모의 애정과 양육 방식은 아동의 정서적 발달과 행동 방식에 결정적인 영향을 준다.

핵가족화가 진행됨에 따라 부부 관계와 부모 자녀 관계에 남녀평등이나 민주화 등의 긍정적인 변화가 일어나고 있는 반면 부작용도 많이 나타나고 있다. 아동 문제와 관련된 핵가족 제도의 문제점으로는 가정교육 미흡, 부모의 자녀에 대한 과잉보호 또는 무관심, 자녀에 대한 지나친 기대 등이 있으며, 이것은 급증하고 있는 제반 아동 문제의 주요한 원인으로 간주되고 있다.

이 외에도 아동 문제나 가족 문제로 확대될 위험에 놓인 '아동의 출산율 저하 현상'은 우리나라의 심각한 사회 문제로 대두되고 있다. 우리 나라 가임 여성들의 출산력이 급격하게 감소하고 있는 현상은 예사로 보아 넘길 일이 아니다. 출산력 저하가 계속될 경우 멀지 않은 장래에 심각한 노동력 부족 사태를 야기하고 노년 부양비의 증가로 인한 연금의 운용 부실을 부채질할 것이기 때문이다.[43]

---

43) 통계청이 발표한 장래 인구 추계에 의하면, 2002년 7월 1일 현재 4,700만 명인 인구는 자연증가율이 '0'이 되는 2023년의 5,068만 명을 정점으로 감소세로 돌아서 2050년에는 현재보다 적은 4,433만 명에 이를 것이라 한다. 인구가 늘지도 줄지도 않으려면 여성 1명이 일생에 2.1명의 아이를 낳아야 한다. 그러나 지난 1960년대 6.0명에 달했던 우리나라 가임 여성 1인당 출산아 수는 1970년 4.5명, 1980년 2.8명, 1990년 1.59명으로 줄더니 1999년엔 1.42명으로 내려갔다. 이는

출산율 저하를 막기 위한 노력으로 출산에 여러 가지 인센티브를 제공하는 것도 중요하지만, 이에 앞서 여성과 노년층 노동력을 적극 활용할 수 있는 제도와 관행, 문화를 정착시켜 나가는 노력이 선행되어야 할 것이다. 특히 여성복지 증진의 중요성을 인식하고 그들의 충족되지 않는 욕구 개발과 그 평가 활동을 추진해 나가야 한다. 이것이 중요한 이유는 여성의 복지는 곧 태아의 복지와도 연결되며 나아가 아동의 복지와 밀접하게 관련되기 때문이다. 따라서 참된 아동복지를 실천하기 위해서는 아동을 둘러싼 환경에까지 관심을 기울여야 한다. 그래서 아동의 건전한 육성을 위해 다양한 욕구의 개발과 함께 현재 프로그램의 정확한 평가 작업과 새로운 형태의 아동복지 사업을 실시함으로써 올바른 아동복지 활동에 공헌할 수 있어야 할 것이다.

아동을 어떻게 건전하게 육성하느냐는 국가와 사회의 장래가 달린 중요한 문제이다. 아동은 미래 사회의 주역이기 때문이다. 그러나 아동 문제를 문제 아동 자신에서 기인한다고 보는 것은 명백한 오류이다. 아동 문제의 대책은 부모의 자녀에 대한 태도 및 부모와 자녀와의 관계, 바람직하지 못한 학교 교육, 타락한 사회 환경 등 아동을 둘러싸고 있는 가정, 학교, 사회 환경의 개선 노력으로써 수립되어야 한다. 특히 사회복지계는 가정, 학교, 교회, 공공단체 및 정부와 유대

세계 평균 1.53 명보다도 낮은 것이다. 꾸준한 인구 억제 정책의 결과임은 물론이다. 우리 나라 출산율의 감소는 다른 나라와 비교해도 예외적으로 빠르다. 인구의 증감을 가져오지 않는 2.1명으로 줄어든 것이 1983년이었는데 1.4%대로 감소하는 데 걸린 기간이 16년에 불과했다. 일본의 30년, 네델란드의 29년에 비하면 절반 수준이다. 이런 추세가 계속된다면 언제 일본이나 독일의 1.34% 까지 내려갈지 모르는 상황이다. 적정 출산율이라 할 수 있는 1.8 명을 기준으로 하더라도 우리나라는 2018년부터는 노동력이 감소하고 2023년에는 인구가 감소한다는 계산이다 (파이낸셜뉴스, http://www.fnnews.com/html/fnview/2001/1126/091850195913171113.html).

관계를 맺고 아동 문제의 예방과 해결을 위해 노력하여야 한다.

아동 문제 예방과 기독교적 관점의 아동복지를 실현하는 제일 우선 과제는 건전한 '가정 환경'을 육성해 주는 일이다. 따라서 전인적인 인격 발달을 위해 무엇보다 부모를 대상으로 한 영적 태교가 요구되며 더 나아가 가족 성원이 함께 참여할 수 있는 태교 프로그램이 개발되어야 한다. 사회복지 기관에서는 가족 성원이 함께 참여할 수 있는 전문적인 프로그램을 실시할 수도 있고, 교회와 협력하여 온 가족이 함께 참여할 수 있는 태교 프로그램을 개발할 수도 있다. 예를 들면 저녁 시간 혹은 수요예배 등 온 가족이 모일 수 있는 시간을 찾아 활용할 수 있다. 이를 통해 가족이 함께할 수 있는 시간이 부족한 현대 사회에서 소속감을 회복할 수 있는 기회를 자주 가질 수 있으며 나아가 가족애를 증진시킬 수 있을 것이다.

이와 함께 아동의 영적인 권리를 인정하고 그들의 영적인 욕구를 충족시켜 줄 때만 건전한 아동으로 성장할 수 있다는 것을 기억해야 한다. 아동들은 기본적인 욕구 외에도 복잡·다양한 새로운 욕구들을 가지고 있다. 그리고 자신의 개인적인 문제에 대해서 가족 외에도 도움을 줄 사람이 필요하다. 이러한 점에서 기독교적 관점의 아동복지 실천은 반드시 필요하며, 이의 구체적인 실천을 위해 아동들의 고민을 들어줄 수 있고 아동에 관한 전문 지식과 상담 기술을 갖춘 아동 전담 교역자나 교사가 사회복지 기관에 배치되어 있어야 한다.

특히 기독교적 관점의 아동복지는 건전한 여가 생활을 통해 학교나 가정에서 쌓일 수 있는 긴장, 부담감, 권태감 등을 해소하고 아동들에게 새로운 활력을 불어넣어 줄 수 있어야 한다. 그리고 사회복지 기관 및 교회 등의 아동 담당 부서들은 세속 문화에 대항하는 건전한 기독교 문화를 창출하는 프로그램을 개발·보급해야 한다. 그리하여 사회복지 기관 및 교회는 이를 위한 공간을 마련하여 아동들에게 건전한 문화를 접할 수 있도록 해야 한다. 이러한 프로그램에는 아동과 부모가 함께할 수 있는 대화의 시간, 자녀교육을 위한 부모교육, 좋은 부모가 되기 위한 커뮤니케이션 방법 등이 포함되어야 하며 나아가 아동 유해 환경 정화를 위한 노력이 적극 반영되어야 한다.

이러한 도전 과제를 보다 바람직하게 활성화하기 위해서는 예수의 복지사상을 전제로 하고, 전문가에 의한 전문 프로그램 개발과 지도·지원이 필요함을 인식해야 한다. 이것을 가능케 하는 전문 매체로서 '기독교아동복지센터(가칭)'의 육성과 지역사회를 중심으로 한 '기독교아동복지협의회(가칭)' 육성은 또 하나의 필수적 연구 과제가 되었다.

기독교 정신을 바탕으로 한 아동복지의 활성화를 위해 좀 더 구체적인 방안을 제시하면 다음과 같다.

첫째, 교회의 사회복지 선교를 위한 교육을 강화해야 한다. 특히 아동복지를 포함한 사회복지 선교의 내용을 목회자 훈련 과정이나 신학 교과 과정에서 취급함으로써, 사회 속에서 소외당한 이웃들을 돌보고 봉사하는 교회의 소명을 그리스도인들이 실천할 수 있도록 목회자의 관심을 고취시켜 나가야 하겠다.

둘째, 교인들의 아동복지 선교 활동에 대한 동기 부여와 훈련을 강화시켜 나가야 한다. 교회는 주로 교인에게 이웃 사랑을 강조하고 있지만 실제 사회봉사 활동 속에 교인들을 참여시켜 사랑을 실천하도록 가르치는 일에는 등한히 하고 있다. 그러므로 교회의 목회자와 지도자들은 기독교적 관점의 아동복지 이론과 실천 방법에 대하여 훈련받을 수 있는 기회를 마련하고 제직, 평신도 훈련 프로그램에 아동복지에 관한 프로그램을 포함시키는 것이 바람직하다. 특히 교인들에 대하여 아동복지와 관련된 자원봉사 활동의 철학, 태도를 훈련시키는 것과 아동복지의 한 부분인 태아복지의 중요성을 인식시키는 교육이 필요하다.

넷째, 기독교적 관점의 아동복지를 교회에서 효과적으로 수행하기 위해서는 아동복지사업에 대한 기획(planing)이 필요함을 인식해야 한다. 기획은 목표를 달성하기 위하여 장래 행동에 관해 의사 결정을 하는 과정을 말한다. 교회에서 아동복지 사업을 실시하려고 할 때 이러한 기획 과정을 거치는 것이 필요한 이유는, ①기획은 불확실성을 감소시켜 주며, ②기획은 합리성을 높일 수 있으며, ③기획은 하나님을 향한 사업 수행에 관한 책임성을 높일 수 있으며, ④기획은 의사결정 과정에 참여자의 폭을 넓혀 줄 수 있기 때문이다.

다섯째, 교회에서 기독교적 관점의 아동복지를 실시하려고 할 때, 교회의 사정과 형편을 참작하여 자체적 특성에 맞는 프로그램을 개발해야 한다. 예를 들면, 선교원, 어린이집, 놀이방, 유치원, 방과 후 공부방, 아동상담소 운영, 아동복지관 설립 및 위탁 운영 등을 선택할 수 있다.

여섯째, 지역 사회 내의 타교회와 다른 아동복지 제 기관과의 연합 활동이 요구된다. 교회의 봉사 사업이 교회간의 연합 또는 다른 복지 단체와의 연합으로 이루어지면 지역 사회의 문제 해결과 발전에 더욱 효과적으로 이바지하게 되고, 결국 교회의 이미지를 긍정적으로 고취시킴으로써 전도(선교)에도 도움이 될 것이다.

일곱째, 교회와 사회복지계의 협력 체계를 구축하여 복지 재원을 확보해야 한다. 복지 주체에 있어 비영리 민간기관의 참여가 중요시되고 있는 시점에서 교회의 자원을 동원·활용하는 것이 필요하다. 따라서 교회는 아동복지 부분에 예산을 증액해야 한다. 이를 위해 예산 편성시 아동복지 사업과 관련된 예산이 증가되어야 하며, 특별 절기 헌금의 일부를 아동복지 선교비로 책정함으로써 교인 개개인에게 의미 있는 헌금이 되도록 하는 방안도 모색해 볼 수 있다.

여덟째, 기독교 정신의 아동복지를 담당하는 전문적인 인력을 구성해야 한다. 즉, 기독교적 관점의 아동복지를 실천하는 복지 담당 교역자(목사, 전도사, 기독교 사회복지사 등)의 도입이 필요하다. 아울러 아동을 위한 전문 목회자의 육성 제도가 요구된다. 왜냐 하면 가장 효과적인 전도(선교)는 전문적인 훈련을 받은 목회자에 의해서 가능하기 때문이며 나아가 사회복지계와 연계하여 온전한 아동복지를 실천할 수 있기 때문이다.

일곱째, 북한 아동의 복지에 대한 관심을 가져야 한다. 남북의 통일 문제는 이 시대를 함께 살아가는 한민족의 공통된 소망이며 지상 과제이다. 앞으로 민족 공동체로서의 통일을 고려하지 않을 수 없는데, 사회 통합을 위한 전제로서 우선 미래의 통일 한국의 주인공들인 아동에 대해 보다 많은 관심을 가져야 할 것으로 보인다. 우선적으로는 경제난, 식량난 등의 어려움을 갖고 있는 북한 지역의 아동복지 선교 사업에 대한 관심을 가져야 할 것이다.

아동들을 위해 기독교 근본 정신에 의한 여러 가지 아동복지 사업을 전개할 수 있는데, 아동복지 사업을 참여 유형으로 분류해 보면 크게 다음의 네 가지로 나눌 수 있다.

첫째, 교회가 독립적으로 사회복지 법인을 설립하고 아동 시설을 설치하여 지역 사회 내에서 사회복지 활동을 전개해 나가는 형태이다. 특별히 외부적으로 건물이 있어야 아동복지 사업을 전개해 나갈 수 있을 경우에는 이 형태를 취하는 것이 좋다. 아동복지 시설이나 전용 시설, 전문 병원, 보육 및 양육원과 같은 사업을 전개하는 경우이다.

둘째, 정부나 지방자치단체가 설립한 아동복지 기관이나 그 프로그램을 교회가 수탁 받아 운영하는 위탁 운영 형태가 있다. 이 같은 경우는 정부로부터 재정 지원을 받을 수 있다. 그러나 정부의 지도 감독권하에 있기 때문에 자율적으로 운영하는 데 제한을 받을 수 있다. 그러므로 운영에 있어서 제반 사항의 장·단점을 충분히 고려하여 전문화된 개입이 이루어지도록 노력하는 자세가 요청된다.

셋째, 교회가 갖고 있는 인적·물적 자원과 시설을 활용하여 교회가 자체적으로 아동복지 프로그램을 운영하는 형태이다. 이 경우 교회의 전적인 투자로 아동복지 사업을 제고하기 때문에 재정적으로 부담이 될 수 있지만 교회의 특성과 자율권이 확보되기 때문에 지역 사회에서의 선교가 잘 이루어질 수 있다. 수혜자를 교인으로 한정하여 사업을 전개해도 문제가 없다. 이 사업은 대개 시설과 같은 큰 건물이 필요하지 않은 사업으로서, 가정 방문 서비스, 식사 제공, 각종 복지 관련 교육 사업 등을 할 수 있다.

넷째, 아동복지 기관이 자체적으로 아동복지 사업을 전개하지 않을 경우 지역 사회 내의 교회에서 아동복지 사업을 간접적으로 지원하는 형태이다. 이와 같은 것들은 아동의 삶의 향상을 위한 서비스, 아동복지 선교에 대한 인식 강화 서비스, 신체적 보호를 위한 서비스, 생존을 위한 서비스 등의 각종 사업에 교인을 자원봉사자로 파견하거나 후원금을 전달하는 것 등이다.

다섯째, 기독교적 아동복지는 실천적 측면에서 의미가 있다는 점을 인식하고, 지역 사회 및 주민들의 교회에 대한 기대가 구체적인 '사랑'의 실천이라는 사실에 입각하여, 자라나는 아동이 가능한 한 자신의 부모를 알고, 또한 자신이 태어난 가정에서 양육될 수 있도록 가족 구성원과 아동을 돕는 서비스를 제공하여야 한다. 예를 들면, 성경에 나타난 부모의 책임과 가정생활의 교육, 성경적 태아교육, 성경에 나타난 부부 관계에 대한 교육과 관련된 프로그램 등을 진행할 수 있다. 아울러 현대 사회에서 가족이 가지고 있는 아동 양육 기능의 약화로 인하여 보호가 필요하게 된 아동들에 대해서 그들의 복지 증진을 위한 선교적 개입이 이루어질 수 있다. 그것은 교회와 사회복지계의 '찾아가는 서비스(out research)'가 적극적으로 실천되었을 때 보다 적극적으로 이루어질 수 있는데, 이를 통해서 아동의 문제와 신체적, 정신적, 심리적, 사회적, 문화적, 영적 욕구 등의 제욕구에 대응할 수 있고 그들의 온전한 성장·발달을 도울 수 있을 것이다.

현대 사회의 아동 문제는 더 이상 아동이나 특정 가정의 문제가 아니라는 점에서 아동복지 선교는 아동·가정·지역 사회와의 유기적인 상호 작용에 초점을 두고 이 체계의 통합을 도모해야 하며, 무엇보다 아동이 지역 안에서 그들의 삶의 질을 향상시켜 나갈 수 있도록 지지·보충·대리적인 역할을 해 줄 수 있어야 한다.

특히 지역 사회 내 민간 및 공공 기관과의 협력에 있어서 아동복지 선교 프로그램의 홍보를 위해 지역 언론, 동사무소·구청·시청 등 감독 기관들과의 협력 체계를 구축하여야 하며, 교회도 적극적으로 대외적인 사회적 마케팅(social marketing)을 통해서 프로그램을 알차게 운영할 수 있어야 한다. 그리고 프로그램의 효과적인 운영 및 자원의 효율적 운영을 위해서는 일부 대형 혹은 중형 교회를 제외한 대부분의 교회는 현재 각 교단별로 운영되고 있는 '사회복지 정보 지원 센터'를 활용하여, 아동복지 선교 프로그램에 관한 정보 제공, 목회자를 위시한 관련자 교육 훈련, 프로그램 도입, 개발 및 보급, 프로그램 운영 평가 및 자문, 홈페이지 운영 및 정보망 구축, 연구 조사 및 세미나 개최 등을 지원 받아야 한다.

기독교 정신을 근본으로 하는 아동복지에 대한 개입은 그들의 권리와 책임을 보장하고, 보편적인 서비스 및 프로그램을 제공하며, 제도상의 변화뿐 아니라 국가 차원의 경제·사회 개발에 참여시키는 형태로 이루어진다. 아동의 건전한 성장을 지원하기 위해서는 아동의 안정된 가정생활, 경제적 안정, 교육, 보건, 노동, 오락, 특수 보호 등을 기본 전제로 하여, 이에 대한 프로그램이나 서비스를 상호 보완적으로 통합·제공해야 한다. 또한 아동의 건전한 성장과 아동복지 선교 활동을 지원할 수 있는 전문적인 조직·기구와 전문적 인력의 확보에 관심을 기울여, 보다 구체적이고 실질적인 도움을 줄 수 있어야 한다.

끝으로 아동에게 예수 그리스도의 사랑을 알게 하고 그들의 삶이 보람 있고 신나는 삶으로, 은혜와 감사의 삶으로, 복지적 삶(사랑·정의·자유·평화·행복이 넘치는 삶)으로, 기도와 사회적 책임의 삶으로 발전할 수 있도록 돕는 것은, 하나님께는 영광을 돌리는 것이다. 이를 통해 우리는 아동에 대한 사회적 책임을 다하고 미래 지향적, 가치 창조적 아동복지 목표를 달성하는 것이다.

● 참고 문헌 ●

⊙ 단행본

김기원, 『기독교사회복지론』, 서울 : 대학출판사, 1998.

김장대, 『기독교사회복지학』, 서울 : 도서출판 진흥, 1998.

김재만 외, 『하나님 형상의 태아』, 서울 : 도서출판 이레서원, 1999.

김성철, 『성경적 측면에서 본 복지이념』, 서울 : 서울신학대학교 사회복지대학원, 1995.

김영숙, 『문제가 있는 곳에 해답도 있다』, 서울 : 도서출판 생명의글, 2000.

김종호 외, 『임상생화학』, 서울 : 고려의학, 1993.

김혜란, 『교회의 사회복지 참여하고 실천하기』, "아동을 위한 교회 사회복지 사업", 서울 : 대한기독교서회, 2001.

박경일 외, 『사회복지학 강의』, 서울 : 양서원, 2002.

박용순, 『사회복지 개론』, 서울 : 학지사, 2002.

신연식, 『사랑으로 키우는 자녀교육』, 서울 : 학문사, 1994.

이대근, 『아동복지론』, 서울 : 형설출판사, 2001.

이영철 외, 『사회복지학』, 서울 : 양서원, 2002.

이소희, 『아동 발달과 양육』, 서울 : 도서출판 CUP, 1999.

이소희, 『첫 부모 임신 출산 어떻게 준비할까』, 서울 : 규장문화사, 1995.

이숙종 외, 『아동복지의 이해』, 서울 : 학문사, 1997.

이신건, 『어린이 신학』, 서울 : 도서출판 한들, 1998.

오영희 외, 『부모 교육』, 서울 : 동현출판사, 1999.

유희정, 『교회의 사회복지 참여하고 실천하기』, "영·유아를 위한 교회 사회복지 사업", 서울 : 대한기독교서회, 2001.

윤남옥, 『태교가 아름다우면 그 인생이 아름답다』, 서울 : 도서출판 진흥, 1999.

원석조, 『사회문제론』, 서울 : 양서원, 2001.

장로회신학대학 다원화목회연구원, 사단법인 기독교윤리실천운동본부, 『기독교 가족 상담』, 서울 : 대한예수교장로회 총회출판국, 1992.

정종우 외, 『사회복지학개론』, 서울 : 법문사, 1995.

최현두, 『복음의 눈으로 본 교육』, 서울 : 세계복음화전도협회, 1999.

한국어린이보호재단, 아동학대 사례 발견 및 신고 접수 시 면접 기법과 사회복지사의 역할, 세미나 자료집, 2002.

허영숙, 『태교 탈무드』, 서울 : 우리두리, 2002.

홍인권, 『믿음의 자녀로 키워라』, 서울 : 생명의말씀사, 2000.

⊙ 연구논문

박용순, "기독교 사회복지의 활성화 방안에 관한 연구", 성결대학교 신학대학원 석사학위 논문, 2000.

신민선, "아동복지 시설의 활성화 방안에 관한 연구(기독교 육아 시설을 중심으로)", 서울 신학대학교 사회복지대학원 석사학위 논문, 1998.

신민선, "아동복지의 선교적 고찰", 성결대학교 사회복지연구소, 2001.

⊙ 편집한 책

곽효문 편, 『기독교 사회복지론』, 서울 : 제일법규, 2000.

민문홍 편, 『교회사회사업론』, 서울 : 서울신학대학교 사회복지대학원, 1997.

전국대학사회복지교육협의회 편, 『사회복지개론』, 서울 : 유풍출판사, 1999.

한국기독교사회복지회 편, 『기독교와 사회복지』, 서울 : 도서출판 예안, 1995.

한국사회복지연구소 편, 『기독교와 사회복지』, 서울 : 홍익재, 2001.

⊙ 번역한 책

게네 게츠 저, 정광욱 역, 『가정은 작은 교회며 교회는 큰 가정입니다』, 서울 : 도서출판 만나, 1992.

앤 지멘스 저, 이정선 역, 『당신의 자녀에게 하나님의 표시를 새기라』, 서울 : 도서출판 바울, 1992.

Hans Ruedl Weber 저, 양금희 역, 『예수님과 어린이』, 서울 : 장로회신학대학교 출판부, 2000.

존 웨스터호프 III세 저, 이숙종 역, 『기독교 신앙과 자녀 양육』, 서울 : 대한기독교서회, 1991.

잭 페네마 저, 정희영 역, 『기독교 아동 교육』, 서울 : 도서출판 엠마오, 1990.

하롤드 J. 사라 저, 전민식 역, 『참다운 자녀 교육』, 서울 : 도서출판 엠마오, 1996.

헤르만 헨드릭 저, 홍인수 역, 『예수 유년기 이야기』, 서울 : 가톨릭출판사, 1984.

부록 – 태교 사례와 태교프로그램

종교태교

○○간호사 첫째 아이

서른이 넘어 결혼한 후 일 년 정도 기도를 하면서 임신에 대한 준비를 했다. 그 당시에는 지루했지만 지금 생각하면 참으로 감사한 일이다. 가끔씩 주변에서 준비 없이 계획과 다르게 아이가 생겨 기쁜 줄도 모르고 지냈다는 경험담을 듣곤 하는데, 때로는 기다림을 감사로 받아들이는 자세도 필요하다는 생각이 든다.

임신이 확인된 후, 언제나 오전 시간은 찬양을 듣고 성경을 읽는 시간으로 정하여 실천에 옮겼다. 그리고 시작이나 끝에는 언제나 태담을 통하여 아이에게 그 내용을 들려주었고, 예배에는 반드시 참여하는 것을 원칙으로 했다. 그 외에도 음악태교 등의 방법으로 임신 기간을 보냈다. 그런데 신기하게도 아이가 가장 활발하게 태동을 하는 시간은 예배 시간이었다. 찬양을 한다거나 설교를 듣는 시간에는 자신을 알리듯 쉴 사이 없이 움직이며 신나게 노는 것을 느낄 수 있었다.

감사하게도 건강한 아들을 얻었고 발육도 좋았으며, 생후 백일에는 이미 낯가림을 할 정도로 사람에 대한 인식, 사물에 대한 인식이 유난히도 빨라 주변에서 놀라움을 표하기도 했다.

그리고 교회에서는 울어 본 적이 없을 정도로 늘 조용하게 예배에 참여하는 덕에 유아실에서 정신없이 예배드리는 다른 부모와는 달리 나는 언제나 어른들 예배실에서 예배를 드릴 수 있는 특혜를 누렸다.

또한 한글 낱말을 터득한 후에는 4세부터 읽기 쉬운 시편과 잠언을 교재로 글읽기를 마칠 수 있었다. 지금 초등학교 6학년에 다니는 이 아이는 지금도 새 신발을 사거나 좋은 물건이 생기면 교회에 갈 때 제일 먼저 사용하려고 아끼며 용돈의 십일조나 주일성수를 철저히 지키며 생활한다.

지혜를 선물로 받은 것은 물론이고 악기를 다루는 능력도 뛰어나다.

최근에는 매일 집에서 성경읽기를 생활화하고 있다. 그래서 성경 공부를 할 수 있도록 큰글자성경을 선물해 주었는데, 냄새를 맡아 보고 쓰다듬고 가슴에 안더니, "엄마, 성경은 냄새도 너무너무 좋아. 매일매일 평생 동안 써야지~"한다. 자기 전 읽고 난 성경은 머리맡에 두는데, 치우지 말아 달라고 부탁하면서 책상에도 올려놓지 못하게 한다.

새벽에 아이의 머리에 손을 얹고 기도하면 아무리 깊은 잠에 들었다가도 기도를 마침과 동시에 "아멘" 하고 대답한다. 가끔씩 신앙생활이 침체될 때는 아이의 입에서 나오는 기도를 들으며 다시 힘과 깨달음을 얻는다. 어떠한 태교보다도 말씀과 찬양과 예배로 임신 기간과 양육 기간을 채울 수 있도록 지혜를 주신 하나님께 감사드린다.

그리고 임신 기간 중 주님의 귀한 일을 할 수 있는 아들이 되기를 바라며 기도했던 그대로 하나님께서 인도하시리라 믿고 계속해서 기도하고 있다.

학습태교

○○간호사 둘째 아이

둘째 아이를 가진 엄마들은 큰아이를 보살피느라 태교다운 태교를 하지 못한다는 이야기를 종종 하곤 한다. 나도 예외는 아니었다. 나이 탓에 큰아이 돌이 지나고 바로 둘째 아이를 임신하고는, 아직 돌잡이 아기인 큰아이 시중에 잠시도 쉴 틈이 없어서 제대로 태교를 할 수 없었다. 그래서 큰아이와 동화책 읽기나 놀이 등을 하면서, 그리고 여러 가지 이야기를 주고받으면서 태중에 아이를 동참시키는 방법을 택했다.

큰아이에게는 항상 뱃속의 아기를 동생으로 인식할 수 있도록 늘 태담을 하게 하고 배 위에서 만져 주거나 놀아 주도록 하였는데, 동생이 태어난 후에 샘을 내거나 적응하는 시간은 거의 필요하지 않았고 두 아이는 자연스레 친구처럼 되었다. 그래서인지 자라면서도 거의 싸우는 일이 없었다. 덕분에 동생은 어깨 너머로 자연스럽게 놀이학습을 할 수 있었고, 학습면에서는 철저한 자극을 받는 듯했다.

종교태교의 부분이 철저하지 못했던 탓인지 큰아이에 비하면 영적인 부분에서는 조금 적극성이 부족한 듯하다.

그러나 태중에서 끊임없이 형과 엄마를 통해 전달되었던 놀이를 통한 학습의 효과는 매우 컸다. 학교나 주변에서 지적 능력을 확실히 인정받으며 하나님의 은혜 중에 잘 자라고 있어 늘 감사드린다.

○○사모 첫째 아이

시골의 개척 교회 목사님과 결혼한 사모님은 경제적인 문제가 해결되지 않아 중학교 영어 교사로 그대로 몸담고 있게 되었다. 기도로 임신을 준비한 이 가정에 하나님께서 생명을 선물로 주셨는데, 3학년 담임을 맡고 있었던 사모님은 임신 중 항상 피곤하고 입덧이 심하여 제대로 태교를 못했다고 항상 아쉬워하였다.

그러나 다행히도 주변에서 항상 기도해 주는 많은 분들 덕분에 건강한 아들을 선물로 받았다. 자라면서 특별히 영어에 대한 교육을 시켜 본 적은 없었지만, 초등학교 시절에 친구들과 함께 영어를 공부하면서 유난히 영어 학습 능력이 빠르다는 것을 알게 되었다.

그리고 중학교 시절에는 영어에 관련된 대회에도 참여했고 방학 때 미국의 친척집에 한두 번 다녀온 후로는 자연스럽게 영어가 들린다며 신기해했다. 사모님은 아무리 생각해 보아도 태교의 영향력인 것 같다고 항상 이야기한다.

임신 기간 중 하루에 꼬박 5시간 이상을 수업하느라 뱃속에 있던 아기는 싫든 좋든 종일토록 영어를 사용하는 환경 속에 놓여 있었다는 것이다.

아이는 지금 엄마가 임신 중 기도하며 서원했던 대로 신학대학에 다니다가 군인 시절엔 카투사에서 군종 사병으로 지내고 제대 후 다시 복학하여 공부하며 유학을 준비하고 있다. 주의 일을 하고자 많은 준비와 노력을 하는 모습을 보며 부모의 기도와 태중의 환경이 얼마나 중요한가 새삼 실감케 되었다.

○○ 바이올린 선생님

아이의 바이올린 지도차 방문하는 선생님은 임신이 되지 않아 걱정을 하며 상담을 요청했다. 기독교 가정인 친정의 반대에도 불구하고 불교인

시댁으로 시집을 와서 신앙생활도 중단하게 되었고, 시댁과의 갈등도 만만치 않았다.

더구나 서른이 가까운 나이가 되면서 임신을 기다렸지만 병원에서는 임신이 어려울 수 있다는 반갑지 않은 진단을 내렸다. 그렇게 걱정을 하는 중에 나는 그녀에게 기도와 성경읽기로 임신을 준비하도록 권했고 그 후로 3개월도 채 되지 않아 임신 소식을 들을 수 있게 되었다.

그래서 특히 종교태교의 중요성을 강조하였고, 믿지 않는 남편의 협조 아래 시편, 잠언을 교독하며 함께 찬양하고 기도하도록 권했다. 오랜 기다림 끝에 힘들게 얻은 아이이기에 감사는 더욱 컸다.

때문에, 부부가 너무도 잘 따라주었다.

남편은 태교를 해 줘야 한다며 저녁 회식 자리도 사양할 만큼 적극적으로 도왔고, 바이올린 레슨을 통해 음악태교가 저절로 이루어졌다.

성경읽기를 하면서 남편과의 정도 더욱 돈독해졌고 늘 내게 고마워하며 태교를 진지하게 실천했다. 임신 후반부엔 출산에 대한 운동과 출산 준비 태담을 추가로 하도록 했다.

30세에 초산임에도 4시간 만에 순산하여 예쁜 딸을 얻었다. 산후조리원에 가서 지내는 동안에 조리원 직원들이 "태교를 많이 한 아이 같아요. 순하고 잠도 잘 자고 눈을 뜨고 있는 시간은 뭐가 궁금한지 두리번거리며 혼자 놀고 음악이 나오면 손발을 유난히 많이 움직이며 좋아해요. 태교 많이 하셨죠? 어떻게 했어요?" 하는 질문을 받았다고 하였다.

지금은 불편했던 시어머니가 스스로 아기양육을 도와주고 계시며 잘 웃고 순하고 건강한 손녀딸 자랑에 모든 가정의 문제까지도 해결되는 기쁨이 주어졌다고 한다. 언제나 웃음이 넘치는 가운데 아이를 키우다 보니 바이올린 레슨에도 여유가 생겨서 더 좋은 레슨을 할 수 있다고 하였다.

언제나 음악이 생활화되어서인지 소리에 유난히 반응이 빠르고 음악이 나오면 옹알이를 하거나 몸을 흔들며 좋아한다고….

모든 일에 협력하여 선을 이루시는 하나님.

잘못된 태중 환경

○○ 집사님 부부

교회에 다니며 아무 문제가 없이 행복해 보이는 젊은 집사님 부부가 있었다. 결혼 초에 이런저런 이야기를 하다가 남편이 과거 다른 사람과의 연애담을 들려주며 아내의 결혼 전 이야기에 대해 물었다.

자신의 연애 이야기를 아무 거리낌 없이 털어놓으며 지난일을 시원시원하게 넘기는 신랑에게, "아니 난 바본가? 남자 친구 한번 안 사귄 사람이 어디 있어?" 하고 가볍게 대답한 한 마디가 화근이 되어 자주 꼬투리를 잡혀 싸우게 되었다.

그 후 임신으로 이어지자 이때부터 남편은 의심을 하기 시작했다. 그래서 "내 아이 맞아?" 하는 말을 농담처럼 던질 때마다 아내는 상처를 받게 되었고, 이런 일은 임신 중 내내 더욱 심해지고 말았다. 싸움이 잦아져 임신 후반기에 이르러서는 남편의 퇴근 시간이 두려워지고 행여나 남편의 기분이 좋지 않아 싸우게 될까 봐 눈치를 보고 항상 불안하여 많은 스트레스 중에 지내면서 혼자 고민하고 기도했다고 한다.

아무런 잘못도 없이, 실없는 농담 한 마디가 이렇게 한 가정의 가장 소중한 신혼과 임신 기간을 어둡게 만들었고, 출산이 가까워졌을 무렵에는 분만에 대한 불안감과 남편이 자신의 아이를 믿지 않으면 어떻게 하나 하는 불안감 등이 꼬리에 꼬리를 물어 잠도 제대로 잘 수 없었다. 심지어는 가정이 깨질 것에 대한 두려움까지 생겨 신경안정제를 몰래 복용할 정도에 이른 상태에서 아이를 출산하게 되었다고 한다.

정말 다행스럽게도 아이는 남편을 정말 똑같이 닮아서 그제서야 미련한 남편의 의혹에서 벗어날 수 있었다고 한다.

그런데 문제는 아이가 아빠의 목소리만 들려도 놀라고 아빠가 안으려 하면 무조건 울어서, 이유를 모르는 아빠는 자주 짜증을 냈고, 엄마가 아이를 잘못 키워서 그렇다고 화를 내며 아이를 미워하게 되었으며, 엄마는 임신 중 자신이 남편을 두려워하여 항상 불안했기 때문이라는 것을 어렴풋이 깨닫고 많은 고민을 했다고 한다.

아이가 점점 자라 걸음마를 할 즈음 아빠가 퇴근하여 벨을 누르면 아이는 얼른 방에 들어가 문을 잠그고 아빠를 거부하는 행동을 보였다. 아이는 엄마에게만 마음을 열었고, 행동은 산만하고 안정감이 없었으며, 거친 행동이 이어져 갔다. 아이의 상태의 심각성과 아이에 대한 두려움 때문에 상담을 요청해 온 아이 엄마와의 대화 중에 알게 된 내용이다.

그 후 부부가 마음을 열고 기도를 통해 문제를 해결하기 시작하였다. 조금씩 아빠가 잘못을 깨닫고 회개하면서 아내와 자녀에게 용서를 빌고 변화를 시도했지만, 쉬운 문제는 아니었다. 다시 되돌릴 수 없는 아이의 아빠에 대한 태중의 기억은 많은 상처로 남아 타인에 대한 신뢰감이 형성되는 데 커다란 걸림돌이 되었고, 이 문제는 부모의 끊임없는 기도와 사랑을 통해 회복되어야 할 과제로 남아 있다.

태중의 환경은 모든 신체 기관의 형성뿐만 아니라 인품과 사랑에까지도 영향을 미친다는 중요성을 다시 한 번 깨닫게 하는 두려운 사례이다.

태교 프로그램 안내

	주 제	프로그램 내용
1주	· 태교 오리엔테이션	· 태교란 무엇인가? · 시기, 필요성, 목적
2주	· 임신을 통한 신체 변화와 관리	· 하나님이 창조하신 신비한 우리의 몸 · 임신 초기 관리
3주	· 태담과 연상훈련	· 태담의 중요성과 연상을 통한 신체적 안정 · 말씀의 묵상과 암송 실천
4주	· 동양 태교와 현대 의학의 만남	· 선조의 지혜와 연결되는 의학적 증거 · 서양과 특히 유태인의 태교 실제
5주	· 태아의 두뇌 발달과 성장에 따른 변화	· 태중에서의 뇌세포의 형성과 발달단계 · 뇌의 구조에 따른 이해와 발달 자극 요법
6주	· 다양한 태교법 안내 및 적용 실천	· 음악, 미술, 음식, 묵상, 학습, 종교 등을 통한 분야별 실기 방법 안내
7주	· 임신 중기의 관리	· 조산 예방 · 모유의 중요성과 수유 준비 · 임산부 체조, 베이비 마사지
8주	· 분만과 산욕기 관리	· 인권분만 · 산욕기 관리 · 신생아 관리 · 지혜로운 양육의 비밀